Klaus Weiler

Celibidache
Musiker und Philosoph

Schneekluth

Die Deutsche Bibliothek — CIP-Einheitsaufnahme

Weiler, Klaus
Celibidache, Musiker und Philosoph
Biographie/Klaus Weiler
München: Schneekluth, 1993

ISBN 3-7951-1286-9

ISBN 3-7951-1286-9

© 1993 by Franz Schneekluth Verlag, München
Satz: FotoSatz Pfeifer GmbH, Gräfelfing
Gesetzt aus der Garamond
Druck und Bindung:
Offizin Andersen Nexö, Leipzig
Printed in Germany 1993

für Hildegard

Inhalt

Eins

Allegro con Fuoco

Berliner Jahre

———————

Celibidaches Erscheinen am Pult der Berliner Philharmoniker im August 1945 war eine Sensation. Wie aus dem Nichts trat er an die Spitze des Orchesters, an jenen Platz also, den vor ihm Hans von Bülow, Arthur Nikisch und Wilhelm Furtwängler eingenommen hatten. Ein Anfänger, ein bis dahin der breiten Öffentlichkeit völlig Unbekannter als Dirigent von Deutschlands berühmtestem und bedeutendstem Klangkörper, der zu den besten der Welt gehört – wie konnte das geschehen? Wie war es möglich, daß ein Talent solchen Ranges so lange im Verborgenen geblieben war? Warum hatte man vorher nichts von ihm gehört? Wo kam er her?

Nur wenige Eingeweihte kannten den Dreiunddreißigjährigen, der da so plötzlich im Mittelpunkt des allgemeinen Interesses stand. Die meisten wußten nichts von ihm, hatten nie seinen Namen gehört oder gelesen. Die Überraschung hätte nicht größer sein können, doch auch nicht die Begeisterung der Berliner, die ihm zujubelten und instinktiv spürten: Dieser junge Mann wird das Orchester zu neuen Triumphen führen. Es war ein Blitzstart ohne Beispiel, ein Blitzsieg! Und es verhielt sich in der Tat genauso, wie der »Spiegel« später einmal schrieb: »Beim Griff ins Leere hatten die Berliner Philharmoniker ein Taktstockgenie gefischt.«
Dieses Taktstockgenie mit dem klangvollen Namen

Sergiu Celibidache war nun der neue, alles überstrahlende Stern am Berliner Musikhimmel der Nachkriegsjahre. Celibidaches Dirigentenlaufbahn begann am 29.8.1945 tatsächlich con Fuoco. Denn an diesem Tage dirigierte er zum erstenmal in seinem Leben in einem öffentlichen Konzert ein großes Sinfonieorchester, und zwar nicht irgendeines, sondern die Berliner Philharmoniker. Es gibt vermutlich in der gesamten Musikgeschichte keinen vergleichbaren Start! Als Ferenc Fricsay 1947 bei den Salzburger Festspielen für den erkrankten Otto Klemperer einsprang und mit der Uraufführung von »Dantons Tod« von Gottfried von Einem einen ebenfalls sensationellen Erfolg erzielte, konnte er immerhin bereits auf etliche Jahre erfolgreicher Kapellmeistertätigkeit zurückblicken. Und Georg Solti, der 1947 mit fünfunddreißig Jahren die musikalische Leitung der Münchener Staatsoper übernahm und damit seinen Weltruhm erst begründete, war schon 1933 bis 1939 an der Budapester Oper tätig gewesen, in sehr jungen Jahren also, und hatte auch als Konzertdirigent bereits Erfahrungen gesammelt. Auch Herbert von Karajan war auf ganz normalem Wege über die »Provinz« – Ulm und Aachen – nach Berlin gekommen, während Lorin Maazel schon als geigendes und dirigierendes Wunderkind mit neun Jahren Aufsehen erregt hatte. Die Laufbahn dieser Künstler hatte also, wie die der meisten Dirigenten, viel früher begonnen als die des »ewigen Studenten« Celibidache. Gewiß lag dieser ungewöhnliche Beginn vor allem an den äußeren Umständen der Berliner Situation nach dem Zusammenbruch des Dritten Reiches im April 1945. Sonst wäre es wohl kaum zu dem kometenhaften Aufstieg Celibidaches gekommen.

Am 11.7.1912 in Roman in Rumänien geboren (nach dem Julianischen Kalender am 28.6.) und seit dem vierten Lebensjahr mit der Musik vertraut, war er in langen Studienjahren über Jassy, Bukarest und Paris 1936 nach Berlin gekommen, hatte dort an der Musikhochschule und der Friedrich-Wilhelms-Universität studiert und zwei Doktorarbeiten verfaßt, eine musikwissenschaftliche über Josquin *Deprés* und eine mathematische. Zur Promotion war er in den Wirren der letzten Kriegsmonate nicht mehr gekommen.

Aus Wolfgang Schreibers Essay »Andere Wege zur Musik« (s. den Bildband »Sergiu Celibidache«, Bergisch Gladbach 1992, S. 10) erfahren wir einige Einzelheiten aus der Kindheit des Dirigenten, die dieser dem Verfasser vermutlich mitgeteilt hat. Im Elternhaus wurde viel musiziert. Der Vater, ein Kavallerieoffizier, war nach Celibidaches Erinnerung sehr musikalisch, auch ohne spezielle Ausbildung. Von der Mutter hingegen glaubte der Sohn dies nicht bestätigen zu können, obwohl sie »ein Leben lang« Klavier gespielt habe. Schon im Alter von vier Jahren unternahm er Erkundigungen auf diesem Instrument, einem inneren Drang folgend, wie er sagte. Die Rhythmen und Klänge von Zigeuner- und Militärkapellen, wie er sie auf der Straße hörte, hatten es ihm angetan, und er suchte sie Zuhause auf dem Klavier wiederzuentdecken. In diese geheimnisvolle Welt zog sich das Kind, »das jahrelang nicht sprechen wollte«, immer weiter zurück. Indessen glänzte Celibidache später durch ganz erstaunliche Leistungen in der Schule, woran sich auch heute die wenigen noch lebenden Schulkameraden aus jener Zeit erinnern, wie während der Südamerika-Tournee mit den Münchner Philharmonikern vom April/Mai 1992 zu erfahren war. Ein strenger neunjähriger Musikunterricht schließlich bildete die Grundlage für die späteren großen Erfolge.

Celibidaches Vater hatte für den hochbegabten Schüler eine politische Karriere vorgesehen, aus der jedoch nichts wurde, weil der junge Mann sich für Musik weit mehr interessierte. So kam es zur frühen Trennung vom Elternhaus. »Mein Vater hatte die Charakterstärke, mich hinauszuwerfen, und ich die Charakterstärke, zu gehen«, sagte Celibidache später einmal in München auf einer Veranstaltung der Volkshochschule zu dem amüsierten Publikum.

Außer Musik und Mathematik hatte er auch Philosophie studiert und war Schüler so bedeutender Männer wie Hugo Distler, Heinz Tiessen, Kurt Thomas, Fritz Stein, Walter Gmeindl, Arnold Schering, Georg Schünemann, Eduard Spranger und Nicolai Hartmann. Der universell gebildete und vielseitig interessierte Student beschäftigte sich aber noch mit ganz anderen Dingen – mit physikalischen und technischen Problemen, mit Sport und vor allem mit religiösen Fragen. Seine tiefe innere Beziehung zur Lehre Buddhas war schon während seiner Berliner Jahre bekannt und sollte für sein weiteres Leben von größter Bedeutung für ihn werden. Celibidache muß den Weg zum Buddhismus, genauer zum Zen-Buddhismus, schon früh gefunden haben, noch vor oder zu Beginn seiner Berliner Zeit, als er zum ersten Mal Martin Steinke, seinem Guru, begegnete, zu dessen Schülern übrigens auch Carl Friedrich von Weizsäcker gehörte. Er hat wiederholt von seinem Aufenthalt in einem buddhistischen Kloster erzählt. Wann dieser Klosterbesuch stattgefunden hat – später sollten noch weitere folgen – und unter welchen äußeren Umständen, wissen wir nicht genau. Celibidache spricht nur selten und andeutungsweise über sein Leben. Es unterliegt aber wohl keinem Zweifel, daß die tägliche Meditation zu den stärksten und nachhaltigsten Kraftquellen seines Daseins gehört; vielleicht ist sie sogar die wesentlichste unter ihnen, ohne die seine Entwicklung einen ganz anderen Verlauf genommen hätte. Die Lehre Buddhas wurde für ihn zu einer alles durchdringenden und umgestaltenden Offenbarung, auch wenn seine spontane Emotionalität und sein extremes Selbstbewußtsein in unlösbarem Widerspruch zu dieser Lehre zu stehen scheinen.

Wer sich näher mit seinen Gedanken über den Buddhismus befassen will, sei vor allem auf seinen grundlegenden Aufsatz »Verstehende sind schwer zu finden« verwiesen, der am 28.7.1962 in der »Frankfurter Allgemeinen Zeitung« (Nr. 173) veröffentlicht wurde.

Im Zusammenhang mit den Doktorarbeiten Celibidaches tauchen immer wieder Fragen und Zweifel auf, die bis heute noch nicht restlos geklärt werden konnten – Fragen und Zweifel hinsichtlich dessen, was über ihn gesagt und geschrieben wird. Und es wird in der Tat viel über ihn verbreitet, was falsch oder irreführend ist. Celibidache selber trägt leider kaum dazu bei, bestehende Unklarheiten zu beseitigen und offenkundige Fehler zu berichtigen. Man erfährt wenig über sein Leben, wie schon gesagt, und so kann man sich des Eindrucks nicht erwehren, es sei ihm bis zu einem gewissen Grade gleichgültig, wie sich seine Vita im Bewußtsein anderer Menschen darstellt.

Auch Klaus Lang hat in seinem hochinteressanten und faktenreichen Buch »Lieber Herr Celibidache...« (erschienen 1988 im M.&T. Verlag, Zürich) ein Fragezeichen hinter die Doktorarbeiten des Maestro gesetzt. Das Buch versucht, die Beziehungen zwischen Furtwängler und Celibidache zu klären, die anfangs so freundschaftlich waren und dann so enttäuschend und unbefriedigend zu Ende gingen; und außerdem geht es der Frage nach, warum nicht Celibidache, wie allgemein erwartet, sondern Karajan Nachfolger Furtwänglers wurde.

Was nun die Dissertationen betrifft, so sei folgendes festgehalten: Nie hat Celibidache den Doktortitel beansprucht oder in irgendeiner Weise auf eine erfolgte Promotion hingewiesen. Im Gegenteil hat er wiederholt betont, er sei nicht promoviert. Gewiß wird er es bedauern oder doch einmal bedauert haben, ohne äußeres Resultat so viel Zeit und Mühe auf die Dissertationen verwandt zu haben. Aber die Zeitumstände damals waren solchen Unternehmungen nicht günstig; auch Celibidache bekam das zu spüren. Denn es besteht ja kein Zweifel daran, daß er die Doktorarbeiten wirklich geschrieben hat. Warum sollte er ausgerechnet in diesem Fall die Öffentlichkeit belügen, wo er doch sonst in allen Dingen so viel Geradlinigkeit und Aufrichtigkeit an den Tag legt, was ihm selbst seine Gegner bescheinigen? Auf nicht geklärte Weise gingen die Arbeiten in den letzten Kriegsmonaten oder kurz nach dem Kriege verloren, können also an den heutigen Berliner Universitäten nicht eingesehen werden. Eine mündliche Prüfung hat nie stattgefunden. Celibidache hatte bereits 1946 im Gespräch mit Orchestermusikern berichtet, man habe ihn aufgefordert, seine

14

Promotion nachzuholen. Dazu sei er aber nun, wo er als Chefdirigent der Berliner Philharmoniker mit Arbeiten überhäuft sei, zeitlich einfach nicht mehr in der Lage. Und dabei ist es denn auch geblieben. Für ihn dürfte die Angelegenheit inzwischen längst erledigt sein. Nicht aber das Studium – noch im Alter hört er an der Pariser Universität Vorlesungen über Philosophie und Geschichte.

Leider wissen wir von Celibidaches Kindheit und Jugend so gut wie nichts; und auch von seiner Studentenzeit ist nicht viel bekannt. Man begrüßt daher dankbar alle Informationen, deren man habhaft werden kann, in der Hoffnung, es möge etwas Brauchbares dabei sein. Nicolaus Sombart, Sohn des bedeutenden Soziologen Werner Sombart und seiner rumänischen Ehefrau Corinna, hat in seinem Erinnerungsbuch »Jugend in Berlin« (München und Wien 1984) Sergiu Celibidache ein Kapitel gewidmet. Der junge Rumäne war damals, als er 1936 nach Berlin gekommen war, oft zu Gast in der Grunewald-Villa Werner Sombarts. Dort lernte er auch die beiden Kinder Ninnetta und Nicolaus kennen, denen er offenbar viel bedeutete. Nicolaus Sombart entwirft ein Porträt des Studenten Celibidache, an dem sicherlich vieles glaubhaft ist, auch wenn manches verzeichnet erscheint. Unangenehm berühren allerdings zahlreiche falsche und irreführende Angaben, die an der Kompetenz des Autors Zweifel aufkommen lassen, etwa wenn er behauptet, Celibidache sei Korrepetitor der Berliner Philharmoniker und Schüler Furtwänglers gewesen. Dichtung und Wahrheit gehen da anscheinend durcheinander. Celibidache selber hat diese Schilderung gewissermaßen relativiert, als er in einem Gespräch mit Hagen Mueller-Stahl

15

über das historische Bewußtsein der Geschwister Sombart folgendes äußerte (zitiert bei Lang, S. 19/20): »Wenn Sie Auskünfte geschichtlicher Art von denen haben wollen, sind Sie an der falschen Quelle. In allen beiden Fällen handelt es sich um sehr begabte Menschen, und alles was sie sagen, wo man eventuell Anspruch auf Genauigkeit haben könnte, wird nicht stimmen.«

Und gerade mit der Genauigkeit stimmt es in Sombarts Celibidache-Kapitel durchaus nicht. Das Gespräch zwischen Hagen Mueller-Stahl und dem Dirigenten aber, das im Fernsehen am 22.7.1986 nur teilweise wiedergegeben wurde, enthält zahlreiche aufschlußreiche und interessante Einzelheiten über den jungen Musikstudenten Celibidache. Dem Fernsehfilm lag übrigens Sombarts Erinnerungsbuch zugrunde, und Celibidache wurde als einer der Zeitzeugen befragt. Lang zitiert aus der vollständigen Tonbandaufzeichnung des Interviews einige Stellen, die ich hier anführen möchte (s. Lang S. 18/19); Celibidache sagte u.a.:

»Ich hatte etwas so Priesterhaftes als junger Mensch. Einer meiner Wünsche war, Priester zu werden in einer protestantischen Kirche in Norwegen, um dann im Sonntagsgottesdienst mit den Leuten zusammenzukommen. Das waren meine Träume. Ich muß für die Sombart-Kinder so eine gewisse Autorität gehabt haben. Verschiedenes konnte ich für sie glaubhaft machen …

Der Vater Sombart war ein sehr ästhetischer Mensch. Es mußte schön gesprochen werden. Mein gebrochenes Deutsch war nicht gut. ›…da mußt Du lernen, da muß man was machen damit.‹ Bis heute habe ich das nicht gekonnt. Aber für ihn war das nicht in Ordnung, das war doch nicht sauber…

16

Ich habe wie ein moderner Sklave gelebt, also Musik, bißchen Brot und Sombart. Sonst hatte ich keine Möglichkeit ... Trotzdem war die Berliner Zeit die reichste Zeit meines Lebens, obwohl ich überhaupt keine Mark gehabt habe. Mir hat das Geld nicht gefehlt. Irgendwie bin ich durchgekommen ohne Schaden ... Ich war sehr beschränkt mit der Zeit. Um sieben Uhr war ich in der Hochschule und ging abends um sechs Uhr wieder weg, mit einer Mittagspause von zwanzig Minuten, und auch die nicht immer, das kostete Geld. Nicht immer haben wir eine Mahlzeit gehabt ...

Ich hatte die Möglichkeit, Berlin zu verlassen [kurz vor Kriegsende, der Verf.], aber dafür hätte ich meine Kompositionen in Berlin lassen müssen. Da waren ein paar Rumänen, die einen Wagen hatten, die wollten nach dem Westen. Ich sagte, wenn meine Kompositionen nicht mitkämen, würde ich dableiben. So habe ich dann die Russen und die Amerikaner, alle zusammen, in Berlin erlebt ...«

Eine wichtige Aussage über Celibidaches frühe Berliner Erlebnisse enthält auch der Bericht von Gebhard Hielscher über die Japan-Reise der Münchner Philharmoniker (Oktober 1986) in der »Süddeutschen Zeitung« vom 13.10.1986. Ich zitiere daraus folgende Passage. Auf einer Pressekonferenz sagte Celibidache:

»Ich bin als griechisch-orthodoxer Christ geboren, habe dann Philosophie studiert, die mir aber keine Lösung für meine Probleme gab. Als ich nach Deutschland kam, habe ich einen deutschen Guru gehabt – Martin Steinke –, der dreißig Jahre in China gelebt hat und der in der Zendisziplin sehr gut orientiert war. Durch ihn habe ich erfahren, wo die Grenzen des Denkens liegen, was in der

Musik gedacht werden kann und was nicht. Das ist der Weg zu Zen. Ich kann nur sagen, ohne Zen hätte ich nicht dieses sonderbare Prinzip erlebt, daß im Anfang das Ende liegt. Musik ist nichts anderes als die Materialisierung dieses Prinzips.«

Celibidache hatte in Berlin als Student durch seine exzentrische Erscheinung zweifellos einiges Aufsehen erregt; das wird auch in den Erinnerungen Sombarts für den Leser anschaulich dargestellt. Übrigens hatte er eine eigene kleine Studentenwohnung, die im Südwesten des engeren Stadtbereichs lag und die er bis heute noch nicht aufgegeben hat. Er dirigierte des öfteren Chöre von Eisenbahnern und Straßenbahnschaffnern, wie er ja andererseits während seiner Pariser Studentenzeit auch mit einer Jazzkapelle gearbeitet hatte. Im Internationalen Musikinstitut in Berlin-Dahlem erzählte er seinen Schülern später von seinen Erfahrungen mit dieser Kapelle, die überwiegend oder sogar ausschließlich aus Negern bestand. Zu Beginn seiner Musikerlaufbahn war er in Bukarest Pianist in einer Tanzschule gewesen. In Berlin betätigte er sich dann auch als Jazz-Improvisator und reiste während des Krieges als Klavierbegleiter eines Ausdruckstänzers. Die Experten aber wurden durch seine Konzerte mit den Studenten der Berliner Musikhochschule auf ihn aufmerksam. Es gab im Kriege kein Hochschulorchester im eigentlichen Sinn, wohl aber wurden immer wieder kleinere Ensembles nach Bedarf zusammengestellt, und mit solchen Kammerorchestern musizierte auch Celibidache. Er soll sogar in diesem Rahmen ein »eigenes« Orchester geleitet haben. In einem dieser Hochschulkonzerte nun – nach meiner Erinnerung könnte es im Herbst 1944 gewesen sein – erreg-

te er großes Aufsehen durch eine offenbar sehr beeindruckende Aufführung der sechs »Brandenburgischen
Konzerte« von Bach. Ich selber hatte zu spät von der
Veranstaltung erfahren, aber Bekannte von mir berichte-
ten darüber und meinten, von diesem jungen Mann sei
noch Großes zu erwarten, *den* Namen müsse man sich
merken. Nun, man merkte sich ihn natürlich nicht, denn
er war allen zu schwierig und zu lang. Doch dauerte es
weniger als ein Jahr, und der Name war über Nacht in
aller Munde. Man würde ihn nie mehr vergessen!

Die allgemeine Berliner Situation in jenen Jahren erschien gerade auch auf dem kulturellen Sektor zunächst
hoffnungslos. Viele bedeutende Künstler – Schauspieler,
Regisseure, Musiker, Opernsänger – hatten die hartge-
prüfte Stadt schon Monate vor Kriegsende verlassen,
darunter auch Wilhelm Furtwängler und Herbert von
Karajan, die nun im Ausland auf ihre Entnazifizierung
warteten. Beide hatten vorerst Dirigierverbot von den
Alliierten. Furtwänglers letztes Berliner Konzert im
Kriege fand am 23.1.1945 im Admiralspalast statt. Es
wurde im wahrsten Sinne des Wortes verdüstert durch
eine plötzliche Stromsperre während der ersten Sinfonie
von Brahms, die etwas Gespenstisches an sich hatte, weil
die Musiker anfangs bei der dürftigen Notbeleuchtung
weiterzuspielen versuchten, bis dann eine Gruppe nach
der andern verstummte und Furtwängler mit einer resig-
nierenden Geste den Saal verließ. Ich habe diese Szene
noch immer vor Augen und im Ohr. Das Konzert wurde
zwar dann nach einer längeren Unterbrechung zu Ende
geführt, konnte aber die beklommene Stimmung der
Menschen nicht aufhellen.

19

Die Berliner Philharmoniker waren also seit Kriegsende ohne Chef. Überhaupt erwies sich die Dirigentenfrage als äußerst prekär. Die wenigen in Berlin noch anwesenden Orchesterleiter hatten in der ersten Zeit entweder ebenfalls Schwierigkeiten mit ihrer Entnazifizierung, wie Robert Heger, oder sie versuchten an den Institutionen, an denen sie vorher tätig waren, wieder festen Fuß zu fassen – an den Opernhäusern und beim Rundfunk. Für die Philharmoniker sah es schlecht aus, zumal sie keineswegs gewillt waren, so ohne weiteres jeden als Chef zu akzeptieren. Zunächst einmal nahmen die Musiker untereinander Kontakt auf und suchten sich in der so gründlich veränderten Welt zurechtzufinden.

Immerhin fand das erste Konzert in Berlin nach dem Zweiten Weltkrieg bereits am 13.5.1945 statt. Hans von Benda hatte ein Kammerorchester zusammengestellt, in dem auch Mitglieder der Berliner Philharmoniker vertreten waren. Der große Saal des Schöneberger Rathauses war dicht besetzt. Ich werde nie die Stimmung dieses Nachmittags vergessen, dies unbeschreibliche Gefühl, endlich wieder Musik hören zu können. Unter den Zuhörern waren viele russische Soldaten, die andächtig lauschten und dann mit fast kindlicher Begeisterung applaudierten.

Um die gleiche Zeit trat auch Leo Borchard in Berlin wieder in Erscheinung, nachdem er sich während der letzten Kriegsmonate in den Untergrund zurückgezogen hatte. Er war ehemals Korrepetitor bei Bruno Walter und Otto Klemperer gewesen und galt in den dreißiger Jahren als große Begabung unter den jungen Dirigenten, die damals von sich reden machten. Borchard sammelte die verstreuten Philharmoniker und begann sofort mit den Proben.

Die Erlaubnis zur Weiterarbeit erteilte ihm der russische General Bersarin. Und schon am 26.5.1945 fand dann im ausverkauften Titaniapalast in Berlin-Steglitz das erste Nachkriegskonzert der Berliner Philharmoniker statt: Die Aufbauarbeit hatte begonnen. Doch bereits am 23.8.1945 wurde Leo Borchard das Opfer eines tragischen Zwischenfalls. Der Warnschuß eines amerikanischen Besatzungssoldaten tötete ganz unbeabsichtigt den im Wagen eines englischen Obersten sitzenden Dirigenten. Der Soldat hatte offensichtlich die englischen Kennzeichen übersehen. Dieser jähe Tod rief große Bestürzung hervor. Wiederum waren die Philharmoniker verwaist; wiederum wußten sie nicht, wie es weitergehen sollte.

Da aber trat, genau im richtigen Augenblick, Sergiu Celibidache auf den Plan. Vielleicht ahnte er, daß nun seine Stunde geschlagen hatte. Wie jedoch die Ereignisse im einzelnen abgelaufen sind, läßt sich heute kaum noch rekonstruieren – nach fast fünfzig Jahren sind die Erinnerungen der Beteiligten doch mehr oder weniger getrübt, gibt es Widersprüche und Unklarheiten. Auch der Bericht Werner Eisbrenners, den Lang in seinem Buch anführt (S. 20/21), wirft Fragen auf. Welche Funktion etwa hatten Arthur Rother, der damals das Rundfunksinfonieorchester leitete, und die anderen Herren von der Musikabteilung des Berliner Rundfunks bei der Auswahl und Prüfung der Anwärter für die Chefposition der Berliner Philharmoniker?! Und was hatte Werner Eisbrenner selber, der sich ja der Unterhaltungsmusik verschrieben hatte, mit der ganzen Sache zu tun? Offenbar verwechselte er in seiner Erinnerung zwei grundverschiedene Ereignisse miteinander – nämlich den von der russischen Besatzungsmacht angeregten Dirigentenwettbewerb des Berliner Rundfunksinfonieorchesters und Celibidaches Probedirigieren mit den Berliner Philharmonikern –, zwischen denen ein Abstand von nur wenigen Tagen lag. Celibidache gewann den Dirigentenwettbewerb überlegen. Dabei hatte Heinz Tiessen ihn noch überreden müssen, überhaupt hinzugehen, da sein hochbegabter Schüler, der noch nie vor einem großen Orchester gestanden hatte, vermutlich an eine reelle Chance selber nicht glaubte (s. Wolfgang Schreiber in dem bereits erwähnten Essay). Celibidache dirigierte die 1. Symphonie von Brahms und den »Feuervogel« von Strawinsky. Der Eindruck muß sehr groß gewesen sein, denn die Jury erkor den jungen Mann einstimmig zum souveränen Sieger. Ob aber nun bei dem Dirigentenwettbewerb tatsächlich auch Mitglieder der Berliner Philharmoniker als Beobachter zugegen waren, kann exakt nicht nachgewiesen werden. Der ganze Ereignisablauf ist in den turbulenten Wirren jener Monate nicht aktenkundig gemacht worden.

Herbert Haffner schreibt in seinem Buch »Sinfonieorchester der Welt« (Noetzel Verlag 1988), ein mit Celibidache bekannter Musiker der Berliner Philharmoniker habe den Rumänen für das Probedirigieren vorgeschlagen. Ich selber kenne andere Versionen. Fest steht nur eines: Die Berliner Philharmoniker haben Celibidache zum Probedirigieren eingeladen – vielleicht schon am Tage nach seinem spektakulären Wettbewerbssieg –, und sie waren so beeindruckt von seiner Musikalität und seinen phänomenalen Fähigkeiten, die er an der Vierten Sinfonie von Brahms beweisen konnte, daß sie ihn zu ihrem Chefdirigenten bis zur Rückkehr Furtwänglers wählten (offizielle Wahl im Februar 1946), eine Stellung, die der junge Maestro de facto bis 1952 einnahm, denn erst dann übernahm Furtwängler wieder die Leitung des Orchesters. Celibidache nun übertrug man bereits das erste Konzert nach dem Tode Leo Borchards – die Trauerfeier für den Verstorbenen nicht mitgerechnet –, nämlich jenes bereits erwähnte Konzert vom 29.8.1945 im Zehlendorfer Park am Waldsee, das für ihn zu einem sensationellen Publikumserfolg wurde. Auf dem Programm standen Rossinis Ouvertüre zum »Barbier von Sevilla«, das Fagottkonzert op. 75 von Carl Maria von Weber (Solist Oskar Rothensteiner) und die Sinfonie »Aus der Neuen Welt« von Anton Dvořák. Übrigens war Celibidache der erste Künstler in Deutschland, der nach dem Kriege am 1.12.1945 von den Alliierten die Lizenz für alle vier Besatzungszonen erhielt: Er war also Lizenzträger Nummer 1. Ich las in den Zeitungen die Berichte über ihn, sah die Bilder – der neue Mann, ein Stardirigent, oder mehr?

Hans Bastiaan, der mich damals im Violinspiel unterrichtete, überwand mein mir selbst unerklärliches Zögern, indem er wiederholt in mich drang: »Du mußt hingehen, unbedingt! Das ist ein ganz phantastischer Dirigent! Wir haben so etwas kaum je erlebt. Du wirst begeistert sein!« Er erzählte viel von Celibidache, von dessen außerordentlichem Gehör und Gedächtnis (er dirigiere alles auswendig, schon bald auch in den Proben), von seiner Musikbesessenheit, seinem mitreißenden Temperament – und auch von seinem Probenfanatismus, der dem Orchester manchmal zu schaffen mache. Bastiaan war lange Jahre Konzertmeister der Berliner Philharmoniker und zudem ein exzellenter Kammermusiker, Primarius des von ihm gegründeten und nach ihm benann-

23

ten Streichquartetts; sein Wort hatte für mich großes Gewicht.

Ich ging hin – und war begeistert. Doch was heißt hier begeistert? Überwältigt war ich, hingerissen, wie betäubt von der elementaren Musikalität dieses jungen Dirigenten, in dessen Ingenium Werk und Wiedergabe zu einer Einheit verschmolzen. Er war ein Schauspieler im höchsten und schönsten Sinne des Wortes, der alles, was er erlebte und gestaltete, auch darzustellen wußte, bis in die Einzelheiten hinein, bis in die feinsten Nuancen der musikalischen Vorgänge. Er hätte gar nicht anders dirigieren können als mit dieser ungeheueren Beredtheit in Mimik und Gestik, die seinem Wesen und seinen Jahren entsprach, eine Beredtheit überdies, die für den unbefangenen Konzertbesucher tatsächlich ein Schlüssel zum Verständnis des Werkes werden konnte. Äußerste Sensibilität und Spiritualität, gepaart mit glühender Leidenschaft und geradezu dämonischer Ausdruckskraft; Souveränität, Disziplin und Konzentration auf der einen Seite, loderndes Feuer und entfesselte Emotionalität auf der anderen – das war das Phänomen Celibidache, wie ich es in jungen Jahren in Berlin erlebt habe. Es war nicht das ganze Phänomen Celibidache, bei weitem nicht, wohl aber sein damaliges Erscheinungsbild, das inzwischen so manche Differenzierung erfahren hat.

In der Erinnerung verschmelzen diese ersten Eindrücke mit einem anderen Konzert, das nur wenige Monate später stattfand, am 6.1.1946 ebenfalls im Titaniapalast, und dessen Hauptwerk Celibidaches Ruf, einer der größten Tschaikowsky-Dirigenten unserer Zeit zu sein, schlagartig aufleuchten ließ – die »Symphonie Pathétique«.

Er stand vor dem Orchester, schlank, groß, eine interessante, faszinierende Erscheinung mit langem, schwarzem, leicht gewelltem Haar, das er sich immer wieder aus der Stirn streichen mußte. Er dirigierte mit weit ausholenden, geradezu beschwörenden Gesten und zog alle in seinen Bann, Hörer wie Musiker, die ihr Letztes geben mußten, so wie ja auch er sich bis zur vollständigen Erschöpfung verausgabte. Hatte man je zuvor eine solche »Pathetique« gehört? Und würde man sie je so wiederhören – wenn nicht von ihm? Nach den letzten Takten Erschütterung, langes Schweigen, aus dem sich erst zögernd der Beifall löste, um dann allerdings in einen Jubel ohnegleichen zu münden. Die Menschen drängten nach vorn, und ich fand mich unversehens in einer dichten Menge unmittelbar vor dem Dirigentenpodest. Noch nie hatte ich einen derart frenetischen Beifallssturm nach einem Konzert erlebt. Ich weiß nicht mehr, wie oft Celibidache herausgerufen wurde, auch als das Orchester schon längst das Podium verlassen hatte, bis endlich die Lichter im Saal gelöscht wurden. Mit diesem Konzert hatte er die Herzen der Berliner vollends erobert, und wir verließen den Titaniapalast in dem Bewußtsein, eine Sternstunde der Musik erlebt zu haben.

Celibidache stürzte sich von Anfang an mit Feuereifer in die Arbeit – dieser oft strapazierte Ausdruck ist hier wirklich am Platze. Es war seine erklärte Absicht, die Berliner Philharmoniker wieder an ihr früheres hohes Leistungsniveau, an das Leistungsniveau der großen internationalen Spitzenorchester, heranzuführen. Daß ihm dies in wenigen Jahren konzentrierter und unnachgiebiger Arbeit tatsächlich auch gelang, rücksichtslos gegen sich selber, extrem in seinen Anforderungen an die Musiker, das war wohl die schönste Rechtfertigung seiner

Wahl zum Chefdirigenten. Und als er dann schließlich das Orchester wieder an Wilhelm Furtwängler übergeben konnte mit den stolzen Worten: »Herr Doktor, hier dies ist *Ihr* Orchester« – da war es wieder ein Weltklasseorchester, das gegenüber früheren Jahren an virtuosem Glanz und musikalischer Sensibilität womöglich noch hinzugewonnen hatte.

Damals gab es im Nachkriegs-Berlin eine Ära Celibidache, die dem verwöhnten Musikpublikum ebenso bewegende und unvergeßliche Höhepunkte des Musikerlebens vermittelte wie etwa die Ära Furtwängler oder später die Ära Karajan. Vielleicht ist jene Ära Celibidache wegen ihrer Kürze und Gedrängtheit und der ganzen äußeren Umstände im Rückblick sogar die eindrucksvollste. Für alle, die jene Jahre bewußt miterlebt haben, sind Celibidaches Konzerte lebendige Gegenwart geblieben. Sein Wirken in Berlin ist mit der Geschichte der Berliner Philharmoniker untrennbar verbunden. Natürlich fehlte es auch damals nicht an Kritikern, auch nicht an solchen, die ihn zu hassen schienen. Celibidache hat schon immer sein Publikum polarisiert – eine Eigenschaft außerordentlicher Naturen, die das Für und Wider unweigerlich provozieren. Mit den Rezensionen seiner Konzerte aber konnte er zufrieden sein, denn er hatte im allgemeinen eine sehr gute Presse, besonders in den ersten und dann wieder in den späteren Jahren. Dazwischen fehlte es auch nicht an heftigen Angriffen und gezielten Seitenhieben, die jedoch fast immer seiner manchmal übertrieben-exzentrischen Gestik galten, selten dem Musiker.
Celibidache mußte in den ersten beiden Jahren seiner Tätigkeit die weitaus meisten Konzerte der Philharmoniker

selbst leiten; einen ernsthaften Konkurrenten für ihn gab es nicht. Mögen sich damals auch die neben ihm in Berlin noch wirkenden Dirigenten um den Wiederaufbau des musikalischen Lebens in der schwer geprüften Stadt großen Verdienst erworben haben – Robert Heger, Arthur Rother, Johannes Schüler, Leopold Ludwig, Walter Sieber, John Bitter (amerikanischer Kulturoffizier, Schüler von Leopold Stokowski und wie sein Meister ohne Stab dirigierend), die Chordirigenten Karl Forster, Hans Chemin-Petit und der greise Georg Schumann –: Celibidache überragte sie doch alle an Können und Persönlichkeitsausstrahlung. Er war der ungekrönte König unter den Dirigenten der Berliner Nachkriegsjahre. Und auch als dann ab 1947 allmählich wieder prominente Orchesterleiter den Weg in die ehemalige Reichshauptstadt fanden – Hans Rosbaud, Eugen Jochum, Hans Knappertsbusch, Karl Böhm, Carl Schuricht, Otto Klemperer, Erich Kleiber, Josef Keilberth, Georg Solti, Ferenc Fricsay, Igor Markewitsch, Herbert von Karajan und manche andere noch –, da konnte Celibidache sich mühelos neben ihnen behaupten. Seine Konzerte mit den Philharmonikern gehörten bis zu jenem für lange Zeit anscheinend letzten vom 29.11.1954 zu den Höhepunkten des Berliner Musiklebens. Gut neun Jahre lang war er einer der beliebtesten Künstler in dieser Stadt – und er ist es im Grunde auch heute noch, wie jedes seiner Gastkonzerte beweist.

Erinnern wir uns an den Beginn dieser Jahre. Als Sergiu Celibidache 1945 die Leitung der Berliner Philharmoniker übernahm, war er praktisch ein Dirigent ohne Repertoire, ohne Erfahrung auch im Umgang mit den großen Kulturorchestern. Denn abgesehen von seinen Konzerten mit den Studenten der Berliner Musikhochschule, verfügte er noch über keinerlei Proben- und Aufführungspraxis. Um so erstaunlicher war es, wie schnell er in seine neue Aufgabe hineinwuchs und mit welcher Hingabe das Orchester seine Intentionen verwirklichte, die immer klar, durchdacht und überzeugend waren und die er glänzend zu vermitteln wußte. Schon in jungen Jahren war er ein Chef, dem die Musiker bereitwillig und, wenn es darauf ankam, bedingungslos folgten. Er mußte damals oft jede Woche oder doch jede zweite Woche ein neues Programm einstudieren, und das bedeutete für ihn anfangs in den meisten Fällen: Vorbereitung auf Erstaufführungen, auf Werke, die er vorher noch nie dirigiert hatte. Zudem dirigierte er alles auswendig; nur wenn er Solisten begleitete, verzichtete er auch damals nicht auf die Partitur. Er mußte also ständig neue Partituren auswendig lernen, und er tat es mit größter Akribie, denn er hatte die Noten nicht nur im Gehör, sondern auch visuell im Gedächtnis.

Diese wenigen Angaben genügen schon, um sich ein Bild von der ungeheuren Arbeitsleistung Celibidaches zu machen, die von ihm gefordert wurde, oder, anders gesagt, die er sich selber auferlegte. Es war daher beinahe vorauszusehen, daß er Anfang April 1946 infolge totaler physischer Erschöpfung während einer Probe zusammenbrach. Doch nach wenigen Wochen Erholung in der Schweiz kam er gestärkt zurück – erleichtert begrüßt von den Berliner Musikfreunden – und stand bereits am 5.5. in der Städtischen Oper wieder am Pult der Philharmoniker. Seine Energie war ungebrochen, sein Arbeitseifer eher noch größer geworden. Temperament, Vitalität und geistige Disziplin trugen ihn über die Krise hinweg.

Die schweren Jahre nach dem Zusammenbruch des nationalsozialistischen Deutschlands 1945 waren für alle, die sie miterlebt haben, eine Zeit der menschlichen Bewährung. Celibidache spricht oft und dankbar von der großen Hilfsbereitschaft der Berliner im Kriege und in den Jahren danach. Und auch er hat damals mitangepackt und geholfen, wo immer es ihm möglich war. Schon bald nach Beginn seiner Zusammenarbeit mit den Berliner Philharmonikern machte er sich mit den Orchestermitgliedern daran, den Probenraum in Berlin-Dahlem notdürftig herzurichten, wobei seine Tatkraft und Umsicht der Arbeit sehr zustatten kamen. Er war besorgt um seine Musiker, half den Schwächeren, verteilte seine Lebensmittelmarken unter besonders Bedürftigen und besuchte die Kranken. Bei dieser Lebensweise konnte es nicht ausbleiben, daß er sich selber mehr schlecht als recht durchhungerte. Von verschiedenen Philharmonikern wurde er wiederholt zum Essen eingeladen; viel hatte damals ja niemand. Überhaupt waren die Beziehungen zwischen ihm und den Musikern in den ersten Jahren der gemeinsamen künstlerischen Arbeit sehr freundschaftlich und geradezu kameradschaftlich. Er duzte sich mit vielen von ihnen. Um so trauriger dann die späteren Auseinandersetzungen.

Die Konzerte fanden während der Nachkriegsjahre nicht nur im Titaniapalast statt, einem ehemaligen großen Lichtspieltheater mit gar nicht so schlechter Akustik, sondern auch in anderen Sälen – Städtische Oper, Admiralspalast, Haus des Rundfunks, Kinosaal Cosmos, Metropol-Theater, Theater des Westens, Friedrichstadt-Palast, Zinnowald-Saal, um die wichtigsten zu nennen. Die

Sonntagsvormittagskonzerte im Titaniapalast aber wurden schon bald zur Tradition, und hier habe ich dann auch die meisten meiner Berliner Celibidache-Konzerte gehört. Unter den Zuhörern sah man viel Prominenz aus Kultur, Politik und Wirtschaft. Boleslaw Barlog, der Intendant des Schloßpark-Theaters, Jürgen Fehling sowie viele bekannte Schauspieler und Musiker waren dort oft anzutreffen. Manchmal standen wir draußen vor dem Eingang und warteten, bis Celibidache in seinem kleinen Wagen vorfuhr, ein beige-farbener DKW älterer Bauart, den er meist selbst steuerte. Er stieg rasch aus und betrat den Titaniapalast durch den links neben dem Haupteingang liegenden Künstlereingang. Nun wurde es auch für uns Zeit, in den Saal zu gehen, um uns noch einige Minuten auf die zu erwartenden Erlebnisse einzustimmen.

Ich habe nie wieder einen ausübenden Musiker kennengelernt, der über ein so vielseitiges und breit gestreutes Repertoire verfügt, wie Celibidache es sich in seinen Berliner Jahren erarbeitet hatte. Seine Programme reichten von den Barockmeistern wie Bach, Händel, Corelli und Vivaldi über die deutschen Klassiker und Romantiker, die europäische Musik des neunzehnten Jahrhunderts insgesamt, über die Impressionisten, folkloristische und die Grenzen zur Unterhaltungsmusik überschreitende Werke wie Gershwins »Rhapsody in Blue« bis hin zur gemäßigten Moderne, die mit vielen berühmten Namen vertreten war: Hindemith, Bartók, Strawinsky, Prokofjew, Schostakowitsch, Honegger, Milhaud, Blacher, Genzmer, Tiessen, Ghedini, Britten, Piston, Copland und viele andere. Zu den zahlreichen deutschen Erst- und Uraufführungen, die Celibidache leitete, gehörten die fünfte und siebte Sinfonie (die »Leningrader«)

von Dimitrij Schostakowitsch, die zweite Orchestersuite aus »Romeo und Julia« von Sergei Prokofjew, die »Symphonie liturgique« von Arthur Honegger, die »Sinfonia da requiem« von Benjamin Britten, die Sinfonie op. 62 von Egon Wellesz und das Klavierkonzert 1945 von Paul Hindemith. Seine größten Erfolge errang er anfangs mit Werken von Tschaikowsky, Rimski-Korsakow, Dvořák, Ravel und Debussy sowie mit zeitgenössischen Kompositionen. Wer ihn aber auf slawische, impressionistische oder moderne Musik festlegen wollte, mußte sich eines Besseren belehren lassen. Denn schon bald zeigte sich seine tiefe Verbundenheit mit der deutschen Klassik und Romantik, deren bedeutende Schöpfungen auch unter seiner Leitung den Schwerpunkt der philharmonischen Konzerte bildeten. Seine erste Aufführung der vierten Sinfonie von Brahms, seiner wohl meistdirigierten Sinfonie, erregte allgemeine Bewunderung und wurde mit den Interpretationen von Wilhelm Furtwängler und Victor de Sabata verglichen. Ähnliches galt von seiner Wiedergabe der »Eroica« und der Siebten von Beethoven. Werner Oehlmann schreibt in seinem Buch »Das Berliner Philharmonische Orchester« (Kassel, 2. Aufl. 1975) über Celibidache: »Seine größte Leistung ist jedoch sein Hineinwachsen in die Sphäre der großen klassischen Musik. Seine Beethoven-Interpretationen waren in den letzten Jahren seines Berliner Wirkens denen Furtwänglers ebenbürtig, wenn auch ganz anders angelegt, aus romantischem Formgefühl entwickelt, von gesammelter, nicht überströmend sich verschwendender Intensität erfüllt, eher denen Otto Klemperers vergleichbar; seine Wiedergabe der anmutig-ernsten zweiten, der stählern gehärteten, gebändigte Kraft und Trauer in sich

31

verschließenden dritten, der musikgesättigten, im Adagio zu idealistischer Schönheit aufblühenden vierten, der kampfbewegten, zu bläserglänzendem Siegesmarsch emporgerissenen fünften, der aus klassischer Klarheit zu dionysischem Wirbel aufrauschenden siebenten Symphonie bleibt in Erinnerung als beglückende, von wenigen anderen erreichte Erfüllung klassischen Maßes und Anspruchs unvergessen bestehen.«

Celibidache dirigierte des öfteren reine Beethoven- und Brahmskonzerte, von denen mir zwei noch besonders lebhaft in der Erinnerung sind. Im Bußtagskonzert vom November 1947, das Beethoven gewidmet war, erklangen die Coriolan-Ouvertüre, das vierte Klavierkonzert mit Branka Musulin und die »Eroica«. (Peter Mucks Konzertübersicht in »Hundert Jahre Berliner Philharmonisches Orchester«, Tutzing 1982, weist hier wie in anderen Fällen Irrtümer auf.) Aus einem ganz besonderen Grunde erinnere ich mich genau an diesen 19.11.1947 im Friedrichstadt-Palast. Das Konzert war ausverkauft und ich hatte keine Karte. Meine im Titaniapalast geübte Praxis, in solchen Fällen mit der Geige unter dem Arm neben Hans Bastiaan im vertrauten Kollegengespräch durch den Künstlereingang ins Innere zu gelangen, ließ sich hier nicht durchführen. Bastiaan ging mit mir zu Celibidache, den ich zu dieser Zeit schon persönlich kannte, und er meinte, da sei schon etwas zu machen. Er stellte mich einem kleinen, älteren Herrn vor und sagte: »Dieser junge Mann hier muß unbedingt in das Konzert, egal wie!« Der nahm sozusagen Haltung an und meldete: »Wird jemacht, Herr Jeneralmusikdirektor, wird jemacht!« Und zu mir gewandt: »Kommen Se ma mit«, und er führte mich auf reichlich verschlungenen Wegen in den Saal, in dem ich mir dann einen freien Platz aussuchen konnte. Bekanntlich bleiben auch bei ausverkauften Veranstaltungen immer einige Plätze unbesetzt.

Auf dem Programm des anderen Konzertes – es war ein Brahms-Abend am 6.4.1947 in der Städtischen Oper (ein Konzert für die englische Besatzungsmacht) – standen das zweite Klavierkonzert und wiederum die vierte Sinfonie. Solist war Walter Gieseking, der zum erstenmal nach dem Kriege wieder in Berlin auftrat. Das Zusammenspiel zwischen dem großen Pianisten und dem von Celibidache sorgfältig vorbereiteten Orchester erreichte ein Höchstmaß an Übereinstimmung und kammermusikalischer Transparenz. Das Cello-Solo im langsamen Satz spielte Hans Bottermund ausdrucksvoll und sensibel. Ich habe kaum je wieder eine so beglückende Aufführung des herrlichen Werkes erlebt, es sei denn bei dem Zusammenwirken von Barenboim, Celibidache und den Münchner Philharmonikern. Gieseking war als Pianist eine singuläre Erscheinung, mit keinem anderen vergleichbar. Unmittelbar nach dem Schlußakkord stand er auf, ging zu Celibidache und umarmte ihn, und so, den linken Arm um seine Schultern gelegt, zeigte er sich dem enthusiasmierten Publikum. Celibidache, selber nicht eben klein, doch überschlank, wirkte fast zart und schmächtig neben der wuchtigen Gestalt des Pianisten, der übrigens zu den Orchestermusikern gesagt hat, er sei noch nie so gut begleitet worden. Mit Vergnügen hörten wir, daß er zusammen mit Celibidache in dessen Studentenwohnung vierhändig Jazz gespielt habe. Man hätte dabei sein mögen!

Die Behauptung Aurèle Nicolets – ehemaliger Soloflötist

der Berliner Philharmoniker –, Celibidache habe seine Programme komplementär zu denen Furtwänglers ausgesucht (zitiert bei Lang, S. 198), also gewissermaßen Kontrastprogramme dirigiert, trifft nur sehr bedingt zu. Hier irrt dieser großartige Musiker, wie ich gerade bewiesen habe. Auch nach Furtwänglers Rückkehr hat Celibidache immer wieder die bedeutenden Werke der deutschen Klassiker und Romantiker aufs Programm gesetzt, was man bei Muck nachlesen kann. Er hat den Vergleich mit Furtwängler nicht gescheut und brauchte ihn nicht zu scheuen. Natürlich dirigierte er mehr zeitgenössische, impressionistische und slawische Musik als Furtwängler, brachte auch mehr Ur- und Erstaufführungen. Doch andererseits war er sich der Tradition der Berliner Philharmoniker viel zu sehr bewußt, um der großen deutschen Musik nicht den ihr gebührenden Rang einzuräumen. Und es war nicht nur Traditionsbewußtsein, was ihn dazu bestimmte, sondern persönliche Neigung, ja Wesensverwandtschaft.

In diesem Zusammenhang möchte ich ein Konzert erwähnen, dem rückblickend besondere Bedeutung zukommt: Celibidaches erste Bruckner-Aufführung. Er dirigierte am 28.9.1946 im Rahmen der Bruckner-Veranstaltungen der Stadt Berlin im großen Sendesaal des Funkhauses an der Masurenallee die siebte Sinfonie in E-Dur. Auch wenn man den Ausnahme-Rang des später weltweit gefeierten Bruckner-Dirigenten nach dieser Aufführung noch nicht mit Sicherheit voraussagen konnte, so überraschte sie doch durch ungewöhnliche Intensität und Geschlossenheit, durch überwältigenden orchestralen Glanz. Die machtvolle Steigerung etwa am Schluß der Coda des ersten Satzes (Takt 413–443 der

Originalfassung) war von unvorstellbarer Gewalt, schien immer weiter ins Unendliche emporzuwachsen, bis dann mit dem letzten Akkord der erlösende Höhepunkt erreicht war. So habe man das noch nie gehört, sagten viele, die dabeigewesen waren. Aber auch die anderen Sätze, vor allem das wunderbar ruhig und beseelt ausmusizierte Adagio und das ungemein dynamisch angepackte Finale, hinterließen tiefen Eindruck. Mit dieser Wiedergabe war Celibidache ein großer Wurf gelungen; man sprach noch nach Wochen darüber. Die anderen Bruckner-Aufführungen erweckten bei weitem nicht so ein lebhaftes Echo. Für mich gehört dieses Konzert zu den schönsten Erinnerungen an Celibidaches Berliner Jahre, und es ist wohl verständlich, wenn ich heute in München immer wieder an jenen Abend des 28.9.1946 zurückdenke, an dem meine Liebe zu Bruckner erwachte.

Es gab auch Konzerte ganz anderer Art, in denen vergleichsweise leichte Kost geboten wurde, »gehobene Unterhaltungsmusik«, wenngleich auf allerhöchstem Niveau. Eines dieser Konzerte konnte da mit einer echten Sensation aufwarten (19.1.1947). Den Schluß des Programms bildete die erste Rumänische Rhapsodie von George Enescu. Celibidache und sein Orchester waren in prächtiger Musizierlaune, und so gelang ihnen eine Wiedergabe, die an Brillanz, Temperament und Esprit ohne jede Übertreibung einzigartig war. Frenetischer Beifall; das Publikum im Titaniapalast geriet außer sich. »Wiederholung!« rief man, »Wiederholung!« Celibidache, sichtlich animiert durch die spontane Begeisterung, ließ sich nicht lange bitten und wiederholte das zündende Werk. Diesmal war der Beifall womöglich noch rasender, noch überschwenglicher. Ein Orkan brach los, der ganze Saal schien zu toben, einige stiegen auf die Stühle. Verblüfft sah Celibidache den Aufruhr, den er entfesselt hatte, drehte sich dann kurz entschlossen um, hob den Taktstock – und zum drittenmal an diesem Sonntagvormittag erklang im Titaniapalast die erste Rumänische Rhapsodie von George Enescu!

Zu Celibidaches größten Triumphen während seiner Berliner Jahre gehörte die deutsche Erstaufführung der siebten Sinfonie, der »Leningrader«, von Dimitrij Schostakowitsch am 21.12.1946 im Admiralspalast im Ostsektor der Stadt, ein Ereignis, das auch im Ausland viel Beachtung fand. In etwa zwanzig Proben hatte Celibidache die Philharmoniker auf das riesige und schwierige Werk vorbereitet, eine Probenarbeit, von der man viel Außerordentliches erzählte, was die Spannung noch erhöhte. Ich selber erfuhr von Hans Bastiaan so manche Einzelheiten, vor allem über das phänomenale Gedächtnis des Maestro, der die »Leningrader« Note für Note im Kopf hatte – schon bei der ersten Probe. Er war zur grenzenlosen Verblüffung der Musiker imstande, nur nach dem Gehör Abschreibungsfehler im Notenmaterial zu korrigieren! (Grundlage für die Orchesterstimmen war eine Microfilmpartitur.) Die Berliner Philharmoniker mußten durch Mitglieder des Staatsopernorchesters verstärkt werden, um der vom Komponisten vorgeschriebenen Besetzung entsprechen zu können. Noch unmittelbar vor Beginn des Konzertes umlagerten ganze Scharen von Kartensuchenden den seit langem ausverkauften Admiralspalast – wohl vergebens.
Vor den Eingangstüren ins Innere des Gebäudes gab es

ein fürchterliches Gedränge; nichts mehr ging voran, die Menschen wurden unruhig. Plötzlich erklang in meiner Nähe eine Stimme mit unverkennbarem Akzent: »Keine Sorge, bevor ich nicht drin bin, fängt's nicht an!« »Das ist ja Celi!« rief jemand, und tatsächlich, als ich mich umwandte, erkannte ich ihn inmitten der Menge, nicht weit von mir, in seinem hellen, kamelhaarfarbenen Wintermantel, ohne Kopfbedeckung, nicht unfreundlich, aber doch energisch bemüht, einen Ausweg aus dem Getümmel zu finden. Man lachte und gab ihm den Weg frei. Nun ging es auf einmal wieder, das Gedränge entknäuelte sich, und mit einiger Verspätung begann das Konzert. Es fand, wie so oft, am Sonntagvormittag statt. Die hochgespannten Erwartungen des Publikums wurden für viele sicher weit übertroffen. Die Wiedergabe der gewaltigen Sinfonie, auf die ich hier im einzelnen nicht eingehen kann, bot eine der faszinierendsten Dirigenten- und Orchesterleistungen, die Berlin je erlebt hat. Der Eindruck war ungeheuer, der Jubel grenzenlos. Celibidache verteilte aus den ihm überreichten Blumensträußen nach allen Seiten Chrysanthemen unter seinen Musikern. Der russische Stadtkommandant betrat das Podium und bedankte sich in einer kleinen Ansprache für die großartige Aufführung. Der schönste Augenblick für Celibidache aber war gewiß, als Wilhelm Furtwängler sich aus der später stehend applaudierenden Menge löste – ich konnte die Szene vom Rang aus gut beobachten –, nach vorn ging und den jungen Kollegen mit einem herzlichen Händedruck beglückwünschte.

Nur etwa zweieinhalb Wochen nach diesem sensationellen Konzert lernte ich Celibidache persönlich kennen. Die Geschichte dieser Begegnung, die fast wie ein Märchen klingt, werde ich hier genauso wiedergeben, wie sie sich zugetragen hat, wobei ich mich um eine möglichst sachliche Berichterstattung bemühen will.

Damals, in den schweren Jahren nach dem Ende des Krieges, war Celibidache für die Berliner Musikfreunde gleichsam ein Fanal der Hoffnung und des wiedererwachenden Lebens. Wir hingen an ihm, liebten und verehrten ihn wie kaum einen anderen Künstler in jener Zeit. Seine Konzerte mit den Berliner Philharmonikern gehörten unstreitig zu den kulturellen Höhepunkten im Nachkriegs-Berlin. Er riß alle mit, Musiker wie Hörer, und die Celibidache-Gemeinde vergrößerte sich ständig. Ich selber verdanke ihm meine wesentlichsten musikalischen Eindrücke, und Erkenntnisse – ein Prozeß, der immer noch andauert –, und ich begriff schon damals, daß es sich hier um ein für mich entscheidendes Erlebnis handelte. Aus dieser Stimmung heraus schrieb ich ihm zum Weihnachtsfest 1946 einen langen Brief, wie man ihn wohl nur einmal im Leben schreiben kann, und vielleicht auch nur als begeisterter Achtzehnjähriger.

Mein Vorhaben wurde unterstützt durch Hans Bastiaan, von dem ich dann die Anschrift des Maestro bekam, der immer noch seine Studentenwohnung beibehalten hatte. Am Morgen des 24.12.1946 schob ich meinen Brief unter die Tür mit dem kleinen Zettel »Sergiu Celibidache – Dirigent der Berliner Philharmoniker«. Als ich drinnen Schritte hörte, entfernte ich mich rasch.

Ich lebte nach Kriegsende zusammen mit meiner Mutter und einer ebenfalls total ausgebombten alten Dame in einer uns vorübergehend von der Stadt zugewiesenen möblierten Wohnung. Der Winter war ungewöhnlich

38

streng; es fehlte an Heizmaterial und den notwendigsten Lebensmitteln. Wir hungerten und froren. Anfang Januar 1947 erkrankte ich an einer schweren Rippenfellentzündung.

An einem frühen Nachmittag nun – seit Ausbruch der Krankheit war eine gute Woche vergangen, es muß so um den zehnten Januar gewesen sein – lag ich allein fiebernd in meinem Zimmer, als es an der Wohnungstür läutete. Meine Mutter war um diese Zeit nicht zu Hause. Ich hörte, wie die alte Dame öffnete und mit jemandem sprach, der offenbar zu mir wollte. Er kam langsam durch den engen, dunklen Korridor, blieb stehen und klopfte an. Verwirrt richtete ich mich halb auf und rief erwartungsvoll: »Ja, bitte!« Die Tür öffnete sich, und herein trat – Sergiu Celibidache, in seinem bekannten kamelhaarfarbenen Wintermantel, wie immer ohne Kopfbedeckung und mit einem großen Koffer in der rechten Hand! Er kam zu mir ans Bett, setzte den Koffer ab und sagte: »Wie geht es Ihnen? Ich habe gehört, Sie sind krank. Da wollte ich Sie doch besuchen.« Ich sah ihn an und war völlig fassungslos, wußte nicht, ob es ein Traum war oder Wirklichkeit. »Herr Celibidache, Sie hier?!«, war alles, was ich herausbrachte. Er bemerkte natürlich das Durcheinander von Freude und Überraschung, in dem ich mich befand, ging geschickt darüber hinweg, indem er mich dies und jenes fragte und mir dadurch wieder auf den Boden der Tatsachen half. Dann begann er den Koffer auszupacken, der alles an Lebensmitteln enthielt, was ein Kranker notwendig brauchte, was für meine Mutter und mich aber unerreichbar oder unerschwinglich war. Ich nehme an, es handelte sich um den Inhalt eines oder auch mehrerer Care-Pakete, die er selber bekommen und aus denen er das für mich Wichtigste zusammengestellt hatte. Und er hatte an alles gedacht! Er wandte sich mir wieder zu, in der Hand eine große Flasche goldgelben Lebertrans, und verordnete eindringlich: »Nicht mehr als dreimal am Tag einen halben Teelöffel.« Dann wollte er wissen, ob es in unserer Wohnung einen Raum gebe, in dem er etwas aufschütten könne. Aufschütten? Worauf wollte er hinaus? Ich wies auf das Nebenzimmer, das wegen der grimmigen Kälte nicht benutzt wurde. Er verschwand, kehrte aber schon bald zurück, tief gebeugt unter der Last eines riesengroßen Sacks voller Briketts, die er nebenan aufschüttete. Oben auf den Stapel legte er, wie ich erst später entdeckte, ein Brikett mit den eingebrannten Worten: »Viel Glück!« Anschließend kam er wieder in mein Zimmer, säuberte sich die Hände und fragte nach meinen beruflichen Plänen. Ich sprach von meinem Wunschtraum, Dirigent zu werden. Er lächelte, beurteilte diese Vorstellung aber skeptisch wegen meiner angegriffenen Gesundheit. Der Dirigentenberuf sei rein körperlich sehr anstrengend und verlangte eine gute und ausdauernde Konstitution. Nun, ich müsse erst einmal die gegenwärtige Krankheit überwinden. Wenn ich wieder gesund wäre, solle ich zu ihm kommen, dann würde man weitersehen. Er würde mir im Rahmen des Möglichen gerne helfen. Nach einem Blick auf die Uhr wünschte er mir alles Gute, bestellte Grüße an meine Mutter und verabschiedete sich herzlich.

Am nächsten Tage bereits erfuhren wir durch Hans Bastiaan, wie es zu diesem Besuch gekommen war. Celibidache hatte sich bei ihm im Anschluß an eine Probe nach mir erkundigt – ich hatte in meinem Brief mein Violinstudium erwähnt – und dabei auch von meiner Krankheit und unserer schwierigen Lage gehört. »Da muß ich ihn aber unbedingt sofort besuchen«, habe er gesagt, und wirklich hatte er noch am gleichen Tag seinen Entschluß in die Tat umgesetzt, hatte den Koffer gepackt, die Briketts in seinen Wagen geladen und war zu uns herausgefahren. Vorher hatte er noch mit dem Geiger Hermann Bethmann gesprochen – ebenfalls Mitglied der Berliner Philharmoniker und zweiter Geiger im Bastiaan-Quartett – und von ihm weitere Einzelheiten über unsere prekäre Lage erfahren.

Nach einigen Wochen besserte sich mein Zustand so weit, daß ich die Wohnung verlassen und bald auch wieder die philharmonischen Konzerte besuchen konnte. Celibidache begrüßte mich erfreut in seinem Künstlerzimmer im Titaniapalast, warnte mich aber zugleich vor einem möglichen Rückfall. Leider sollte er recht behalten, denn bereits Ende April packte mich die Krankheit noch weit heftiger als im Januar. Celibidache erfuhr durch Hans Bastiaan kurz vor dem Abflug zu einer großen Deutschland-Tournee mit dem Orchester von der bedrohlichen Verschlechterung meines Zustandes. Noch vom Flughafen aus telefonierte er mit seiner rumänischen Haushälterin und gab ihr Anweisungen. Wir wußten natürlich von alledem nichts und waren daher völlig überrascht, als die gute Dame einige Tage später bei uns erschien, schwer bepackt mit zwei großen Tragetaschen und einem Rucksack. In den Taschen befanden sich Lebensmittel in reicher Auswahl, vor allem auch frisches Gemüse und Salat. Der Rucksack enthielt neben anderen Dingen ein Radio, das sie mir mit vielen Grüßen und Besserungswünschen Celibidaches ins Zimmer stellte,

41

damit ich wenigstens Musik hören könne! Daß wir überglücklich waren, kann wohl jeder nachempfinden, der diese Zeilen liest.

Im September, als ich einigermaßen wiederhergestellt war, lud Celibidache, den ich in einem Furtwängler-Konzert getroffen hatte, mich ein, im Wintersemester 1947/48 als Gast an seinem Unterricht im »Internationalen Musikinstitut« teilzunehmen; ich brauche mir also keine Gedanken zu machen. Hocherfreut sagte ich zu. Vermutlich wollte er sich selber ein Bild von meinen Kenntnissen und Fähigkeiten machen. Leider mußte ich ihn enttäuschen, denn seine Schüler waren mir weit voraus, und meine Teilnahme am Dirigierunterricht Celibidaches beschränkte sich fast ausschließlich aufs Zuhören. Dennoch habe ich viel gelernt in jenen Monaten, viel beobachtet und erfahren. Neben mir gab es bald noch einen anderen Gast: die berühmte jugoslawische Pianistin Branka Musulin, eine sehr schöne Frau mit herrlichem, blondem Haar. »Branka mit der Löwenmähne«, sagten die Studenten. Wir saßen zusammen über eine Partitur gebeugt, und wenn ich etwas nicht gleich verstand, erklärte sie es mir flüsternd. Sie war ungewöhnlich musikalisch und intelligent; wenn alle schwiegen, wußte sie immer noch eine Antwort.

Die Schüler verehrten Celibidache sehr, auch wenn man hin und wieder kritische Bemerkungen hörte. Einmal gab es einen richtigen Krach, und der Kontrahent verließ die Dirigentenklasse, blieb aber trotzdem mit dem Maestro verbunden, der seine Konzerte besuchte und ihm Ratschläge erteilte, Lob und Tadel spendete, wofür ihm jener aufrichtig dankbar war. Celibidache konnte streng und unnachsichtig mit den jungen Leuten sein, verlangte viel von ihnen; man mußte höllisch aufpassen. Andererseits bewies er aber auch eine Engelsgeduld, wenn er auf Schwächen und Fehler stieß, die der Betreffende nicht zu verantworten hatte, weil sie in seiner Natur lagen. Ich werde nie vergessen, wie er einem hochbegabten jungen Mann, der leider stotterte, über die peinliche Situation, von diesem Leiden ausgerechnet bei der Beantwortung von Fragen befallen zu werden, hinweghalf. Er trat dann auf den Bedauernswerten zu und sagte leise: »Ganz ruhig. Atmen Sie gleichmäßig und ruhig. Sie können es ja; wir wissen es alle.« Und er blieb bei ihm, bis die Antwort deutlich formuliert war. Gefährlich aber blitzte es in seinen Augen, wenn er während dieser Szene im Kreis der Schüler auch nur die geringste Anwandlung von Heiterkeit wahrzunehmen glaubte. Er wäre imstande gewesen, den Übeltäter sofort und mit Nachdruck an die Luft zu befördern.

Der Unterricht verlief – wie bei Celibidaches Temperament und nie versagender geistiger Präsenz nicht anders zu erwarten – immer abwechslungsreich und im höchsten Grade anregend. Da gab es komplizierte und tückische rhythmische Übungen – »Alle sieben Takte sind wir wieder auf der Eins zusammen!« oder so ähnlich –, bei denen die Konzentration der Schüler extrem gefordert war, natürlich auch Übungen zur Gehörbildung. Ich kann mich nicht erinnern, ob damals im Internationalen Musikinstitut ein kleines Orchester existierte, das den Studenten für die praktische Arbeit zur Verfügung stand. Im Wintersemester 1947/48, an dem ich als Gast teilnahm, wurden die Werke ausschließlich anhand der Partituren erarbeitet. Allerdings gab es auch so etwas wie eine richtige »Probe«. Celibidache bat einen der Schüler nach vorn aufs »Podium« und setzte sich selbst an den Flügel: »Ich bin ein mäßiges Provinzorchester und spiele genau so, wie Sie dirigieren – oder auch nicht dirigieren! Also bitte: Einsatz!« Es war zum Verzweifeln, denn der unglückliche »Kapellmeister« hatte es mit einem entsetzlich dickfelligen und lahmen »Orchester« zu tun, dem jede Art von Eigeninitiative abging. Der Arme geriet ins Schwitzen, während die anderen sich erheiterten – allerdings nur so lange, bis sie an der Reihe waren. Es war klar, was Celibidache damit bezweckte: Er wollte die Schüler dazu bringen, das vorher mit ihm gemeinsam Erarbeitete auf das »Orchester« zu übertragen, und zwar durch eine der Musik angemessene, sinnvolle und präzise Gestik, deren sich die Betreffenden immer bewußt sein sollten. Es ging also auch um die Profilierung ihrer Persönlichkeit, der ebenso die vertrackten Harmonisierungsaufgaben dienten, die nicht nur zur Schulung des Gehörs bestimmt waren. Die Studenten mußten als Hausaufgabe eine – wenn ich nicht irre – vorgegebene melodische Linie harmonisieren, mit anderen Worten: Sie mußten eine kleine Komposition anfertigen. Beim nächsten Mal sammelte Celibidache diese Kompositionen ein und spielte sie den »Komponisten« vor. »War das nun Ihre Komposition?« fragte er den Schüler, der zögernd bejahte. »Oder ist *das* die richtige?« forschte der Maestro weiter, nachdem er eine leicht veränderte Version gespielt hatte. Der Schüler schien sich genau zu erinnern und bestätigte erleichtert die Frage. Doch Celibidache ließ nicht locker und spielte eine dritte, kaum hörbar abgeänderte Fassung. Der Schüler schien ratlos. Jetzt erklärte Celibidache, was er gemacht hatte und warum er es gemacht hatte. Alle atmeten auf und verstanden: Genau hinhören und sich nicht irritieren lassen! Allerdings mußte man auch exakt in Ohr und Gedächtnis haben, was man komponiert hatte.

Schon damals im »Internationalen Musikinstitut« gab Celibidache gelegentlich Kostproben seiner herben, nicht selten auch ironisch-witzigen Kritik an bekannten und weniger bekannten Kollegen. Von einem der Schüler nach seiner Meinung über ein Konzert des amerikanischen Dirigenten John Bitter befragt – der war als Kulturoffizier der US-Army in jenen Jahren des öfteren in Berlin –, antwortete er mit dem hübschen, aber scharfzüngigen Wortspiel: »Ja, es war bitter, es war sehr, sehr bitter!« – und hatte natürlich die Lacher auf seiner Seite. Zu mir war er unverändert freundlich und fürsorglich. Als ich zweimal an einer durch die lange Krankheit bedingten Kreislaufschwäche litt, fuhr er mich nach dem Unterricht in seinem Wagen nach Hause, nicht ohne mir beim Abschied einige Flaschen Obstsaft und diverse Päckchen in die Hände zu drücken. Da er oft Krankenbesuche machte, hatte er gewöhnlich einen Vorrat an Stärkungsmitteln und kleinen Geschenken bei sich im Wagen. Mein weiterer Lebensweg hat mich, schon aus beruflichen Gründen, von Celibidache entfernt. Das hindert mich nicht, nach Möglichkeit keines seiner Konzerte zu versäumen und, sofern meine Zeit es erlaubt, an Proben teilzunehmen. Bei unseren gelegentlichen Begegnungen berührt das Gespräch fast immer auch die Berliner Jahre, jene für ihn so entscheidende, sein ganzes Leben bestimmende Epoche.

In den Winter 1946/47 fiel auch die Entnazifizierung

Furtwänglers, an der Celibidache, wie man weiß, entscheidenden Anteil hatte. Besorgt und betroffen über den völligen Fehlschlag der ersten Verhandlung, setzte er sich sofort mit Furtwängler in Verbindung und entwarf mit ihm gemeinsam eine Verteidigungs- und Rechtfertigungsstrategie, die dann auch zum Erfolg führen sollte. Wenn man so will, probten die beiden trotz aller Gegensätze befreundeten Künstler unter der Anleitung Celibidaches in aller Form Entnazifizierung. Das ging konkret so vor sich, daß man sich alle nur möglichen Fragen ausdachte (es sollen mehr als 600 gewesen sein!), auf die dann die geeigneten und für die Kommission überzeugenden Antworten zu finden waren. Celibidache unterrichtete das Orchester darüber während der Proben, auch über die weiteren Maßnahmen, die er gemeinsam mit Boleslaw Barlog zur Beschleunigung und Rationalisierung des Entnazifizierungsverfahrens ergriffen hatte. Sein tatkräftiges Engagement für Furtwängler entsprach seiner aufrichtigen Verehrung für den Älteren, zu der er sich auch heute noch bekennt.

Celibidaches Verhalten damals war ebenso hochherzig wie selbstlos, denn er mußte ja damit rechnen, daß Furtwängler nach seiner Entnazifizierung früher oder später wieder die Leitung der Berliner Philharmoniker übernehmen würde. Und seine eigene Verpflichtung als Chef des Orchesters war ausdrücklich begrenzt durch die Klausel »bis zur Rückkehr Furtwänglers«. Er hat also buchstäblich bis zur Selbstverleugnung für die Rehabilitierung des zu Unrecht Beschuldigten gekämpft. Dann allerdings nahmen die Dinge einen gänzlich überraschenden und von niemandem vorausgesehenen oder auch nur geahnten Verlauf.

Am 25.5.1947, Pfingstsonntag, dirigierte Furtwängler – von den Alliierten endlich entnazifiziert – nach einer Unterbrechung von fast zweieinhalb Jahren zum erstenmal wieder die Berliner Philharmoniker. Es war eines der Sonntagsvormittagskonzerte im Titaniapalast; auf dem Programm stand ausschließlich Beethoven: die »Egmont«-Ouvertüre, die sechste und die fünfte Sinfonie. Die Karten wurden zum Teil zu Schwarzmarktpreisen verkauft. Der Erfolg war überwältigend: Furtwängler nach langem Warten endlich wieder an seinem Platz, ein veränderter, geläuterter Furtwängler, wie viele meinten, freilich auch sichtlich gealtert. Wer aber gehofft hatte, er werde nun wieder die Philharmoniker als Chef übernehmen, sah sich getäuscht. Furtwängler dachte zu dieser Zeit überhaupt nicht an eine erneute feste Bindung. Er wollte frei sein, wollte komponieren und nach seinen eigenen Vorstellungen auch dirigieren, aber nicht nur in Berlin, sondern ebenso in anderen Städten und im Ausland. Das politische Klima in der Viersektorenstadt behagte ihm nicht; er empfand die Verhältnisse als sehr unsicher und der schöpferischen Arbeit nicht dienlich. Das Orchester wußte er bei Celibidache, den er sehr schätzte, in guten Händen, und sicher glaubte er, der junge Kollege würde einmal sein Nachfolger. Daß er dafür geeignet sei, davon war er damals zweifellos überzeugt, zumal jener ja auch bei den Philharmonikern noch in hohem Ansehen stand. Celibidache sollte also weiterhin vor allem die Berliner Konzerte dirigieren, während er, Furtwängler, vorerst nur selten dort auftreten und das Orchester dann bald wieder auf den Reisen führen wollte. So ungefähr muß er sich das gedacht haben. Irgendeine konkrete Absprache oder gar schriftliche Fixierung seiner Vorstellungen hat es aber nie gegeben. Tatsächlich finden wir Furtwängler in den ersten Jahren nach seiner Entnazifizierung nicht gerade oft in Berlin, und auch die Reisen mit dem Orchester kamen erst allmählich in Gang. Im Ausland dagegen konnte man ihn häufig erleben: in Österreich, Italien, England, Frankreich, Süd- und Mittelamerika.

Und Celibidache? Er hatte, wie er in dem Interview vom 29.11.1974 zu Klaus Lang sagte (s. Lang S. 230), wie ein Wahnsinniger für die Entnazifizierung Furtwänglers gekämpft. Und es war sein ganzer Stolz gewesen, ihm sagen zu können: »Herr Doktor, hier dies ist *Ihr* Orchester.« Furtwängler war zurückgekommen, aber genau gesehen nicht als Chef, sondern eben nur als Gastdirigent, und diesen Modus schien er auf unabsehbare Zeit beibehalten zu wollen. Hätte da Celibidache nicht eigentlich zufrieden sein müssen bei dem Gedanken, das Orchester vorerst weiter verantwortlich leiten zu können, ihm seinen Stempel aufzudrücken, um dann später einmal, nach Jahren, tatsächlich Nachfolger Furtwänglers zu werden? In dem bereits erwähnten Interview mit Lang behauptet er allerdings, er habe nie Nachfolger Furtwänglers werden wollen. Niemand könne Nachfolger Furtwänglers sein. In dem von ihm gemeinten Sinne trifft das zweifellos zu. Aber hatte er nicht doch einmal ernsthaft daran gedacht, das Orchester als Chefdirigent nach dem Tode oder Rücktritt Furtwänglers übernehmen zu können? Seine Freunde jedenfalls wünschten, es würde so geschehen – und daß es so geschehen könne, daran zweifelte im Sommer 1947 wohl niemand. Doch die Situation blieb völlig ungeklärt, und auch der Berli-

ner Senat unterließ es, eine Klärung herbeizuführen, obwohl das seine Aufgabe gewesen wäre. Wahrscheinlich
hatte man in jener Zeit andere und für die Stadt wichtige-
re Dinge im Kopf. Das Orchester allerdings sah trotz der
schicksalhaften und menschlich-künstlerisch so fruchtbringenden Verbundenheit mit Celibidache in Furtwängler den eigentlichen, den alten und neuen Chef –
und Celibidache selber sah es ja auch so, dachte anfangs
an gar nichts anderes. Deshalb wäre es viel besser gewesen, Furtwängler hätte schon 1947 wieder die Chefposition eingenommen und nicht erst nach langem Zaudern
und beinahe notgedrungen 1952, nachdem schon so vieles zerbrochen war, was nicht mehr geheilt werden
konnte: das in den ersten Jahren so gute Verhältnis zwischen Celibidache und dem Orchester, die Freundschaft
zwischen den beiden großen Dirigenten, das Vertrauen,
das jeder von ihnen in die Integrität des anderen gesetzt
hatte. Doch was heißt hier: Es wäre besser gewesen?
Besser für wen?
Das sind müßige Spekulationen. Die Dinge entwickelten
sich nach einer inneren Logik, die unausweichlich die
Richtung bestimmte. Es mußte wohl so sein.

In der ersten Zeit nach Furtwänglers Rückkehr ans Pult
seines alten Orchesters – wenn auch vorerst noch nicht
wieder als dessen verantwortlicher Chefdirigent – schien
der philharmonische Frieden ungefährdet, waren alle
voller Hoffnung und Eintracht und glaubten an eine gemeinsame große Zukunft: die beiden Dirigenten, das
Orchester und das Publikum. Niemand erahnte damals
die noch bevorstehenden schweren Konflikte, die zu
einer schmerzlichen Vertrauenskrise zwischen allen

Beteiligten führen sollten. Celibidache dirigierte nach wie vor bei weitem die meisten aller Konzerte; in der Saison 1947/48 waren es sechsundsiebzig, bei Furtwängler nur zwölf (s. Lang S. 234). Auch die Konzertreisen standen zunächst noch fast ausschließlich unter der Leitung Celibidaches. Nur auf der Juni-Tournee 1947 nach Süddeutschland dirigierte Furtwängler zwei Konzerte in München, überließ alle anderen dann aber seinem jungen Kollegen. Die erste gemeinsame Auslandstournee beider Dirigenten mit den Berliner Philharmonikern führte im November 1948 nach England; und auch auf dieser Reise stand Celibidache weitaus öfter am Pult als Furtwängler. Erst im Juni 1949 begann dann wieder dessen ausgedehnte Reisetätigkeit mit dem Orchester, während Celibidache zum letztenmal im Dezember 1949 eine Deutschland-Tournee der Philharmoniker leitete (alles bei Muck dokumentiert).

Ich hatte das große Glück, in den Jahren 1947 und 1948 Furtwängler und Celibidache nebeneinander in Berlin erleben zu können, was natürlich zu interessanten Vergleichen Anlaß bot, vor allem dann, wenn beide die gleichen Werke dirigierten, wenn auch nicht in derselben Spielzeit. Furtwängler hatte ich übrigens noch in den letzten Kriegsjahren in der alten Philharmonie in der Bernburgerstraße gehört, wahrscheinlich in Konzerten, zu deren Besuchern auch der Student Sergiu Celibidache gehörte. Selbst wenn ich damals noch sehr jung war, sind mir doch viele Eindrücke noch heute gegenwärtig. Furtwängler war für mich das erste ganz große musikalische Erlebnis, eine Schlüsselfigur in meinem Leben. Und wenn dann nach dem Kriege Celibidache an seine Stelle trat und noch weit intensiver auf mich einwirken sollte, dann war das sicher auch eine Generationsfrage. Ich war nicht nur von seiner Persönlichkeit fasziniert, sondern vor allem von seiner Musikalität, seiner vielseitigen und wirkungsvollen Programmgestaltung. Wie viele andere junge und natürlich auch ältere Konzertbesucher fand ich es sinnvoll und notwendig, daß er oft Ur- und Erstaufführungen dirigierte, überhaupt viel moderne oder selten gespielte Musik, ohne darüber die Werke der Klassiker und Romantiker auch nur im geringsten zu vernachlässigen. Demgegenüber wirkten Furtwänglers Programme eher konservativ und in ihrer Werkauswahl begrenzt. Wenn er einmal den »Feuervogel« von Strawinsky dirigierte, dann hatte die Aufführung eben nicht die Brillanz und Vehemenz der Wiedergabe Celibidaches, dessen Sensibilität und funkelnde Artistik hier Triumphe feierte. Andererseits wollte der Jüngere aber auch auf Furtwänglers ureigenstem Gebiet – der deutschen Klassik und Romantik, besonders Beethoven, Brahms und Schumann – nicht hinter den von ihm Verehrten zurücktreten und konnte schon bald durchaus neben ihm bestehen. Interessant waren auch die Reaktionen des Publikums. Furtwängler und Celibidache waren bei den Berlinern beliebter und angesehener als alle anderen zu jener Zeit in der Stadt wirkenden oder gastierenden Dirigenten. Ich könnte nicht sagen, wer von ihnen enthusiastischer oder ausdauernder gefeiert wurde – man blickt nicht bei allen Ovationen auf die Uhr! Die fünfzehn Minuten, von denen im Zusammenhang mit Furtwänglers Pfingstkonzert 1947 bei Lang wiederholt die Rede ist, hat auch Celibidache oft erreicht oder gar überschritten. Die Berliner wußten, was sie jedem von ihnen verdankten, und sie wußten sogar ihre Beifallskundgebungen zu differenzieren.

Zur Entnazifizierung Furtwänglers möchte ich noch etwas anmerken, was für denjenigen, der die Entwicklung seit 1945 nicht unmittelbar miterlebt hat, vielleicht nicht verständlich erscheint. Natürlich wollten alle Musikfreunde und Orchestermitglieder die Rückkehr Furtwänglers ans Pult der Berliner Philharmoniker, das steht überhaupt nicht zur Diskussion. Aber in die erwartungsvolle Vorfreude auf dieses große Ereignis mischte sich immer vernehmbarer die bange Frage: Was wird dann mit Celibidache? Wird er Berlin verlassen? Oder wird er bleiben können als zweiter Hauptdirigent neben Furtwängler? Die außerordentliche Beliebtheit Celibidaches beim Publikum und damals auch noch beim Orchester erweckte in vielen höchst zwiespältige Gefühle: Man wollte Furtwängler wiederhaben und Celibidache nicht verlieren – man wollte beide! Aber wollte man damit im Grunde nicht etwas Unmögliches? Ich erinnere mich an zahlreiche Gespräche mit Hans Bastiaan und anderen Musikern, mit Freunden und Bekannten über dieses immer wiederkehrende Thema, das uns brennend beschäftigte und wirklich am Herzen lag. Zudem war der Jahreswechsel 1946/47 gar nicht so trist, wie Lang meint (S. 51). Wir jedenfalls, die wir dabei waren, empfanden es ganz anders. Denn die Konzertsaison 1946/47 brachte für Celibidache eine fast ununterbrochene Kette glänzender und turbulenter Erfolge: die Fünfte von Schostakowitsch (Erstaufführung), die zweite »Romeo und Julia«-Suite (Erstaufführung) von Prokofjew und die »Symphonie classique«, die Siebte von Bruckner, die Fünfte von Tschaikowsky, die Siebte, die »Leningrader«, von Schostakowitsch (Erstaufführung), die große C-Dur-Sinfonie von Schubert, die Siebte von Beethoven

und die »Eroica«, die Neunte (damals Fünfte) von Dvořák, die Brahms-Sinfonien, das Konzert mit Gieseking,
die erste Rumänische Rhapsodie von Enescu, die »Saudades do Brazil« von Milhaud – ich zitiere aus dem Gedächtnis einige Höhepunkte, könnte noch andere anführen. Es war eine unerhört eindrucksvolle und bewegende
Periode des Berliner Konzertlebens. Wir waren in
Hochstimmung, feierten Feste, erlebten Sternstunden,
auch wenn Furtwängler immer noch Auftrittsverbot
hatte. So war es damals. Es entspräche nicht den Tatsachen, wenn ich etwas anderes sagen würde.
Nach Furtwänglers Rehabilitierung also war man froh
und dankbar, ihn wiederzuhaben und außerdem auf Celibidache nicht verzichten zu müssen, vorerst wenigstens
nicht, vielleicht sogar auf unabsehbare Zeit nicht, denn
eines Tages würde er ja doch Nachfolger Furtwänglers
werden. Diese Meinung war damals weit verbreitet im
Publikum. Die meisten, mit denen ich darüber sprach,
waren überzeugt, daß es so kommen würde, und wir
fanden es wünschenswert und aufgrund seiner Fähigkeiten auch gerechtfertigt. Daß sich diese Überzeugung bis
zum Tode Furtwänglers halten konnte und durch Celibidaches Berliner Triumphe in den Jahren 1951 bis 1954
bei seinen leider selten gewordenen Gastkonzerten noch
bestärkt wurde, beweist deutlich, wie wenig das Publikum und übrigens auch die Presse darüber informiert
waren, was hinter den Kulissen vorging. Denn in der
Nachfolge-Frage trat gerade in diesen Jahren eine entscheidende Wende zuungunsten Celibidaches ein, da
viele Mitglieder des Orchesters und sein Intendant Gerhart von Westerman nun insgeheim Herbert von Karajan

favorisierten, obwohl dessen erstes Nachkriegskonzert mit den Berliner Philharmonikern am 8.9.1953 nicht gerade ein rauschender Erfolg war. Das Publikum begegnete ihm mit einer gewissen Reserve, ahnte allerdings auch nichts von den Spannungen zwischen Celibidache und dem Orchester. Wie und warum die Entwicklung diesen Verlauf nahm, sei im folgenden zusammenfassend dargestellt.

Da die Philharmoniker Wilhelm Furtwängler als ihren eigentlichen Chef betrachteten, auch wenn er sich in den ersten Jahren nach seiner Rückkehr nicht fest binden wollte, und Celibidache nur interimsweise zum leitenden Dirigenten gewählt hatten, kam es nun immer öfter zu Kompetenzstreitigkeiten, hervorgerufen durch die für alle drei Parteien ungeklärte und unerquickliche Situation. Auf Wunsch des Orchesters sollte Furtwängler in allen wichtigen Belangen entscheiden, obwohl Celibidache immer noch Lizenzträger und amtierender Chefdirigent war, und zwar durchaus im Einvernehmen mit dem Älteren, dem diese Regelung entgegenkam. Das Orchester aber fühlte sich in vielem von Celibidache übergangen. Er war den Musikern in manchen Dingen zu selbstherrlich, und so wurde der Vorwurf laut, er wolle alles an sich reißen und niemanden neben sich gelten lassen, was gar nicht zutraf. Einer der Streitpunkte war die Verpflichtung von Gastdirigenten und Solisten, ein besonders heikles Kapitel gerade in den ersten Nachkriegsjahren, in denen nur wenige bedeutende Künstler nach Berlin kamen – kommen konnten, muß man sagen, wenn man allein die enormen Visa-Schwierigkeiten bedenkt. Da lief vieles falsch, und Celibidache wurden Mißgeschicke und Pannen angelastet, die er letztlich gar nicht zu verantworten hatte. Außerdem waren den Musikern verständlicherweise seine Reformbestrebungen nicht genehm, wie ja auch sein Probenfanatismus auf Widerstand stieß. Furtwängler mußte wiederholt vermitteln, was er nicht gerne und nur mit halbem Herzen tat, denn er empfand derartige Interventionen aus seiner Sicht als störend: Warum lief in Berlin nicht alles so, wie es hätte laufen können, wenn Celibidache etwas klüger wäre und das Orchester sich abwartend verhalten würde? Ihn, Furtwängler, beschäftigte das alles nur am Rande, er hatte ganz anderes im Kopf – seine Kompositionen und seine Konzertverpflichtungen im Ausland, die in jenen Jahren seine Tätigkeit in Deutschland eindeutig überwogen.

Celibidache andererseits sah sich in der unerquicklichen Lage, Chef zu bleiben, ohne es zu sein. Es war für ihn selbstverständlich, daß Furtwängler seinen alten Platz als Leiter der Philharmoniker wieder einnehmen würde. Das Zögern des Älteren, seine vorläufige Absage an eine feste Bindung, manövrierte Celibidache ganz unbeabsichtigt in eine denkbar ungünstige Position zwischen dem ehemaligen Chefdirigenten und seinem ihm treu ergebenen Orchester. Das konnte nicht gut gehen, selbst wenn Celibidache eine weniger ausgeprägte und charismatische Persönlichkeit gewesen wäre, er sich weniger von seinem Temperament, seiner Kompromißlosigkeit und Exaltiertheit hätte hinreißen lassen. Er muß damals erkannt haben, wie gefährdet seine Stellung war. Und wenn er sich nun seinerseits im Ausland zu profilieren suchte, dann nicht nur, weil ihn die zunehmenden Differenzen mit den Philharmonikern dazu verleiteten oder weil er andere Länder, andere Menschen und andere Ausdrucksweisen des Musikerlebens kennenlernen wollte – natürlich auch andere Orchester –, sondern nicht zuletzt, weil er auf diese Weise für Furtwängler den Weg freimachen wollte, den Weg zur endgültigen Rückkehr ans Pult der Berliner Philharmoniker. Ich bin überzeugt, daß er so empfunden und gedacht hat und daß dies sein aufrichtiger Wunsch war, denn das Gerücht, er wolle Furtwängler aus Berlin vertreiben, war völlig absurd und an den Haaren herbeigezogen. Am 8.4.1948 dirigierte Celibidache zum erstenmal, begeistert gefeiert, in London; im folgenden Jahr unternahm er wiederum erfolgreiche Konzertreisen durch England; ebenfalls 1949 konzertierte er mit großem Echo in Frankreich, Italien und in Wien; ab 1950 sehen wir ihn regelmäßig in Mittel- und Südamerika, vor allem in Mexiko und Argentinien, wo ihn das Publikum mit Ovationen geradezu überschüttete. Auch in den USA wurde man bald aufmerksam auf ihn. Ab 1948 also begann Celibidaches Aufstieg zum international anerkannten Dirigenten von Weltrang.

Das aber bedeutete eine erhebliche Verringerung seines Engagements bei den Berliner Philharmonikern. In der Spielzeit 1949/50 dirigierte er nur noch dreißig Konzerte (1946/47 waren es einhundertachtundzwanzig!), genauso viel – oder so wenig! – wie Furtwängler, der seine Berlin-Tätigkeit in den kommenden Jahren dann immerhin noch etwas steigern konnte (s. Lang S. 234). Das Entscheidende aber war, daß sich das Verhältnis zwischen Celibidache und dem Orchester trotz gemeinsamer glänzender Konzerterfolge nicht besserte, sondern eher einem absoluten Tiefpunkt zusteuerte. Furtwängler mußte endlich einsehen, daß sein Bestreben, den jungen Freund auch weiterhin als Hauptdirigenten des Orchesters zu etablieren, kaum verwirklicht werden konnte. Die Philharmoniker wollten ihn, den alten Chef, wiederhaben, und sie setzten ihn nun massiv unter Druck. Dabei half ihnen nicht nur die inzwischen problematische Beziehung zu Celibidache, sondern auch die etwas willkürlich heraufbeschworene Vision, Karajan stehe gewissermaßen ante portas. Die Situation bedurfte dringend der Klärung, wenn das Orchester nicht in eine ernsthafte Krise geraten sollte, und so entschloß sich Furtwängler nach langem und heftigem Widerstreben, 1952 wieder die Leitung der Berliner Philharmoniker zu übernehmen, und zwar, wie es im Vertrag hieß, auf Lebenszeit. Wenn aber Celibidache gehofft hatte, nach dieser entscheidenden Wende mit Hilfe des Älteren seine Position beim Orchester wieder stärken zu können, so mußte er nun erkennen, daß dies vollends unmöglich geworden war. Denn Furtwängler hielt zu seinen Musikern und wandte sich von ihm ab: Die Freundschaft zwischen den beiden Dirigenten endete auf traurige Weise, ohne daß einer von ihnen dies beabsichtigt oder sich im wörtlichen Sinne schuldig gemacht hätte. Es war eine menschliche Tragödie, die sich hier abspielte; sie hat im Leben des Jüngeren ihre Spuren hinterlassen.

Was aber hatte Furtwängler letztlich zu seiner doch sehr radikalen Sinnesänderung bewogen, zu seiner Abwendung von Celibidache, von einer auch ihm lieb und wertvoll gewordenen Freundschaft, von einem Menschen, dem er viel verdankte? Waren es wirklich nur die ständigen Zwistigkeiten zwischen den Philharmonikern und ihrem jungen Interimschef, dem sie noch vor wenigen Jahren so bereitwillig und aufopfernd gefolgt waren? War es wirklich nur sein oft vorgetragener Wunsch, das Orchester nach dem Vorbild amerikanischer Spitzenorchester zu erneuern, also ältere und nicht mehr geeignete Mitglieder zu entlassen, um seinem, Celibidaches, Perfektionsanspruch genügen zu können? Furtwängler hielt das nicht für notwendig und dem deutschen Musizierstil nicht angemessen. Oder waren es die abfälligen Äußerungen Celibidaches über Deutschland, das kulturelle Leben dort im allgemeinen und über die Berliner Philharmoniker im besonderen, die er in »amerikanischen Kreisen« getan haben sollte? Furtwängler erwähnt in seinem Brief vom 8.12.1951 an Fritz Peppermüller, seinen Vertrauensmann beim Orchester, erstmals diese Anschuldigung (s. Lang S. 159), hat aber die Namen seiner Informanten und die näheren Umstände nie preisgegeben.

Wer Celibidache kennt, wird ihm die beanstandeten Äußerungen schon zutrauen; sie würden seiner Offenheit und Direktheit entsprechen, auch wenn er damals zurückhaltender war als in späteren Jahren. In gewissen Augenblicken konnte er sich hinreißen lassen und Dinge sagen, die ihm schadeten. In diesem besonderen Fall aber ist nichts dokumentiert oder auf irgendeine Weise festgehalten. Wir kennen nur Furtwänglers briefliche Aussage, er habe gehört, Celibidache hätte ... mehr nicht. Übrigens hatte Furtwängler selbst in einem zweiten Schreiben vom 27.12.1951 an Peppermüller gemeint, man müsse sich fragen, ob man der ganzen Sache überhaupt Bedeutung beimessen solle. Vielleicht handelte es sich tatsächlich auch hier wiederum nur um eine der vielen Intrigen gegen Celibidache. Und da er stets mit offenem Visier kämpft, war und ist er noch heute machtlos gegen derartige Methoden. Offenbar hatte bereits kurz nach Furtwänglers Entnazifizierung dessen Sekretärin, Agathe von Tiedemann, Nachteiliges über Celibidache berichtet, vielleicht nicht einmal ganz ohne Erfolg. Und in Furtwänglers erstem Brief an Peppermüller, der in ungewöhnlich gereizter Stimmung geschrieben war, ist ebenfalls von Intrigen die Rede, und zwar gegen ihn, Furtwängler, von einer sogenannten »Celibidache-Clique« in Berlin, die dieser in »zielbewußter Arbeit« groß gemacht habe – so weit war man schon voneinander entfernt! Er wolle sich aber nicht gegen ihn verhetzen lassen. Elisabeth Furtwängler meinte im Gespräch mit Klaus Lang, ihr Mann habe sich vermutlich doch schuldig gemacht und für kurze Zeit an der Loyalität Celibidaches ihm gegenüber gezweifelt. Doch der erste Peppermüller-Brief beweist deutlich, wieviels zu diesem Zeitpunkt bereits zerstört war, zumindest Furtwänglers Vertrauen zu Celibidache, in dem er nun nicht mehr den hilfsbereiten und treuen Freund sah, sondern einen Menschen, mit dem er nicht mehr zurechtkam. Und als er ihm dann brieflich in aller Freundschaft, wie er glaubte, die Leviten gelesen und jener entsprechend heftig und gekränkt geantwortet hatte, war das Ende einer schicksalhaften Künstlerfreundschaft besiegelt. Daran konnte auch das letzte Zusammentreffen der beiden Dirigenten am 19.12.1952 vor einem Konzert Furtwänglers in Turin nichts mehr ändern.

Doch ist es bewegend zu erfahren, wie Furtwängler dann nach dem Konzert auf Celibidache gewartet hatte, um seine Meinung zu hören (s. Lang S. 189) – galt dieser ihm immer noch so viel? Celibidache jedoch kam nicht.

Aber ich frage noch einmal: Waren es wirklich nur all diese Querelen, Mißverständnisse und Intrigen, die explosive Natur Celibidaches, die Ungeduld des Orchesters und Furtwänglers allzulanges Zögern, die dieses Zerwürfnis herbeigeführt hatten? Oder kam nicht doch noch etwas ganz anderes hinzu, etwas ebenso Menschliches, Allzumenschliches – Furtwänglers Eifersucht, die er gar nicht nötig gehabt hätte? Man weiß, wie empfindlich er einst auf Karajans erste große Erfolge in Berlin reagiert hatte, daß er sogar Goebbels seinen Unmut über den Presserummel um den beargwöhnten Rivalen wissen ließ und hoffte, es werde etwas dagegen unternommen. Das geschah dann auch, sehr zum Nachteil für den unglücklichen Kritiker Edwin von der Nüll, der schließlich seines Postens enthoben wurde und bei der Verteidigung Berlins den Tod fand. Die bekannte Notiz in den Goebbels-Tagebüchern lautet: »Karajan läßt sich zu sehr anhimmeln in der Presse. Darin hat Furtwängler recht. Schließlich ist er eine Weltgröße. Ich stelle das ab.« Und nun Celibidache. Natürlich wußte Furtwängler genau, wie beliebt sein junger Kollege bei den Berlinern war, beliebter zweifellos, als Karajan es in den letzten Kriegsjahren gewesen war. Und er wußte auch, was dieser Celibidache konnte, auf dessen künstlerisches Urteil er bis zuletzt größten Wert legte. Er war ja Zeuge der endlosen Ovationen nach der deutschen Erstaufführung der »Leningrader« von Schostakowitsch gewesen und hatte sicher auch noch andere Konzerte des Kollegen besucht. Auf der gemeinsamen Englandreise beider Dirigenten mit den Berliner Philharmonikern im November 1948 mußte Furtwängler miterlebt oder doch erfahren haben, daß Celibidache vom Publikum entschieden stürmischer gefeiert wurde als er selbst – für den Älteren ganz gewiß keine leichte Situation. Und auch in anderen Ländern und Städten kreuzten sich ihre Wege, so in Italien und Südamerika. Mußte da nicht für Furtwängler ganz unversehens aus dem Freund ein ernstzunehmender Rivale werden, selbst wenn Celibidache zunächst sicher alles tat, um diesen Eindruck zu vermeiden? Furtwängler war früh gealtert, Celibidache jung, vital und im Vollbesitz seiner Kräfte – wenn man es so betrachtet, wären eifersüchtige Regungen des Älteren nur zu verständlich, auch wenn er sie in seinen Briefen unterdrücken konnte. Und verständlicher würde dann auch seine Abwendung von Celibidache, die unter diesem Aspekt einem Selbstschutz gleichkäme. Er mußte sich abgrenzen gegen ihn, durfte ihn nicht mehr an sich heranlassen. So begreift man auch, warum er seit 1952 dem Jüngeren gegenüber die Position des Chefdirigenten betonte und ihm verweigerte, was er sich zugestand.

Hier noch ein Wort zu einem Vorwurf, der oft, auch während der schweren Krise in Berlin, gegen Celibidache erhoben wurde: weil er den ganzen Erfolg eines Konzertes für sich allein beanspruchen wolle, weil er niemanden neben sich dulden würde, würde er nicht gern mit Solisten zusammenarbeiten. Ein größerer Unsinn ist wohl selten über Celibidache verbreitet worden. Man wiederholt dies bis zum Überdruß – oder hat es doch wenigstens lange genug getan –, ohne sich der Mühe zu unterziehen, den Wahrheitsgehalt zu überprüfen. Betrachten wir hier nur die Berliner Jahre von 1945 bis 1954: Celibidache hat während dieser Zeit in den weitaus meisten Konzerten mit Solisten zusammengearbeitet, und nie hat man von irgendwelchen besonderen Schwierigkeiten gehört. Ausschließlich in den letzten drei Jahren, also 1952 bis 1954, als er nur noch selten in Berlin auftrat, wollte er lieber rein sinfonische Programme dirigieren und nicht den »Hausbegleiter« abgeben, wie er in seinem Brief vom 29.1.1952 an das Orchester geschrieben hatte (s. Lang S. 167). Doch auch hier gab er nach und akzeptierte die ihm angebotenen Solisten (ausgenommen Gerhard Taschner), mit denen es in allen Fällen zu einem hervorragenden künstlerischen Zusammenwirken kam. Die Aufzählung aller Künstler, mit denen Celibidache während seiner Berliner Zeit von 1945 bis 1954 musiziert hat – mit manchen von ihnen zu wiederholten Malen – ist beeindruckend, wobei in dieser Übersicht nicht einmal die Konzertmeister und andere Solisten der Berliner Philharmoniker, also etwa Siegfried Borries, Ulrich Grehling, Hans Bastiaan, Walter Müller, Hans Bottermund, Tibor de Machula, Karl Rucht und viele andere, die ebenfalls in Celibidache-Konzerten auftraten, enthalten sind: 1. Pianisten: Webster Aitken, Monique de la Bruchollerie, Shura Cherkassky, Clifford Curzon, Danielle Descours, Jean Doyen, Jacque Fevrier, Walter Gieseking, Horst Göbel, Conrad Hansen, Eileen Joyce, Raoul Koczalski, Marguerite Long, Poldi Mildner, Branka Musulin, Hans Osiek, Gerhard Puchelt, Helmut Roloff, Anneliese Schier-Tiessen, Cyril Smith, Maria Stoesser; 2. Geiger: Hubert Aumere, René Benedetti, Adolf Busch, Yehudi Menuhin, Henry Merckel, Rudolf Schulz, Tibor Varga; 3. Cellisten: Pierre Fournier, Antonio Janigro, Enrico Mainardi, Annelise Schmidt, Paul Tortelier; 4. der Flötist Gustav Scheck; 5. Sänger: Erna Berger, Dietrich Fischer-Dieskau, Gottlob Frick, Kurt Gerster, Josef Greindl, Elisabeth Grümmer, Gertrude Hepp, Margot

Hinneberg-Lefébre, Margarete Klose, Marjorie Law-
rence, Gertrude Pitzinger, Elfriede Trötschel. – Wie
man sieht, ist das eine stattliche Anzahl bedeutender
Künstler. Dokumentiert sind alle Veranstaltungen in
der Konzertübersicht bei Muck, Band 3. Wir werden
später sehen, wie Celibidache in München mit dem gleichen unberechtigten Vorwurf konfrontiert wurde; und
auch da sprechen die Tatsachen für ihn.
Im Zusammenhang mit der Berliner Krise ist dieser Vorwurf allerdings von untergeordneter Bedeutung, genauso wie Celibidaches Weigerung, als »Hausbegleiter« zu
fungieren. Das Entscheidende für ihn war Furtwänglers
Abwendung, der Vertrauensentzug durch den Älteren
und damit das unabwendbare Ende einer Freundschaft,
das der Jüngere nie gewollt und dennoch unbeabsichtigt
mitverursacht hatte, nicht anders als Furtwängler auch.
Dies war der große Schock, von dem Celibidache wiederholt gesprochen hat; er sollte sein ganzes Leben verändern. Es hat lange gedauert, bis er diesen Schock überwinden und in seine weitere Entwicklung einordnen
konnte. Der Schmerz aber blieb. Furtwängler war für
ihn eine Art Vaterfigur gewesen, auch wenn man solche
Behauptungen nur innerhalb bestimmter Grenzen, also
nur relativiert, aufstellen kann – Klaus Lang spricht gar
vom »Übervater« –, denn Celibidache war schon damals
viel zu eigenständig und selbstbewußt, um von einem
anderen abhängig zu sein oder gar von ihm dominiert zu
werden. Bei aller Liebe und Verehrung für Furtwängler
wußte er doch nur zu gut, worin er selber sich von diesem unterschied und was ihm vorschwebte. Furtwängler
seinerseits war sich spätestens im Frühjahr 1952 darüber
im klaren, daß die Differenzen zwischen Celibidache

und dem Orchester die Nachfolgefrage zugunsten Karajans entscheiden würden, des ungeliebten Rivalen von einst. Er würde es nicht verhindern können. Doch vielleicht wollte er es um diese Zeit auch gar nicht mehr verhindern, obwohl er sich in der Beurteilung von Karajans Qualitäten und Schwächen mit Celibidache vollkommen einig war. Nun aber forderte er, daß beiden vom Orchester die gleiche Anzahl von Konzerten angeboten werden müsse, mit dem Zusatz – denn Karajans Name sei der größere –: »Ich lege großen Wert darauf« (s. Lang S. 137 und 171). Wenn Lang hier von »verräterischen Worten« spricht, dann hat er leider nur zu recht. Celibidache selber erfuhr von diesen Äußerungen damals vermutlich nichts.

Das Publikum aber feierte ihn bei seinen seltenen Auftritten enthusiastisch. Auch die Presse war glänzend, vielleicht nie besser als in jenen Jahren. Aus meiner Sammlung von Zeitungsberichten und Rezensionen zum Thema »Berlin und Celibidache« zitiere ich hier Äußerungen bekannter Kritiker, die beweisen, daß man damals sehr wohl wußte, welch außergewöhnliches Format dieser junge Celibidache hatte.

Über das Konzert vom 26.9.1951 im Titaniapalast (Blacher: Paganini-Variationen, Hindemith: Cellokonzert mit Enrico Mainardi und W. Schuman: 3. Sinfonie) berichtet Hans Heinz Stuckenschmidt in der »Neuen Zeitung«: »Sergiu Celibidache ist auf der Höhe seines Könnens ... Sein Gedächtnis, sein Sinn für intrikate Metrik und funkelnden Klang dient allen drei Partituren und führt sie zum Erfolg. Daß er sich in der Geste beruhigt und gemäßigt zeigt, läßt die kapellmeisterliche Leistung noch bedeutender erscheinen. Er wirkt nun tatsächlich nur mit den rein musikalischen Mitteln, die ihm so reichlich zu Gebote stehen.«

Am Schluß seiner Rezension im »Tagesspiegel« über das Konzert vom 21. und 22.10.1951 im Titaniapalast (Dukas: »Der Zauberlehrling«, J. O. Salas: Klavierkonzert op. 28 mit Helmut Roloff, Prokofjew: »Symphonie classique« und Debussy: »La mer«) schreibt Werner Oehlmann: »Das Konzert stand als Orchesterleistung weit über dem Durchschnitt dessen, was die Philharmoniker unter wechselnden Gastdirigenten bieten. Es bestätigte: hier hat Berlin einen Künstler gebildet, der in rascher Entwicklung zu internationaler Bedeutung gewachsen ist; es wäre zu wünschen, daß es ihn auch fernerhin zu halten vermöchte. Denn auch das muß immer wieder gesagt werden: dieser junge Dirigent ist, nach Furtwängler, der einzige, der dem noch immer herrlichen Philharmonischen Orchester alles abverlangt, was es an Farbe, Nuancierung, an melodischer Kultur und rhythmischer Finesse geben kann; er ist unter allen, die in jüngster Zeit an diesem Platze standen, der einzige, der den internationalen Rang des Orchesters für die Zukunft garantiert.« Und nach dem Konzert vom 26. und 28.10.1951 im Titaniapalast (Beethovens Vierte und Schuberts große C-Dur-Sinfonie) schrieb Oehlmann im »Tagesspiegel«: »Wie konnte ... das Märchen aufkommen, daß dieser Dirigent, zwar der Gegenwart eng verbunden, der klassischen Musik fernstehe? Nur ein von der Ästhetik der zwölf Jahre Infizierter, das ›Deutsche‹ nur in der Form des Tiefen, Gefühlsbeschwerten oder des Akademisch-Durchschnittlichen verehrender Geschmack konnte so urteilen. Wenn einer der jüngeren Dirigenten die strenge Prüfung, die die Klassik für die moderne Generation bedeutet, bestehen kann, so ist es Celibidache. Denn er ist der einzige, der den Versuch macht, an die klassische Dirigiertradition anzuknüpfen, die sich in der Antithese Furtwängler-Klemperer, in der Spannung von Leben und Geist, Wesen und Form darstellt ... Hier steht ein Künstler, der seine Mittel wählerisch von den Besten übernimmt. Hier steht ein Mensch, der sich nicht in die Ausflucht der Objektivität rettet, sondern dem ungeheuren Anspruch der Klassik, der humanen Kunst, stand hält: dem Anspruch, der Persönlichkeit heißt.«

Aus der Rezension von Stuckenschmidt (»Neue Zeitung«) zum Konzert vom 14./15.6.1953 im Titaniapalast (Mozart: »Jupitersinfonie«, W. Thärichen: Konzert für Flöte und Streichorchester mit Aurèle Nicolet, Strawinsky: »Psalmen-Symphonie«) zitiere ich: »Alles, was Sergiu Celibidache macht, steht im Zeichen des Außerordentlichen und des erhöhten technisch-künstlerischen Anspruchs. Bei ihm wird Interpretation zu etwas Absolutem; die Wiedergabe triumphiert mitunter über das Werk und macht sich selbständig ... Celibidache ist in seiner Gestik ruhiger geworden, ein romanisch-selbstbewußter Herrentypus, virtuos den Taktstock führend, großartig in der Prägung des eigenen, mit hundert Nuancen des Schwarz-Weiß operierenden Stils. Seine Wirkung auf Orchester und Publikum ist bedeutend: er fasziniert als Erscheinung, als Geistigkeit, als sozusagen exotisches Phänomen in unserem mitteleuropäischen Musikbetrieb. Trotz kleiner stilistischer Bedenken: Respekt vor diesem Kunstverstand!«

Und im »Tagesspiegel« schrieb Oehlmann über das gleiche Konzert: »Es gibt seltene Augenblicke im Konzertsaal, in denen Musik den Hörer wie etwas nie Gehörtes und darum Unerhörtes berührt, in denen etwas Vollkommenes, das ihm unklar vorschwebt, ihm als tönende, bis in die letzte Einzelheit geformte Wirklichkeit entgegentritt. So war es im zweiten Satz von Mozarts ›Jupitersinfonie‹, die Sergiu Celibidache im Philharmoniker-Konzert im Titania-Palast dirigierte ... das Wunder dieses Satzes, in dem sich Schmerz zu Seligkeit verklärt, wurde einmal ganz Wirklichkeit.«

Im Konzert vom 4./5.10.1953 im Titaniapalast erklangen die erste Sinfonie von Bizet, das Klavierkonzert von Strawinsky mit Shura Cherkassky und die Siebte von Beethoven. Dazu Stuckenschmidt in der »Neuen Zeitung«: »Sergiu Celibidache schloß mit der Siebenten von Beethoven. Er disponierte sie aus den Tiefen seines romanischen Künstlertums als ›Apotheose des Tanzes‹. Immer wieder, vor allem in den Ecksätzen und im Scherzo, blitzen die Lichter der genialen Interpretenbegabung hervor ... Dabei ist Celibidache gereift und verinnerlicht. Seine Gestik ist heute von Affektationen befreit und durchaus Klangsymbol geworden. Der Musiker in ihm hat den Virtuosen überwunden. Man ist gepackt von einem Temperament, einem Geist, der den Inbegriff der Partitur auf seine unverwechselbare Weise herausschält. Ausverkaufter Titania-Palast. Ein mächtiger Erfolg.«

Und dann Oehlmann im »Tagesspiegel« über die gleiche Sinfonie: »Celibidache baut das Werk in ruhigen Zeitmaßen großartig und feierlich auf. Im zweiten Satz ... wird deutlich, wie das Erlebnis Furtwänglers in dem jüngeren Dirigenten nachwirkt, wie es verarbeitet und bewältigt ist. Erst im Finale werden die elementaren Kräfte des Rhythmus entfesselt ... Wie Celibidache dennoch das

Orchester bis zur letzten Steigerung fest in der Hand behält, das zeugt von einer Reife, die das Extreme wagen darf, ohne sich zu verlieren.«

Über den französischen Abend vom 29.10.1953 im Titaniapalast (Debussy: Zwei Nocturnes, Ravel: »Ma mère l'oye« und Poulencs »Stabat mater«) berichtet Stuckenschmidt in der »Neuen Zeitung«: »Sergiu Celibidache ... hat von jeher den Sinn für Klang und Rhythmus der Franzosen gehabt. Sein Konzert mit den Berliner Philharmonikern war ein Triumph der Nuance und der Intensivierung vom Übergang her ... Der Beifall für Celibidache und alle Mitwirkenden ... wollte im ausverkauften Titania-Palast kein Ende nehmen.«

Das Konzert am 8./9.11.1953 im Titaniapalast (Mendelssohn: »Italienische«, R. Schumann: Cellokonzert mit Antonio Janigro und Ravels »Bolero«) wurde zu einem der größten Erfolge Celibidaches, über den Oehlmann im »Tagesspiegel« schrieb: »Dann hielt Celibidache noch eine Überraschung bereit, einen interpretatorischen Gewaltstreich, der die Stimmung des Abends zum Sieden brachte und den Beifall zu Ovationen anschwellen ließ. Daß man Ravels schon etwas abgespielten ›Bolero‹ so mitreißend, mit so peitschenden rhythmischen Akzenten dirigieren kann, war nicht vorauszusehen. Celibidache läßt den Klang mit dem fast unhörbaren Trommelrhythmus und dem tonlos gehauchten Flötensolo aus dem Nichts kommen und schafft sich damit eine ungeheure Spannweite des Crescendos.«

Und Stuckenschmidt vermerkt dazu in der »Neuen Zeitung«: »Glanzleistung Celibidaches, dessen Gestik alle Übertreibungen von einst vermeidet und mit histrionischer Schönheit den Inhalt einer musikalischen Phrase, einer Steigerung, eines Auftritts hinsetzt ... Ausverkaufter Titaniapalast, Riesenerfolg, für den Celibidache bis zur Erschöpfung danken muß.« Vorher hieß es über die »Italienische« von Mendelssohn: »Celibidache dirigiert das Stück mit einem noblen Schwung, einer passionierten Kraft, die das Wesen trifft. Er, der früher völlig in den Welten der slawischen und der romanischen Musik lebte, findet von Jahr zu Jahr mehr den Zugang zu den Geheimnissen der Klassik und Romantik.«

Celibidache hätte sich wohl kaum eine bessere Presse wünschen können, und ganz sicher kein besseres Publikum als die Berliner Musikfreunde in jenen Jahren. Auch seine letzten Konzerte mit den Berliner Philharmonikern 1954 waren triumphale Erfolge für ihn, am 25./26.11. mit dem »Deutschen Requiem« von Brahms und am 28./29. des gleichen Monats mit einem modernen Programm: Ravels »Alborada del gracioso«, Tiessens »Visionen« für Violine und Orchester (Solist Siegfried Borries) und Bartóks »Konzert für Orchester«. Wenige Tage vorher hatte Karajan in seinem dritten Berliner Nachkriegskonzert ebenfalls einen großen Erfolg errungen und damit seinen Anspruch auf die Nachfolge Furtwänglers eindrucksvoll bestärkt – jedenfalls nach Ansicht vieler Orchestermusiker und des Intendanten Gerhart von Westerman. Der Beifall für Celibidache freilich war besonders herzlich und stürmisch und ließ die Sympathie der Berliner lebhaft spüren. Das Publikum hatte mit unmißverständlicher Deutlichkeit zum Ausdruck gebracht, wen es als legitimen Nachfolger des schwerkranken Furtwängler betrachtete. Und auch die prominenten Kritiker zweifelten gewiß nicht an Celibidaches Eignung für dieses Amt. Hinzu kam noch eine äußere Ehrung:

Nach dem Konzert vom 28.11.1954 überreichte ihm der Berliner Kultursenator Tiburtius im Auftrage des Bundespräsidenten Theodor Heuss das Große Bundesverdienstkreuz für seine Verdienste um den Wiederaufbau der Berliner Philharmoniker nach dem Zweiten Weltkrieg (s. Lang S. 202/205). Ein Jahr vorher bereits war er mit dem Berliner »Kunstpreis für Musik« geehrt worden, und 1955 folgte der Preis des Verbandes Deutscher Kritiker.

Doch nach Furtwänglers Tod am 30.11.1954 fiel sehr schnell die Entscheidung zugunsten Karajans. Gerhart von Westerman berichtete am 7.12. in einem Brief an den Kultursenator über sein letztes Gespräch mit Celibidache, über dessen außerordentliche Gereiztheit bei den Proben zum »Deutschen Requiem« von Brahms und vor allem über seine Bedingungen für den Fall, daß , »man ihn rufen würde«. Celibidache werfe dem Orchester Unwilligkeit und mangelnde Disziplin vor. Daher sei es ihm unmöglich, habe er gesagt, die ihm vorschwebenden Höchstleistungen zu erzielen. Die überalterten und unfähigen Musiker müßten entlassen werden; außerdem müsse er die Vollmacht haben, diejenigen, die sich in den Proben unverschämt benähmen, an die Luft zu setzen. Er selber, Westerman, habe bei einer eilig einberufenen Orchesterversammlung am 30.11. nur mit Mühe einen Beschluß, Celibidache als Dirigenten abzulehnen, verhindern können (s. Lang S. 206/207).
Wenn man immer wieder von der Gereiztheit und Aggressivität Celibidaches während der Requiem-Proben spricht, sollte man andererseits nicht verschweigen, daß ja das Orchester ebenfalls auf Konfrontationskurs war.

Von Celibidache fiel das böse Wort vom »mittelmäßigen Provinzorchester«, während einige Musiker ihm lautstark vorwarfen, er könne überhaupt keinen Brahms dirigieren. Welcher Dirigent ließe sich so etwas gefallen? Hatte er da nicht ein Recht, von Disziplinlosigkeit zu sprechen? Zum Streiten gehören immer zwei. Und noch etwas sollte man nicht vergessen: Celibidache wußte, wie es um Furtwängler stand, daß sein Tod jederzeit eintreten könne, und dieses Wissen muß ihn ungeheuer belastet und erschüttert haben.

Natürlich, die Philharmoniker übten Solidarität und haben sich dann auch bereits am 13.12.1954 für Karajan entschieden, einstimmig, wie es hieß. In der emotional aufgeladenen Stimmung konnte die Entscheidung wohl gar nicht anders ausfallen; sachliche Argumente hatten da keinen Platz. Eines aber muß hier deutlich betont werden: Wenn in den Aussagen Westermans der Eindruck erweckt wird, das ganze Orchester habe sich geschlossen gegen Celibidache gestellt, so ist dies nachweislich falsch. Tatsache ist vielmehr, daß eine gar nicht so kleine Gruppe von Orchestermitgliedern bis zum Schluß zu Celibidache gehalten und gehofft hatte, er würde die Philharmoniker doch noch übernehmen können oder ihnen wenigstens als Gastdirigent weiter zur Verfügung stehen. Hans Bastiaan hat mir bestätigt, daß er und viele seiner Kollegen sehr unzufrieden und betroffen über diese radikale Trennung waren, daß sie dies sehr bedauert und wiederholt versucht hätten, Celibidache zur Rückkehr ans Pult der Philharmoniker zu bewegen, was allerdings schon an dessen Probenforderungen gescheitert wäre. Außerdem zeigte er sich zunächst unversöhnlich, und davon abgesehen war es sehr fraglich, ob man die Zustimmung Karajans hätte erreichen können. In diesem Zusammenhang sei auch erwähnt, daß der Solo-Bratscher Walter Müller aus Protest gegen die ganze Entwicklung das Orchester verlassen hat, wie mir seine Gattin bei einem zufälligen Zusammentreffen in München erzählte.

Welche Argumente nun sollten nach außen hin die Absage an Celibidache überzeugend begründen? Gerhart von Westerman hat sie in einem zweiten Brief vom 7.12.1954 an den Kultursenator dargelegt. Man liest und traut seinen Augen nicht: Celibidache könne nicht als deutscher Dirigent herausgestellt werden; seine Möglichkeiten auf dem Gebiet der großen deutschen Klassik und Romantik seien eng begrenzt; in Holland habe man ihn für eine Tournee abgelehnt, auch in Edinburgh, Brüssel, Wien und in deutschen Großstädten bestünden Vorbehalte gegen ihn, eventuell [!] auch an der Mailänder Scala; schließlich sei er wegen seiner zerrissenen Nerven als Orchestererzieher ungeeignet (s. Lang S. 207).

Spätestens hier wird deutlich, daß es Westerman und den Verantwortlichen im Orchester gar nicht mehr um sachliche Argumente ging, sondern lediglich um eine nach ihrer Ansicht plausible Begründung für die bereits vollzogene Ablehnung Celibidaches als Chefdirigent, wobei man ebenso eilfertig wie gedankenlos vorging. Wir können uns hier damit begnügen, auf folgendes hinzuweisen:

Erstens: Celibidaches Kompetenz und Leistungen auf dem Gebiet der deutschen klassischen und romantischen Musik waren gerade in den Jahren nach 1950 von Publikum und Presse immer wieder anerkannt und dankbar gefeiert worden, wie aus den von mir zitierten Rezensionen eindeutig hervorgeht. Auch im Orchester war diese Ansicht vorherrschend. Die Behauptung, man könne ihn nicht als deutschen Dirigenten herausstellen, mußte daher als nicht der Wahrheit entsprechend und im höchsten Grade kränkend wirken. Zweitens: Celibidache hat nach seinem Fortgang aus Berlin in fast allen europäischen Ländern und Musikzentren dirigiert – in Italien, Spanien, England, Frankreich, Deutschland, Holland, Dänemark, Schweden, Norwegen, in der Tschechoslowakei, in Israel usw. –, später auch in Japan, Rußland, in den USA und in Südamerika, und nie hat man gehört, daß irgendein Land oder irgendeine Stadt ihn abgelehnt oder Vorbehalte gegen ihn angemeldet hätten – um kritische Einwände gegen manche seiner Interpretationen oder Äußerungen geht es hier ja nicht. Das Orchester der Mailänder Scala dirigierte er von 1953 bis 1967 bei den jeweils ersten Konzerten einer Spielzeit mit größtem Erfolg; auch in Brüssel war er noch in den fünfziger Jahren zu Gast. Ich weiß nicht, auf welche konkreten Fakten sich Westerman stützte, aber wenn es sie überhaupt gab, waren sie ohne jede Bedeutung. Drittens: Celibidaches außerordentliche Fähigkeiten als Orchestererzieher sind heute weltweit anerkannt, wurden aber schon während seiner Berliner Zeit im In- und Ausland hervorgehoben.

Nichts von dem, was Westerman geschrieben hatte, wurde durch die weitere Entwicklung bestätigt, nichts entsprach den für jeden Interessierten nachprüfbaren Tatsachen. Ich hätte gern das Gesicht des Kultursenators gesehen, der gerade Celibidache das Große Bundesverdienstkreuz überreicht hatte, als er den Brief las! Mußte er nicht glauben, man wolle ihn zum Narren halten, in-

73

dem man den vor kurzem noch Gefeierten und hoch De-
korierten mit einemmal als völlig untragbar für das Orchester und die musikalische Welt hinstellte?!

Nun, eines ist sicher – an eine gedeihliche Zusammenarbeit zwischen Celibidache und den Berliner Philharmonikern war zu jener Zeit überhaupt nicht mehr zu denken. Zu tief war die Kluft zwischen Dirigent und Orchester. Aber, und hier möchte ich Klaus Lang zitieren:
»Hat man sich ... jemals gefragt, wo dieses Orchester
heute stünde, wenn man Celibidache Zeit gelassen hätte,
den Tod Furtwänglers zu überwinden? Wer denn außer
ihm hätte seine musikalischen Ideen weitertragen können? Gerade eine gründliche Probenarbeit, wie er sie von
vornherein verlangte, wäre der nahezu beliebigen Aus-
tauschbarkeit der heutigen Interpretationen entgegenge-
treten. Aber man blieb dabei, möglichst viele Konzerte
herauszuschleudern ... Schallplatten mußten in Stereo-,
Quadro- und Digitalfassungen auf den Markt geworfen
werden, um die Philharmoniker so reich wie möglich zu
machen. Wo blieb da häufig die Kunst und die Achtung
vor dem Werk?« Und Lang meint dann weiter, Celibidache sei zum Tragiker geworden, der die Erfüllung bis
heute nicht habe finden können. Wenn es gelänge, ihn zu
seinen »ursprünglichen« Philharmonikern zurückzuho-
len, würde man vielleicht noch einmal »den Himmel auf
die Erde bringen« (s. Lang S. 207/208).

Hier allerdings kann ich dem Autor nicht zustimmen.
Celibidache erreicht das Optimale nicht mit diesem oder
jenem Orchester, sondern einzig mit dem – wobei ein
hoher Standard Voraussetzung ist –, dessen Musiker bereit sind, gemeinsam mit ihm in konzentrierter Arbeit
dieses Optimale bei der Realisierung einer Partitur zu su-

chen und die dabei weder Zeit noch Mühe scheuen. Das aber sind heute die Münchner Philharmoniker, mit denen Celibidache schon mehr als einmal »den Himmel auf die Erde gebracht hat«. Während einer Probenpause im Münchener Gasteig im Oktober 1987 fragte ich ihn, ob er sich vorstellen könne, noch einmal die Berliner Philharmoniker zu dirigieren. Damals antwortete er: »Nein, das ist vorbei. Ich müßte zu viel Zeit und Kraft investieren, um mit diesem Orchester heute zu einem für mich befriedigenden Ergebnis zu kommen. Warum sollte ich auch? Ich bin glücklich, mit den Münchner Philharmonikern arbeiten zu können. Sie sind das beste Bruckner-Orchester der Welt!« Stunden der Erfüllung hat es für ihn gewiß gegeben; ich brauche nur an die Aufführung der vierten Sinfonie von Bruckner im September 1988 in der Stiftskirche von St. Florian bei Linz zu denken. Als ich ihn nach dem Konzert begrüßte, um ihm zu danken, sagte er bewegt: »Das war ein Gottesgeschenk. So etwas erlebt man nur einmal.«

Die Verbindung mit den »ursprünglichen« Philharmonikern aber endete zunächst mit einem schrillen Mißklang. Unaufhaltsam stürmte das Allegro con Fuoco der Berliner Jahre Celibidaches dahin und entlud sich schließlich in einer Folge schmerzhafter Dissonanzen, die jäh abbrachen und hart im Raum stehenblieben, anscheinend unauflösbar. Denn dazu fehlte fast vier Jahrzehnte lang die wichtigste Voraussetzung: eine bewußte und korrekte Vergangenheitsbewältigung seitens der Berliner Philharmoniker, der sie sich während dieses ganzen Zeitraums konsequent verweigerten, indem sie Celibidaches Engagement zu verdrängen suchten oder doch als belanglose Interimslösung einfach unter den Tisch kehrten. Zum

100jährigen Jubiläum des Orchesters 1982 wurde er nicht eingeladen, obwohl er es in 414 Konzerten dirigiert hatte! Wolfgang Stresemann widmete ihm in seiner Festschrift aus Anlaß dieses Jubiläums einen einzigen Satz! Am 30.1.1990 wurde im Ersten Deutschen Fernsehen um dreiundzwanzig Uhr innerhalb der Reihe »Unter deutschen Dächern« ein Film über die Berliner Philharmoniker gesendet – »Die Meisterklinger«. Das Orchester hatte Constantin Pauli die Dreherlaubnis erteilt, zeichnet sich also mitverantwortlich für die ausgestrahlte Sendung. Im Rückblick auf die historische Entwicklung der Berliner Philharmoniker und auf ihre Chefdirigenten wurde Celibidache nicht einmal namentlich erwähnt. Mit anderen Worten: Er wurde totgeschwiegen, und mit ihm die Epoche seines Wirkens in Berlin. Nur einer der Orchestermusiker erinnerte sich, als er von den großen Dirigenten sprach, unter denen er gespielt hatte: »Ja, und natürlich auch Celibidache.« Auch Werner Thärichen hat in seinem Buch »Paukenschläge« Celibidache nur einen winzigen Abschnitt vorbehalten, der allerdings ein günstiges Licht auf den Dirigenten wirft. Nach der Wahl Claudio Abbados zum Nachfolger Karajans 1989 hieß es offiziell, der Italiener sei nach Bülow, Nikisch, Furtwängler und Karajan der fünfte Chefdirigent des Orchesters; so konnte man es in allen Zeitungen lesen, in Rundfunk und Fernsehen hören – Gedankenlosigkeit, Unwissenheit oder Ignoranz? Alles wenig schmeichelhaft für die Verantwortlichen, eingeschlossen die Journalisten, die diese grobe Unwahrheit bedenkenlos kolportierten. Glaubten die Berliner Philharmoniker im Ernst, ihr Publikum könne nicht bis fünf zählen? Noch leben viele, die damals in Berlin die Celibidache-Ära miterlebt haben und die sich dankbar an jene Jahre erinnern. Was wäre denn aus dem Orchester geworden, wenn nicht bereits 1945 Sergiu Celibidache de facto seine Leitung übernommen und mit ganzer Kraft und Energie für seinen Wiederaufbau gearbeitet hätte, so wie er andererseits auch für die Rehabilitierung Furtwänglers gekämpft hat? Hätte er nichts geleistet als nur dies – Orchester und Publikum müßten ihm ewig dankbar sein. Und er hätte in der Musikgeschichte Berlins einen Ehrenplatz verdient. Das Publikum weiß dies wohl, sofern es sich noch an jene Jahre erinnert. Doch die Berliner Philharmoniker taten sich schwer, über ihren Schatten zu springen, und Celibidache selber erging es nicht anders. Nun aber bahnt sich eine Entwicklung an, die auch dieses trübe Kapitel endlich zu einem versöhnlichen und erlösenden Abschluß führen könnte.

Es ist hier nicht die Frage, ob Celibidache noch einmal sein altes Orchester dirigieren wird – ein Wunschtraum unzähliger Musikfreunde, der wunderbarerweise in diesen Tagen in Erfüllung gegangen ist. Vor allem sollten jene Berliner Jahre Celibidaches all denen, die sie miterlebt haben – auch und gerade dem Orchester und ihm selbst –, stets gegenwärtig sein und bleiben als das, was sie tatsächlich waren: als eine ungewöhnlich an- und aufregende kulturelle Epoche der Berliner Nachkriegszeit, eine glanzvolle Epoche in der Musikgeschichte dieser Stadt und in der Geschichte der Berliner Philharmoniker. Alle Beteiligten und Verantwortlichen, insbesondere die noch lebenden Zeitzeugen, sollten sich bemühen, dieser unbestreitbaren Tatsache zu ihrem Recht zu verhelfen, damit der unselige Zwist, der bis in die Gegenwart hinein seine Schatten wirft, das Große und Schöne jener Jahre nicht für immer verdunkelt oder gar in Vergessenheit geraten läßt.

Für die Befürchtung, daß gerade dies geschehen könnte, gab es in den vergangenen vier Jahrzehnten wahrlich Grund genug. Um so erfreulicher ist die gegenwärtige Situation, in der Celibidache und seine zahlreichen Freunde und Verehrer dankbar und mit Genugtuung erleben, wie sich auch das offizielle Berlin wieder seines großen Adoptivsohnes erinnert und ihm die Ehren erweist, die ihm zukommen.

Freilich hatte es schon seit Beginn der achtziger Jahre nicht an Versuchen gefehlt, Celibidache und die Berliner Philharmoniker wieder zusammenzubringen. Offenbar wurde anläßlich der Hundertjahrfeier des Orchesters 1982 die Möglichkeit eines solchen Konzerts ins Auge gefaßt. Der Dirigent berichtet darüber in dem Interview mit Klaus Lang vom 9.11.1985 folgendes: »Ja, sehen Sie, ich wurde nicht eingeladen zum hundertjährigen Bestehen der Philharmoniker. Einmal hat dieser damalige Intendant (Dr. Peter Girth) mich angerufen, ob ich kommen würde. Ich habe mich dann bereitgestellt zu kommen und habe sogar Programme besprochen. Dann ließ er alles fallen, um vielleicht – meinte er – dem Karajan einen Gefallen zu tun. Ich habe nie wieder etwas gehört und erfuhr dann von unserem Direktor, daß ich überhaupt nicht auf dem Plan stand. Zu der Feier wurde ich nicht eingeladen. Auf alle Fälle habe ich dem damaligen Intendanten meine Meinung gesagt, und so sind wir dann auseinander.« (s. Lang S. 212/213) Auch später hat es vereinzelt Kontakte zwischen Celibidache und den Berliner Philharmonikern gegeben, ohne daß es zu konkreten Absprachen gekommen wäre. Zu halbherzig ging man in dieser Angelegenheit vor, die volles Engagement erfordert hätte. Celibidache selber brachte einer möglichen Wiederbegegnung tiefe Skepsis entgegen, wozu er zweifellos ernstzunehmende Gründe hatte. Und dennoch lag eine solche Wiederbegegnung gewissermaßen »in der Luft«. Zahllose Musikfreunde und Verehrer Celibidaches sehnten sie herbei, nicht zuletzt die Berliner, die ihn noch gekannt hatten. Doch auch in München versuchten ihn seine Musiker und der Orchesterdirektor Norbert Thomas zu überreden, dem Werben der Berliner nachzugeben. Denn auch die Berliner Philharmoniker hatten in der Spielzeit 1989/1990 telefonisch angefragt, wie die Chancen für ein Gastkonzert Celibidaches mit ihnen stünden. Den Ausschlag aber gab zweifellos die sehr persönliche und herzliche Einladung des Bundespräsidenten Richard von Weizsäcker, die Celibidache nicht ablehnen wollte. Er sagte also zu, die Benefizkonzerte des Bundespräsidenten im Jahre 1992, für die ursprünglich Leonard Bernstein vorgesehen war, zu übernehmen; die Termine wurden auf den 31. März und 1. April festgesetzt. Der Erlös aus den Veranstaltungen war für rumänische Kinderheime bestimmt. Als einziges Werk wurde die siebte Sinfonie von Bruckner aufs Programm gesetzt, die Celibidache bereits erstmals am 28.9.1946 mit den Berliner Philharmonikern aufgeführt hatte – ein für viele Musikfreunde, die dabeigewesen waren, unvergeßliches Ereignis.

Übrigens soll Claudio Abbado, der nachdrücklich für die Konzerte unter der Leitung Celibidaches votiert hatte, gesagt haben: »Der Mann gehört hier hin, und kein anderer« (s. »Jahrbuch der Münchner Philharmoniker«, Jg. 1990/91, S. 65).

Nun aber wollte auch das offizielle Berlin, wollten die Stadtvertreter nicht länger zurückstehen und Celibidache mit einer besonderen Ehrung auszeichnen. Am 24.3.1991 ernannte ihn der Regierende Bürgermeister Eberhard Diepgen in einer Feierstunde in der Brandenburghalle des Schöneberger Rathauses zum Professor ehrenhalber der Stadt Berlin. Aus der Laudatio des Stadtoberhauptes zitiere ich folgende Passage: »…Wenn ich heute die Ehre und die Freude habe, Ihnen die Ernennung zum Professor ehrenhalber anzutragen, dann denke ich auch an diese spirituelle und philosophische Dimension, die Sie wie wenige andere der Musik angedeihen ließen. Aber ich denke nicht minder an den Berliner Celibidache, der unauflöslich mit der Geschichte unserer Stadt verbunden ist. Ihre Verdienste um den Wiederaufbau des musikalischen Lebens in Berlin nach 1945 sind einzigartig. Sie reichen weit über das Musikalische hinaus. Unsere Stadt war damals eine Trümmerwüste. Sorgen und Kummer beherrschten den Alltag. Die Berliner hatten nichts zu essen, zwei Stunden Strom am Tag und in den schrecklichen Wintern von 1946 und 1947 kaum etwas zu heizen. Die Deutschen waren ein geschlagenes Volk, beschämt und erschüttert zugleich. Keiner wußte, wie der morgige Tag aussehen, wie sich die Zukunft gestalten würde. In dieser Stunde haben Sie zu Berlin gestanden. Ihre heute schon legendären Konzerte mit den Berliner Philharmonikern waren seinerzeit ein Lichtblick in der Düsternis, ein Ausblick in eine bessere Welt, ein Versprechen. Sie haben den Berlinern damals nicht nur ein paar schöne Stunden geschenkt, wie man so sagt. Sie haben Mut gestiftet und Optimismus verbreitet, indem Sie die Musik von Beethoven, von Mozart, Schubert, Brahms und anderen erklingen ließen. Die Berliner ahnten, daß es sich wieder zu leben lohnt. Sie, verehrter Maestro, haben geholfen, aus der Musik neue Kraft zu schöpfen. Das wird Berlin Ihnen nie vergessen ... Sie haben mit Ihrer Art der Interpretation der Musik in unserer Stadt Adel und Glanz verliehen. Dafür möchte ich Ihnen ganz schlicht Dank sagen.« Im gleichen Monat wurde Celibidache Ehrenmitglied des Berliner Rundfunk-Sinfonieorchesters.

Die Berliner haben nie vergessen, was Celibidache in schweren Zeiten für sie bedeutet hat, und auch den genialen Musiker haben sie nie vergessen. Spät, doch nicht zu spät, kam die Wiederbegegnung mit den Philharmonikern zustande, dank der persönlichen Intervention Richard von Weizsäckers.

Im Januar 1992 schien das große Ereignis, das vielen fast wie ein Wunder vorkam, ernsthaft gefährdet: Celibidache erlitt einen leichten Herzinfarkt und mußte seine Münchener Konzerte Ende Januar und in der ersten Februarhälfte absagen. Zubin Mehta und Lorin Maazel sprangen für ihn ein. Was würde aus den Benefizkonzerten mit den Berliner Philharmonikern werden? Bange Wochen verstrichen; Celibidaches Musiker und Freunde warteten mit großer Sorge auf die weitere Entwicklung der Dinge. Doch Celibidache erholte sich zur allgemeinen Erleichterung sehr rasch und gründlich und war schon bald wieder voller Energie und Tatendrang. Seine ungeheure Willenskraft bezwang, wie schon so oft, die Krankheit, die er auf gewohnte Weise herunterspielte, und auch die Ärzte gaben grünes Licht. Schon im Februar hieß es, Celibidache werde die Berliner Konzerte leiten und anschließend allen seinen Konzertverpflichtungen mit den Münchner Philharmonikern in der laufenden Saison nachkommen, einschließlich der großen Südamerikatournee im April/Mai 1992. Man vernahm es natürlich mit Freuden, wenn auch nicht ohne geheime Besorgnis, wie er das alles bis zu seinem 80. Geburtstag am 11.7.1992 durchstehen würde.

Bereits in der zweiten Märzhälfte kam Celibidache zu den Konzertvorbereitungen nach Berlin. Die Philharmoniker hatten ihm sechs Proben eingeräumt – für sie, die solch intensives Arbeiten kaum noch kennen, viel Zeit, für ihn eher wenig. Doch hatte man wohl auf beiden Seiten Entgegenkommen gezeigt. Celibidache reichten diese sechs Proben auch, um dem Orchester seine künstlerischen Vorstellungen überzeugend zu vermitteln, auch wenn er sie nicht alle realisieren konnte und manche Probleme ungelöst blieben. Die Musiker ihrerseits folgten ihm mit bewundernswerter Konzentration und Hingabe, obwohl nur noch wenige von ihnen seine Berliner Zeit miterlebt hatten. Der geradezu magischen Ausstrahlung seiner Persönlichkeit konnte sich kaum einer entziehen, und so wurden die beiden Konzerte zu einem überwältigenden künstlerischen Ereignis.

Sergiu Celibidache feierte mit seiner Rückkehr ans Pult der Berliner Philharmoniker einen der größten Triumphe seines Lebens. Als er am 31. März nach einer kurzen, herzlichen Ansprache des Bundespräsidenten Richard von Weizsäcker das Podium im großen Konzertsaal des Berliner Schauspielhauses betrat, begrüßte ihn orkanartiger, langanhaltender Beifall, der erst nach Minuten zur Ruhe kam und dann einer absoluten Stille Platz machte, in der die atmosphärische Spannung fühlbar wurde. Mit den ersten beiden Takten der siebten Sinfonie in E-Dur von Anton Bruckner – ein unglaublich schwereloses Streichertremolo im zartesten Pianissimo – entführte Celibidache seine Hörer in die strenge Welt seiner großen, wunderbar klaren und bewegenden Deutung der Musik des von ihm so geliebten Meisters. Die geistige Kraft und Gelassenheit, mit der er das Werk aus sich heraus entstehen ließ und die einzigartige Klanggestalt Brucknerscher Sinfonik beschwor, sind ohne Beispiel. Die Menschen im Saal folgten der Aufführung wie gebannt, fanden nur schwer den Weg in den Alltag zurück. Ein vereinzelter Bravoschrei unmittelbar nach dem letzten Takt brach jäh ab. Dann flackerte der Beifall noch einmal kurz auf, um sofort wieder zu verstummen, bis endlich, nach einer langen Pause, die unerträgliche Spannung sich löste in einem Jubel, wie ihn selbst die Berliner Philharmoniker nur selten erlebt haben. Blumen über Blumen für Celibidache, frenetische Ovationen, die den Maestro immer wieder herausriefen, auch als die Musiker ihm schließlich das Podium allein überließen. Es war wie in alten Tagen – grenzenlose Dankbarkeit der Berliner für den Mann, der nach dem Zweiten Weltkrieg zu einer Symbolfigur des Neubeginns in ihrer verwüsteten Stadt geworden war.

Begeisterung auch in den Rezensionen, nicht nur der Berliner Tageszeitungen, sondern in allen Presseorganen, die Vertreter zu der spektakulären Wiederbegegnung geschickt hatte, auf die übrigens auch während der Stadtrundfahrten der Busse aufmerksam gemacht wurde. Mir ist neben 18 positiven nur eine einzige negative Kritik bekannt geworden: In der »Süddeutschen Zeitung« vom 2.4.1992 machte Albrecht Roeseler wie immer keinen Hehl aus seiner Abneigung gegenüber Celibidache und biß sich an dessen langsamen Tempi fest. Nun steht es natürlich jedem Kritiker zu, offen seine Meinung zu äußern. Es fragt sich allerdings, ob man ein solch singuläres Ereignis wie Celibidaches Rückkehr ans Pult der Berliner Philharmoniker überhaupt besprechen soll, wenn man nicht in der Lage ist, von seinen Vorurteilen und privaten Animositäten zu abstrahieren, wenn man also nicht sine ira et studio zur Feder greifen kann. Zu leicht entsteht dann ein verfälschender Eindruck – nicht nur wegen der boshaften verbalen Spitzen –, der dem tatsächlichen Verlauf der Veranstaltung nicht gerecht wird. Auch müßte es Roeseler zu denken geben, daß er mit seinen Äußerungen in diesem Falle völlig isoliert unter seinen Kollegen dasteht, die ja keineswegs alle inkompetent sind.

Celibidaches Tempi spielen auch in den anderen Rezensionen eine große Rolle, werden hier aber eher positiv bewertet als der Musik Bruckners durchaus angemessen, als ein äußerstes Wagnis, dem durch Celibidaches unverwechselbare Kunst Gelingen beschieden war. Auch die Berliner Philharmoniker taten sich anfangs schwer mit diesen Tempi, wie es denn überhaupt in einer Gemeinschaft von etwa 120 höchst individuellen Künstlern selbstverständlich sehr unterschiedliche Meinungen geben kann, also auch vereinzelte kritische Bemerkungen über den gefeierten Gast. Ebenfalls sei nicht verschwiegen, daß sich einige wenige von vornherein geweigert hatten, unter Celibidache zu spielen; sie fielen für seine Konzerte aus. Doch muß man sagen, daß er die Orchestermusiker insgesamt zu faszinieren vermochte, nicht zuletzt die jüngeren unter ihnen. Viele meinten, so habe schon lange niemand mehr mit ihnen gearbeitet; das sei genau das, was sie bräuchten. Andere äußerten sich erstaunt über die Tatsache, daß man sich ein Werk in sechs Proben ganz neu erarbeiten könne – ein Werk überdies, das sie doch alle genau zu kennen glaubten. Und wieder andere bekannten, das Musizieren unter Celibidache gehöre zu den schönsten und tiefgreifendsten Konzerterfahrungen ihres Lebens, nur mit wenigen anderen vergleichbar. Aus Dankbarkeit überreichte ihm das Orchester in der Generalprobe eine Partitur des »Fidelio« von Beethoven. Außerdem wurde der Maestro gebeten, nach Möglichkeit jedes Jahr ein Konzert mit den Berliner Philharmonikern zu geben und ihnen dabei eine ganze Arbeitswoche zu widmen. Etwa 40 Mitglieder des Orchesters diskutierten außerhalb der Proben mit Celibidache über Musik; viele von ihnen zeigten sich bereit, auch nach München zu kommen, wenn er dort mit ihnen arbeiten könne. Der Konzertmeister Daniel Stabrawa erklärte, die Zusammenarbeit mit diesem Mann sei für jeden Musiker ein Gewinn.

Celibidache andererseits war gerührt und beeindruckt von der Bereitschaft und Disziplin des Orchesters, gerührt aber auch von den vielen Besuchen ehemaliger Orchestermitglieder, die früher noch unter ihm gespielt hatten. Ob er freilich dem Wunsch des Orchesters nach einer weiteren Zusammenarbeit nachkommen kann, hängt nicht nur von seinem guten Willen ab, sondern auch von seiner Gesundheit und vor allem von seinem starken Münchener Engagement. Trotz aller Bewunderung für die beiden unvergeßlichen Konzerte, von denen das zweite das gelöstere und noch beglückendere gewesen sein soll, konnte dem aufmerksamen Hörer nicht verborgen bleiben, daß die Berliner Philharmoniker ge-

genwärtig die Sensibilität und Differenzierungsfähigkeit
der Münchner Philharmoniker nicht erreichen, die zu
Recht als bestes Bruckner-Orchester der Welt gelten, ein
Ruf, den sie Celibidache verdanken, seiner jahrelangen
intensiven Arbeit mit ihnen. Und dennoch ist verblüf-
fend, wieviel Wesentliches von seinen Intentionen die
Berliner Philharmoniker bereits nach sechs Proben um-
zusetzen vermochten, auch wenn die Übereinstimmung
nicht restlos gelingen konnte. Wolfgang Sandner schrieb
in seiner schönen und begeisternden Rezension in der
»Frankfurter Allgemeinen Zeitung« vom 2.4.1992 u.a.:
»...Aber daß sich das Orchester auf der Basis weniger
Proben so vollendet dem Willen Celibidaches anpaßte,
so konzentriert und sensibel reagierte, hängt sicher auch
mit dem Bewußtsein jedes einzelnen Musikers zusammen, ein außergewöhnliches kulturpolitisches Ereignis
musikalisch entsprechend stützen zu wollen ... So wie
Celibidache hat noch kein Dirigent Bruckners Anweisungen zum ruhigen, sehr feierlichen und sehr langsamen Ausmusizieren dieser im Todesjahr Richard Wagners entstandenen, trotz der Tonart E-Dur von düsteren
Klangmassierungen durchdrungenen Sinfonie ernstgenommen. Und nur mit den auf seine himmlischen Längen eingeschworenen Münchner Philharmonikern sind
solche musikalischen Zerreißproben möglich, die nicht
in der Auflösung der kompositorischen Struktur enden,
sondern in einer geradezu körperlich erfahrbaren musikalischen Spannung. Wagner hat das Prinzip der unendlichen Melodie geschaffen, Bruckner hat es in eine sinfo-
nisch konsequente Architektur übertragen, aber erst Celibidache hat sozusagen den Blick auf die ganze Schönheit dieser Konstruktion eröffnet, bei der jeder Ton den

andern stützt und zugleich melodisch funkelt: Lebendige Schönheit der Musik, die nicht auf ein Rechenexempel reduziert werden kann, bei dem zwei mal zwei genau vier ergibt. Und erst im Zeitlupentempo Celibidaches werden solche harmonischen Kraftakte wie die Trugschlußkadenz im Adagio zu nahezu schmerzlich fühlbaren musikalischen Höhepunkten ... Jedenfalls meint man, die Berliner Philharmoniker mit ihren wunderbaren Blechbläsern kaum je so überzeugend, so über jeden musikalischen Zweifel erhaben gehört zu haben. Mag sein, daß dies auch mit Suggestion zu tun hat. Aber selbst dafür muß man dem Berliner Philharmonischen Orchester und seinem grandiosen Dirigenten Sergiu Celibidache in dieser Stunde dankbar sein.«

Celibidache hat gelegentlich versucht, in Gesprächen und Interviews seine Anfänge herabzusetzen, sie in musikalischer Hinsicht als einen Irrweg darzustellen. Ganz ernst konnte es ihm damit nicht gemeint sein. Es wäre schon eine unglaubliche Verkennung seiner eigenen Leistungen, wollte er die Berliner Zeit künstlerisch negieren – und zwar de facto, nicht rhetorisch.

Die Unbedingtheit und Kompromißlosigkeit, mit der er heute seine künstlerischen Überzeugungen vertritt, war schon damals in ihm angelegt, auch wenn der theoretische Überbau erst in späteren Jahren konzipiert wurde. Und vor allem: Der Ernst und die rückhaltlose Hingabe seines Musizierens beeindruckten die Berliner in den ersten Nachkriegsjahren nicht weniger als heute das Konzertpublikum in aller Welt. Vielleicht waren sie sogar noch empfänglicher und dankbarer für das Erlebnis Musik, das ihnen durch Celibidache auf so eindringliche und beredte Weise vermittelt wurde – dankbarer jedenfalls als die Zeitgenossen einer Welt, in der die technische Apparatur und ihre Fortschritte mehr Kredit genießen als der Mensch in seiner Einmaligkeit. Das Humane in der Musik und der damit verbundene Anspruch auf Persönlichkeit aber haben in Celibidache von Anfang an einen überzeugenden und gegenwärtig wohl einzigartigen Anwalt gefunden. Die Berliner begeisterte darüber hinaus damals das Feuer der Jugend, das durch die Reife des Alters zwar nicht ersetzt, wohl aber geläutert und kompensiert werden kann.

Der Kreis schließt sich, auch äußerlich sichtbar, wenn Celibidache nun noch einmal an den Anfang seiner Laufbahn zurückkehrt, an die Stätte seines frühen Wirkens, wenn das Alter also der eigenen Jugend begegnet und sich in ihr wiederfindet. Dieses außerordentliche Künstlerleben bestätigt eine Wahrheit, auf die Celibidache selber immer wieder hingewiesen hat als auf eine fundamentale Erkenntnis, die er dem Zen-Buddhismus verdanke – die einfache und doch so tiefe Wahrheit, daß im Anfang bereits das Ende liegt, daß alles Eins ist.

Zwei

Intermezzo

Wanderjahre

Als Sergiu Celibidache nach dem Tode Wilhelm Furtwänglers Ende 1954 Berlin im Zorn verließ – enttäuscht
und zunächst wohl auch verbittert –, da war dies ein Abschied von den Berliner Philharmonikern für nahezu 38
Jahre, wobei es lange genug ein Abschied für immer zu
sein schien. Und auch die Stadt sah ihn nur bei Gastkonzerten mit anderen Orchestern wieder, anfangs in großen Zeitabständen und später dann, ab 1981, mit den
Münchner Philharmonikern fast regelmäßig zu den Festwochen. Berlin war für ihn zum Schicksal geworden. In
dieser Stadt hatte er den größten Teil seiner Studienjahre
verlebt, seine ersten Triumphe gefeiert; er war geliebt
und bewundert worden wie kaum ein anderer Dirigent
in so jungen Jahren. Aber er hatte dort auch die vielleicht
schwerste und folgenreichste Enttäuschung seines Lebens erfahren, eine Enttäuschung, die ihn gezeichnet
hat. Der Abschied von der Stadt und ihren Philharmonikern bedeutete eine radikale Veränderung seiner künstlerischen Entwicklung. Von einer Weltkarriere im üblichen Sinn konnte nun nicht mehr die Rede sein, und man
muß hinzufügen: glücklicherweise.
Celibidache zog sich gewissermaßen, wenigstens von
Deutschland aus betrachtet, an die Peripherie der musikalischen Welt zurück, was freilich nicht unbedingt geo-
graphisch gemeint ist. Er mied ihre großen Zentren und
auch die berühmten Orchester. Schallplatten gab es da-

mals so gut wie keine von ihm; im Fernsehen sah man ihn nicht, und auch der Rundfunk brachte nur wenig von ihm. Und doch blieb er allen, die ihn einmal gehört und erlebt hatten, im Gedächtnis; sein Name behielt eine magische Anziehungskraft. Wo immer er auftrat und mit einem Orchester arbeitete, strömten die Menschen zusammen, angezogen von der Aura des Seltenen und Außerordentlichen, die ihn auch heute noch umgibt, und ihre Erwartungen wurden nie enttäuscht. Celibidache-Konzerte waren und sind musikalische Ereignisse ersten Ranges. Allmählich wurde er zur Legende, zuletzt zum Mythos.

Es mag vermessen scheinen, die vierundzwanzig Jahre im Leben Celibidaches von 1955 bis Anfang 1979, bis zu seinem ersten Konzert mit den Münchner Philharmonikern also, als Intermezzo zu bezeichnen. Und doch spricht einiges für diese Behauptung. Im künstlerischen Werden und Wirken Celibidaches lassen sich deutlich drei getrennte Perioden unterscheiden: 1. Die achtzehn Berliner Jahre von 1936 bis 1954, die er selber einmal seine glücklichste Zeit genannt hat – abgesehen natürlich von der verhängnisvollen Entwicklung seit etwa 1950 –, und die man in fast neun Studienjahre und eine insgesamt über neunjährige Zusammenarbeit mit den Berliner Philharmonikern unterteilen kann; 2. die vierundzwanzig Jahre von 1955 bis Anfang 1979, in denen Celibidache zunächst ausschließlich als Gastdirigent tätig war, um dann ab 1960 wieder mit verschiedenen Orchestern für einen jeweils längeren Zeitraum zusammenzuarbeiten; 3. schließlich die nun schon vierzehn Jahre während enge Verbundenheit mit den Münchner Philharmonikern, die er zu Weltruhm geführt hat. Wenn man nun diesen ganzen Zeitraum aufmerksam überblickt, erscheinen die Berliner und Münchener Jahre als die beiden beherrschenden, alles überragenden Eckpfeiler in Celibidaches Künstlerleben, zugleich aber auch als die Epochen seiner glanzvollsten Ausstrahlung weit über die Grenzen seines engeren Wirkungskreises hinaus. Berlin – das war der stürmische, alles mitreißende und überwältigende Beginn, der freilich auch schon die innere Problematik dieser außergewöhnlichen Künstlerexistenz sichtbar machte. München – das ist die Erfüllung, die Zeit der Reife und Vollendung, wiederum überwältigend, wenngleich auf ganz andere Weise, durch geistige Ausstrahlung und souveräne Gestaltungskunst. So gesehen erweisen sich die eben als Intermezzo bezeichneten vierundzwanzig Jahre von 1955 bis 1979 tatsächlich als eine Art Zwischenstufe, die freilich für Celibidache von größter Bedeutung war, weil in dieser Zeit alle Wesenszüge seines Künstlertums zur vollen Entfaltung gelangten. Und ich glaube zu wissen, daß er selber es ebenfalls so sieht, daß auch für ihn Berlin und München in künstlerischer Hinsicht die wichtigsten Epochen seines Lebens bezeichnen. Nun könnte man diese vierundzwanzig Jahre des »Intermezzos« wiederum unterteilen in drei Perioden, die sich erkennbar voneinander abheben: 1. Die Jahre eines gewissen Umherschweifens und Suchens im Anschluß an die Berliner Katastrophe von 1954, die Jahre der erneuten Selbstfindung und Konsolidierung bis etwa 1960; 2. das sich dann abzeichnende Bestreben, wieder enger mit einem Orchester zusammenzuarbeiten: 1960 bis 1963 mit der Königlichen Kapelle Kopenhagen und anschließend bis 1971 mit dem Schwedischen Rundfunksinfonieorchester; 3. die künstlerische Leitung des Radio-Sinfonieorchesters Stuttgart von 1972 bis 1977, ein Zeitabschnitt, den man als Übergang zu den Münchener Jahren betrachten kann, vor allem wegen der allmählichen Ausprägung des Altersstils in der Musikwiedergabe Celibidaches.

Nach seiner Trennung von den Berliner Philharmonikern dirigierte er in den ersten Jahren vornehmlich in Italien. Er leitete dort bis 1967, dem Todesjahr Victor de Sabatas, die jährlichen Eröffnungskonzerte des Orchesters der Mailänder Scala; die Mailänder Musikfreunde geraten noch heute ins Schwärmen, wenn man sie darauf anspricht. Ebenso konzertierte er seit 1955 viel mit dem Orchester der Academia di Santa Cecilia in Rom sowie mit den Rundfunkorchestern von Rom, Turin, Neapel und Florenz. Es gibt kaum eine größere Stadt in Italien, die ihn nicht als Gastdirigenten erlebt hat. Auch in Spanien war er oft zu hören, in Israel, wo er mit dem Israel Philharmonic Orchestra musizierte, und immer wieder in London.

Berlin sah ihn nach fast dreijähriger Abwesenheit erst am 7. 10. 1957 wieder, als er in einem Festkonzert zum siebzigsten Geburtstag seines ehemaligen Kompositionslehrers Heinz Tiessen das Radio-Symphonie-Orchester Berlin dirigierte. Das Programm enthielt drei Werke von Tiessen – die »Hamlet-Suite«, einige Szenen aus der »Salambo«-Musik und die Sinfonie »Stirb und werde« –, ferner die siebte Sinfonie von Beethoven. Die Freude und Begeisterung der Berliner kannte keine Grenzen; sie waren glücklich, »ihren« Celibidache wiederzuhaben.

Er hatte das Radio-Symphonie-Orchester schon 1947 oder 1948 einmal dirigiert, und in der Presse war damals zu lesen, er habe durch sorgfältige und konzentrierte

Probenarbeit das Orchester völlig verwandelt und zu ganz außergewöhnlichen Leistungen befähigt. Inzwischen hatte sich der Standard dieses Klangkörpers insgesamt erheblich verbessert, nicht zuletzt dank des erfolgreichen Wirkens von Ferenc Fricsay in den Jahren 1949 bis 1954 (später dann nochmals von 1961 bis 1963). Celibidache seinerseits hatte, wie von ihm nicht anders zu erwarten, den Radio-Sinfonikern ein Äußerstes an Einfühlung, Musikalität und instrumentaler Brillanz abverlangt und mit ihnen gemeinsam seinen früheren Berliner Triumphen einen neuen, nicht minder strahlenden, hinzugefügt. Der Beifall galt natürlich vor allem ihm, ohne dessen Persönlichkeitsmagie das Orchester dieses Konzert nicht in so glänzender Form hätte bestehen können. Es wurde erzählt, die Menschen hätten am Ende stehend applaudiert und immer wieder gerufen: »Wiederkommen! Wiederkommen!« Auch in der Presse wurde das Konzert als herausragendes Ereignis gewürdigt. Werner Oehlmann schrieb im »Tagesspiegel«:

»Wer die Beifallsstürme erlebte, die im Titaniapalast dem wiedergekehrten Sergiu Celibidache nach seinem Konzert mit dem Radio-Symphonie-Orchester dankten, wer die vielstimmigen Rufe hörte, die den Dirigenten immer wieder auf das Podium zurückzwangen, wer die Atmosphäre von Erwartung, Teilnahme und endlich ausbrechender Begeisterung spürte und einsog, die über diesem ungewöhnlichen, festlichen Abend lag, der wußte, daß hier eine Gemeinschaft zwischen Künstler und Publikum besteht, wie sie nicht schöner, nicht fruchtbarer zu wünschen ist, eine Gemeinschaft, die auch durch die dreijährige Abwesenheit Celibidaches nicht zerstört oder auch nur geschwächt werden konnte. Heinz Tiessen, dessen siebzigstem Geburtstag das Konzert galt, hätte sich keinen besseren Interpreten wünschen können als seinen genialen Schüler, der mit Überzeugung und mit der unwiderstehlichen Macht seiner nachgestaltenden Phantasie für die vernachlässigten Werke seines Lehrers eintrat ... Nach der Pause folgte Beethovens siebente Sinfonie. Was die Dirigentenleistung Wilhelm Furtwänglers über allen Durchschnitt hinaushob, das erlebte man hier wieder: es war, als werde die Sinfonie aus dem Augenblick neu geschaffen, als füge sie sich aus flutenden, lebendigen Kräften erst zur Form zusammen; jeder neue Takt war Ereignis, Bestätigung oder Überraschung, jeder Übergang Abenteuer, jedes Thema dramatisch-aktive, wirkende oder verhaltene Energie. Daß diese Spontaneität am Ende gründlichster fixierender Probenarbeit möglich ist, ist das Geheimnis des Dirigenten Celibidache, ebenso bewundernswert wie die Größe und Beethoven-Nähe seiner Auffassung, die heute ohne Vergleich sind. Das war nicht nur ein glanzvoller Abschluß der Festwochen, es war die faszinierendste und zugleich werkgerechteste Dirigentenleistung, die Berlin erlebt hat, seit – seit Sergiu Celibidache uns vor drei Jahren verließ. Wir hoffen, daß sein Wiederkommen mehr ist als ein Besuch.«

Die Rezensionen in den anderen Zeitungen waren kaum weniger enthusiastisch. Celibidaches Berliner Freunde feierten ihn, als sei er schon wieder einer der ihren, als sei er wirklich wiedergekommen, wenn auch nicht ans Pult der Philharmoniker. Und doch war dieser große Auftritt leider nur ein Besuch. Denn Celibidaches realistische Einschätzung der Situation verhinderte seine tatsächliche Rückkehr.

Von Berlin aus ging es nach Köln, wo er mit dem Sinfonieorchester des Westdeutschen Rundfunks eine längere Arbeitsperiode vereinbart hatte: zwei Konzerte mit unterschiedlichen Programmen am 21.10. und 28.10.1957 und anschließend eine Tournee durch die Hauptstädte der Bundesrepublik. Der Westdeutsche Rundfunk besaß in jenen Jahren eine starke Anziehungskraft auf die großen Dirigenten, nicht zuletzt wegen der außerordentlichen Qualitäten des Orchesters, das damals wohl das führende deutsche Rundfunkorchester war – übrigens ohne festen Dirigenten. Doch die Liste der illustren Gäste konnte sich sehen lassen: Ernest Ansermet, Karl Böhm, Ferenc Fricsay, Carlo Maria Giulini, Joseph Keilberth, Hans Knappertsbusch, Lorin Maazel, Igor Markewitsch, Jean Martinon, Paul Sacher, Georg Solti, Leopold Stokowsky und viele andere. Nun also auch Sergiu Celibidache, auf den man mit größter Spannung wartete. Ich lebte um diese Zeit in Köln, kann also wiederum als Augen- und Ohrenzeuge berichten. In ein bis zwei Stunden waren die Konzerte ausverkauft; nicht einmal die Hälfte der vor dem Funkhaus am Wallrafplatz Wartenden hatte Karten bekommen! Der »große« Sendesaal des WDR zählte nur wenig über siebenhundert Sitzplätze, konnte aber mit einer hervorragenden Akustik aufwarten. Zum Trost wurde den Enttäuschten gesagt, die Generalprobe sei öffentlich und koste keinen Eintritt. Man müsse nur rechtzeitig vor Beginn da sein, um ein Eintrittsbillet zu bekommen.

Natürlich ging ich zur Generalprobe, auch wenn ich im Besitz einer Konzertkarte war. Wieder hatten sich viel mehr Menschen eingefunden, als der Saal überhaupt fassen konnte. Als die Probe beginnen sollte und Celibidache bereits auf dem Podium stand, herrschte im Hintergrund des Saales und vor den Eingangstüren bedrohliche Unruhe. Celibidache wandte sich um und fragte, was es denn gebe. Man erklärte ihm die Situation, worauf er anordnete, man möge alle einlassen, sofern sie mit einem Stehplatz zufrieden seien und die feuerpolizeilichen Sicherheitsvorschriften nicht verletzt würden. Er dirigierte die Menschen selber an dafür geeignete Stellen des Raumes und wartete gelassen, bis Ruhe eintrat. Dann hielt er eine kleine Ansprache, in der er sagte, dies sei zwar eine sogenannte Generalprobe, aber eben doch – wie immer bei ihm – eine reine Arbeitsprobe. Es würde also wirklich geprobt und gearbeitet, und er hoffe, daß sich niemand langweilen werde oder enttäuscht sei. Und dann begann die Probe, in der das gesamte Programm noch einmal gründlich vorgenommen und an manchen Details gefeilt wurde, bis die Werke dann anschließend im Zusammenhang erklangen: die Ouvertüre zu »Rosamunde« von Schubert, »Ma mère l'oye« von Maurice Ravel, die »Paganini«-Variationen von Boris Blacher und die sechste Sinfonie, die »Pathétique«, von Peter I. Tschaikowsky.

Wenn ich zurückblicke, muß ich sagen, dies war vielleicht nicht unbedingt die schönste und instruktivste, ganz gewiß aber die faszinierendste Probe Celibidaches, die ich je erlebt habe. Vier volle Stunden lang hielt er uns in Atem, verzauberte Musiker und Publikum durch ein nie verlöschendes Feuerwerk an Witz, Temperament, Charme und Esprit, durch eine stets hellwache und zupackende geistige Präsenz, die sich jeder Situation gewachsen zeigte und keine Ermüdung kannte. Er redete, bat, beschwor, befahl, sang, schrie und tanzte, wandte sich zwischendurch mit scherzhaften oder ironischen Bemerkungen an das Publikum, dann wieder an einzelne Musiker, schmeichelte ihnen, zürnte, lobte und tadelte, schien sich für einen Moment zu vergessen und hatte sich dann doch sofort wieder in der Gewalt. Jeder Entertainer und Showmaster von Rang hätte vor Neid erblassen müssen angesichts dieser hinreißend-virtuosen vierstündigen Selbstdarstellung. Hinter allem aber stand ein so eminentes Wissen und Können, ein so ungeheurer Ernst und vor allem eine so völlige Hingabe an die Musik, daß alle Kritik im Keim erstickte. Es war wohl niemand im Saal, der nicht spürte, wie hier zwischen dem Menschen und seiner Kunst eine absolute Identität bestand, wie dieser Mann sich ganz in Musik verwandelte.

Man hätte denken können, nach dieser Probe würde das Konzert eine gewisse Enttäuschung oder Ernüchterung mit sich bringen. Dem aber war nicht so. Natürlich zeigte sich Celibidache während der Aufführung in Mimik und Gestik gemäßigter, und nur bei den großen Steigerungen und Höhepunkten in der »Pathétique« hörte man, selbst beim drei- oder vierfachen Forte, seine durchdringende Stimme. Er blieb in jedem Augenblick Herr der Lage, befeuerte aber gleichwohl das Orchester zu extremen Leistungen. Das Publikum folgte gebannt; die Spannung schien manchmal unerträglich. Schon bei der »Rosamunde«-Ouvertüre horchten alle auf; Ravels zauberhafte Märchenbilder, die Celibidache wie kaum ein anderer zu realisieren vermag, unendlich fein ausmodelliert, herrlich aufblühend am Schluß, erweckten Bewunderung und Verblüffung, und in den »Paganini«-Variationen knisterte es förmlich. Aber das überwältigende Ereignis dieses Abends war dann doch wieder die »Pathétique«. Ich bemerkte im Vergleich zu Celibidaches frühen Berliner Aufführungen eine deutliche Verschiebung der Akzente vom Dramatischen zum Tragischen hin. Das Adagio lamentoso mit seiner erschütternden Klage bekam ein noch größeres Gewicht, die ungeheuere Entladung des ersten Satzes beim Übergang von der Durchführung zur nur angedeuteten Reprise wuchs ins Riesenhafte empor, der Walzer im Fünfvierteltakt war von wehmütiger Trauer überschattet, während der unheimlich-drohende Marsch mit furchterregender Gewalt dem Verhängnis entgegenstürmte. Der Eindruck war niederschmetternd.

Die Zuhörer verharrten nach den letzten Takten in langem Schweigen. Celibidache stand regungslos mit gesenktem Kopf vor dem Orchester. Helmut Zernik, der prominente erste Konzertmeister – ehemaliger Nationalpreisträger, damals einer der besten deutschen Geiger – blickte überrascht ins Publikum, dann auf Celibidache, wandte sich zu seinen Kollegen und klopfte endlich mit seinem Violinbogen leicht auf das Notenpult. Erst auf dieses Zeichen hin begann der Beifall, der sich dann allerdings rasch zu befreienden Ovationen steigerte. Das überragende Ereignis dieses Konzertes konnte auch durch das Mißgeschick des Fagottisten nicht beeinträchtigt werden, dem ausgerechnet in seinem allseits bekannten Solo zu Beginn der Sinfonie im achten Takt ein peinlicher Patzer unterlief, der sich, wie man noch heute hören kann, auf dem Mitschnitt nicht vollständig retuschieren ließ. Als ich Celibidache auf den Vorfall ansprach, meinte er nur: »Nervosität. Zuviel geprobt« – und zuckte die Achseln.

Das zweite Kölner Konzert brachte eine klanglich wunderbar aufgelichtete, formal durchdachte und tief empfundene Wiedergabe des »Deutschen Requiems« von Brahms. Auch hier wieder zuvor eine lange Generalprobe, die Einblick in die Arbeitsweise Celibidaches und vor allem in die Architektur des herrlichen Werkes gewährte. Und wiederum war der Saal dicht besetzt von Menschen, die an der Probenarbeit teilnehmen wollten. Celibidache arbeitete intensiv mit Orchester, Chor und Solisten. Dem Charakter der Musik entsprechend wirkte er ernster und ruhiger. Unvergessen auch Agnes Giebels Sopran-Solo. Schöner, schlichter und bewegender habe ich dieses echt Brahmssche »Ihr habt nun Traurigkeit« nie gehört. Das Publikum applaudierte spontan, und Celibidache bedankte sich bei der sympathischen Sängerin mit einem Handkuß; dieser Teil brauchte nicht wiederholt zu werden. Hans Hotter, der für den verhinderten Dietrich Fischer-Dieskau eingesprungen war, hatte es da viel schwerer, sich in die Gesamtkonzeption Celibidaches einzuordnen. Sein Vortrag klang allzu daramatisch-opernhaft, und so gab es gegen Ende der Probe einen gereizten Disput, der Celibidache veranlaßte, das Publikum zum Verlassen des Saales aufzufordern. Wir folgten ·seiner Anordnung mit großem Bedauern, und zwar nicht deshalb, weil wir unbedingt Zeugen einer Auseinandersetzung werden wollten, sondern weil es unendlich schwer war, sich aus diesem leidenschaftlichen künstlerischen Arbeitsprozeß herauszureißen. Auch der Chor hatte es nicht leicht gehabt mit Celibidache, der enorm viel verlangte und – ungewöhnlich für einen Dirigenten seines Ranges – selber alle Einzelheiten mit den Chormitgliedern erarbeitete. Wie berichtet wurde, sollen einige der Sängerinnen in einer Probenpause weinend vor dem Funkhaus gestanden haben. In der Aufführung aber war von alledem nichts zu spüren. Da herrschten Harmonie, Schönheit, Vollkommenheit und vor allem eine tief beeindruckende Intensität und Erfülltheit des Musizierens. Weit spannte sich der Bogen von den verhalten-ernsten Eingangstakten bis zu dem hymnisch-tröstenden Schluß.

Anschließend begann dann die Tournee durch die Bundesrepublik, die für Dirigent und Orchester ein glänzender Erfolg wurde. Außer den bereits in Köln aufgeführten Werken erklangen auf der Reise auch die »Haydn«-Variationen von Brahms. Ich zitiere hier aus der Besprechung von Karl Grebe in der »Welt« vom 2.11.1957 einige Passagen:

»Sergiu Celibidache wurde für die deutsche Musikwelt zum Begriff, als er in den ersten, schweren Jahren nach dem Krieg das Berliner Philharmonische Orchester wieder aufbaute und mit größtem Erfolg leitete ... Nun besucht er mit dem Kölner Rundfunk-Sinfonie-Orchester die großen Musikstädte der Bundesrepublik, und es ist nach dem ersten Auftreten in der großen Hamburger Musikhalle nicht daran zu zweifeln, daß sich an die Spur dieser Reise ein neuer großer Erfolg, ein neuer Celibidache-Mythos heften wird. Die nicht geringen Erwartungen von damals wurden weit übertroffen: Celibidache ist in die Weltklasse hineingewachsen, unter unmißverständlicher Steigerung und Potenzierung des Typus, den er als Dirigent schon früher repräsentierte ... Die volle musikantische, virtuose und emotionale Entfesselung brachte schließlich Tschaikowskys sechste Sinfonie, die ›Pathétique‹, mit sich, die in Melancholie endet, deren dritter Satz jedoch ein solches Konzert wirkungsvoll krönt, wenn er als Zugabe dazu dient, rasenden Beifall zu beschwichtigen. Die Hörer, die den großen Saal bis auf den letzten Platz füllten, tobten angesichts solch hinreißender Identität von Werk und Wiedergabe wie ganz selten, ihr nicht enden wollender Jubel rief den Dirigenten immer wieder heraus. Er galt nicht weniger dem Orchester, das sich als erstrangig bewährt hat.«

Am 5.10.1958, also ein Jahr später, stand Celibidache erneut am Pult des Kölner Rundfunk-Sinfonie-Orchesters, diesmal wieder mit einem gemischten Programm, wie er es liebt: Mendelssohns Ouvertüre zum »Sommernachtstraum«, die zweite Sinfonie von Schubert und, nach der Pause, »Don Juan« von Richard Strauss und die zweite Suite aus »Daphnis und Chloé« von Ravel. Es ging sogar das Gerücht, man wolle ihn als Chefdirigenten für das Orchester gewinnen. Und auch bei diesem Gastspiel konnte er triumphieren, besonders mit Strauss und Ravel. Ein Erlebnis war jedoch auch die Schubert-Sinfonie, die ich kaum kannte; er dirigierte sie sehr differenziert, mit viel Liebe und Temperament. Für die große Tournee, die nach einigen Konzerten in der Bundesrepublik dann nach Italien führte – nach Bozen, Mailand (zwei Konzerte), Genua, Parma, Rom, Neapel, L'Aquila, Bologna und Turin – wurden zusätzlich noch folgende Werke einstudiert: die erste und dritte Sinfonie von Brahms, Hindemiths »Sinfonische Metamorphosen« über Themen von Weber und die »Feuervogel«-Suite von Strawinsky. Leider kam es dann auf dieser Konzertreise, die für den Maestro und das Orchester überaus erfolgreich verlief – besonders in Italien feierten sie Triumphe –, zu Differenzen zwischen Celibidache und den Musikern, vor allem aber zwischen ihm und dem Leiter der Abteilung Musik beim WDR Köln, Kurt E. Koch. Alle weiteren Pläne, die kommenden Jahre betreffend, konnten nicht mehr verwirklicht werden. Der »Schwierige« blieb der Stadt Köln fern, und damit auch dem Rundfunk-Sinfonie-Orchester.

Heinz-Herbert Scholz, damals Solo-Bratscher des Orchesters, in gleicher Funktion während der letzten Kriegsjahre auch an der Staatsoper in Berlin tätig – er war von 1943 bis 1945 mein Violinlehrer gewesen –, erzählte bei unseren Zusammenkünften so manches über die Orchesterarbeit und natürlich auch über die verschiedenen Dirigenten. Wir sprachen in den Jahren 1957 und 1958 oft über Celibidache, dessen außerordentliche Fähigkeiten er, wenngleich nicht kritiklos, bewunderte. Durch ihn wurde ich auch flüchtig mit Helmut Zernik und dem Konzertmeister Gerhard Pohl bekannt. Zernik brachte seine Erfahrungen mit Celibidache auf die Formel, bei ihm könne man zwar mehr lernen als bei allen anderen Dirigenten von Weltrang, müsse aber dann nach so einer Arbeitsperiode unbedingt einige Wochen Urlaub machen. Das könne auf die Dauer kein Mensch aushalten.

Celibidache seinerseits spürte nach der Zusammenarbeit mit dem Kölner Rundfunk-Sinfonie-Orchester offenbar doch wieder das Verlangen nach einer engeren Bindung an ein bestimmtes Orchester, auch wenn diese Bindung zeitlich begrenzt bleiben sollte. Und er hat diese Kontakte in den folgenden Jahren ja auch gesucht und realisiert, wobei es ihm immer gelang, die jeweiligen Orchester zu Höchstleistungen anzuspornen. Sie alle wurden zu Celibidache-Orchestern, unverwechselbar in ihrem Klang und ihrer kultivierten Spielweise, die nichts von glatter Perfektion an sich hatte. Das war schon bei Celibidaches Kölner Gastkonzerten zu beobachten. Das Zusammenwirken der einzelnen Instrumentengruppen wurde mit kammermusikalischer Feinheit abgestimmt, indem er die Musiker zwang, aufeinander zu hören, darauf zu achten, welche Stimme gerade die Führung übernommen hatte, damit sie sich selber dann innerhalb der gebotenen Relationen zurückhielten, also mithörten und mitdachten. Dadurch nun wurde der Klang genau strukturiert, die Proportionen der Werke traten deutlicher hervor, wurden erfahrbarer. Hinzu kam die unerhört differenzierte Dynamik vom zartesten Pianissimo bis zum machtvollsten Fortissimo. Das Kölner Rundfunk-Sinfonie-Orchester klang völlig anders, als man es von ihm gewohnt war, eine Verwandlung, die ihm nur zum Vorteil gereichte. Es spielte musikalischer, lebendiger, sensibler als unter den meisten anderen prominenten Gastdirigenten. Celibidaches Methode der Orchestererziehung hatte sich wieder einmal bewährt. Bald sollten andere Klangkörper von ihr profitieren.

Im Jahre 1960 dirigierte Celibidache zum erstenmal die Königliche Kapelle Kopenhagen, eines der ältesten europäischen Orchester, dessen Geschichte sich bis in das Jahr 1448 zurückverfolgen läßt. Bei seiner Gründung bestand es nur aus fünfundvierzig Musikern, wurde aber im Lauf der Jahrhunderte ständig verstärkt. Zu seinen bekanntesten Dirigenten gehörten die Komponisten Johan Svendsen (1883 bis 1908) und Carl Nielsen (1908 bis 1914). Celibidache blieb der Königlichen Kapelle bis zum Oktober 1963 verbunden; er dirigierte jährlich eine Serie von Konzerten in Kopenhagen und anderen dänischen Städten. Auch leitete er Gastkonzerte im Ausland, darunter die große Deutschland-Tournee im Herbst 1961. Und hier konnte man dann die Früchte seiner Erziehungsarbeit bewundern: Die Dänen musizierten mit außerordentlicher Sensibilität und Delikatesse, zugleich aber mit Feuer und spontaner Hingabe. Die Tournee wurde für Celibidache und die Königliche Kapelle Kopenhagen zu einem triumphalen Erfolg. Ich gebe hier einige Pressestimmen wieder.

Werner Oehlmann schrieb über das Berliner Konzert vom 4.11.1961 im »Tagesspiegel« (Robert Schumanns zweite Sinfonie, Niels Viggo Bentzons Symphonische Variationen und Ravels »Daphnis und Chloé«, zweite Suite): »Beifallsstürme, Begeisterung, immerfort wiederholte Hervorrufe im Hochschulsaal – das Berliner Musikpublikum vergißt nicht, es weiß noch, was Sergiu Celibidache in schweren Nachkriegsjahren hier geleistet hat, es ist dankbar über den Augenblick hinaus; das Gastkonzert der Königlichen Kapelle Kopenhagen, das Celibidache leitete, wurde ein großer Abend des Berliner Konzerts ... Es ist dem Dirigenten Celibidache zu danken, daß die Fähigkeiten des Orchesters sich in hellem Licht zeigen konnten; sein feines Klanggefühl, sein Sinn für brillante Wirkung holten das Mögliche an gemeinsamer und solistischer Leistung aus den Musikern heraus ... denn daß er auch heute, da er über das Stadium des jugendlich-vitalen Musizierens hinausgewachsen ist, noch derselbe eminente, schlagtechnisch unüberbietbare Dirigent wie vor fünfzehn Jahren, daß er der eigentliche Träger des klassischen Gedankens in der musikalischen In-

terpretation ist – das hat er mit diesem Konzert von neuem bewiesen.«

Über das Münchener Konzert berichtete Karl Schumann
in der »Süddeutschen Zeitung« vom 16.11.1961 (Brahms
dritte Sinfonie, Bentzons Symphonische Variationen
und Ravels »Daphnis und Chloé«, zweite Suite): »Mu-
sikmünchen war aus dem Häuschen. Die Königliche Kapelle Kopenhagen hatte bei ihrem Debüt im Museumssaal einen Erfolg, der sich nur mit den Ovationen für
Ormandys Philadelphia Orchestra, Bernsteins New
Yorker Philharmoniker und Cantellis Mailänder Scala-
Orchester vergleichen läßt. Damit ist bereits das Niveau
gekennzeichnet, auf dem sich das nordische Eliteorche-
ster bewegt ... Es heißt, Sergiu Celibidache habe vor der
Deutschland-Tournee achtundzwanzig Proben mit der
Königlichen Kapelle abgehalten. Die Frucht solcher Arbeit ließ sich bereits an der Orchesterstimmung erkennen
... Weltanschauungsfreien Brahms von ähnlicher Delikatesse des Klanges ... hat man seit den Tagen des unver-
gessenen Guido Cantelli nicht mehr gehört ... Der zweite Trumpf der Orchestervirtuosität: Ravels Suite ›Daphnis et Chloé‹. Celibidache wurde orgiastisch, ohne den
sensiblen Ästhetizismus zu verleugnen. Der antikische
Sommermorgentraum glühte in sinnlichen Orchesterfarben, die Trompeten und Holzbläser vollführten fauni-
sche Kapriolen, der Rhythmus markierte elastisch den
tänzerischen Grundcharakter der Partitur. Celibidache
entfesselte ein Fest des Orchesterartismus. Der Beifall
wütete fast vierzig Minuten [drei Zugaben eingerechnet,
der Verf.] ... Die Königliche Kapelle Kopenhagen zeigte, daß sie eines der traditionsreichsten und besten Orchester Europas ist; daß sie sich noch nicht der Populari-

tät erfreut, die ihren erstrangigen Leistungen zusteht, liegt wohl daran, daß sich die dänische Hauptstadt etwas seitab vom europäischen Musikmarkt befindet. Celibidache führte sich als ein Dirigent von Weltformat ein. Er dürfte der Sensibilissimus der mittleren Generation sein, der Artist aus Nerven und Temperament. Selbst wenn er als künstlerische Potenz weniger bedeutend wäre, würde ihn sein phänomenales Gehör zu einer Ausnahmeerscheinung stempeln.«

Am Schluß seiner Besprechung des gleichen Konzertes schrieb Günther Engelmann in der Zeitschrift »Das Orchester«, Heft 1/1962, über »Daphnis und Chloé«: »...Wer dann jedoch nicht aus der schwellenden Musik ihres mystischen Gehalts hätte teilhaftig werden können, dem wäre es vielleicht allein schon durch die geradezu magisch beschwörenden Bewegungen Sergiu Celibidaches nahegebracht worden, dessen dunkle Silhouette gegen den weißen Hintergrund des Podiums flimmerte wie die Klänge im Raum. Das war keine Interpretation im üblichen Sinne, sondern kongeniales Neuschaffen und Neuerleben. ... Celibidache selbst erscheint hier in seiner geistigen Heimat. Man spürt es, wenn er einesteils mit ekstatischen Gesten den musikalischen Raum umschreibt, andererseits, gleichsam mit nachtwandlerischer Sicherheit, sämtliche Einsätze präzis dazwischenstreut...«

Man hätte gedacht, ein so überwältigender gemeinsamer Erfolg würde Dirigent und Orchester noch enger zusammenschmieden. Dem aber war nicht so. Bereits 1962 dirigierte Celibidache als Gast erstmals das Schwedische Radio-Sinfonieorchester in Stockholm, und die Arbeitsbedingungen, die ihm dort geboten wurden, waren für ihn so verlockend, daß er schon im folgenden Jahr sein Haupttätigkeitsfeld von Kopenhagen nach Stockholm verlegte. Übrigens hat man nach seiner Trennung von dem dänischen Orchester nicht mehr viel von der Königlichen Kapelle Kopenhagen gehört. Spektakuläre Konzerttourneen wie unter Celibidaches Leitung hat es anscheinend nicht mehr gegeben. Und zweifellos hatte Engelmann recht mit seiner Bemerkung, das Verdienst gebühre Celibidache, weil er ein gutes Orchester (sicher kein Spitzenorchester!) zu so außergewöhnlichen Leistungen animiert habe – ein sensationelles Ereignis!

Das Schwedische Radio-Sinfonieorchester wurde 1936 gegründet und stand zunächst nur dem Rundfunk zur Verfügung. Es zählte jedoch zu wenige Mitglieder, um das gesamte Konzertrepertoire spielen zu können. Erst nach dem Zweiten Weltkrieg wurde das Orchester bis zu einer Spielstärke von einhundertundfünf Musikern ausgebaut. Es war also eine noch relativ junge Gemeinschaft, mit der Celibidache 1962 zum erstenmal konzertierte, doch vermochte er sie und das Publikum so zu überzeugen, daß es ab 1963 zu einer regelmäßigen engen Zusammenarbeit kam, die erst 1971 ihr Ende fand. Celibidache dirigierte auch hier wieder – ähnlich wie bei seinem dänischen Engagement – jährlich eine Serie von Konzerten in Stockholm und anderen schwedischen Städten. Außerdem übernahm er die Leitung sämtlicher Auslandstourneen, die im Vergleich zu seiner Kopenhagener Tätigkeit wesentlich weiter gesteckte Ziele verfolgten. Er reiste mit dem Schwedischen Radio-Sinfonieorchester nach Dänemark, Deutschland (drei Tourneen: 1967, 1969 und 1970), Finnland, Holland, Österreich, Rumänien, Portugal, in die Schweiz und nach Spanien.

Auch waren ab 1971 weitere Reisen vorgesehen, u.a. nach England, Frankreich, Polen und in die USA. Die ersten Jahre bis einschließlich 1966 galten vor allem der kontinuierlichen Aufbauarbeit nach dem bereits beschriebenen Muster. Erst nachdem das Orchester einen gewissen Standard, der an internationalen Maßstäben gemessen werden konnte, erreicht hatte, begann dann ab 1967 die ausgedehnte Reisetätigkeit. Wir sollten uns hier vielleicht daran erinnern, daß Celibidache schon als junger Mann eine ausgesprochene Vorliebe für den hohen Norden zeigte. Bekanntlich wollte er in seinen Jugendjahren einmal protestantischer Pfarrer in Norwegen werden. Man darf wohl annehmen, daß außer künstlerischen Erwägungen auch eine starke innere Neigung sein Engagement in Kopenhagen und Stockholm bestimmt hat.

Persönlich begegnete ich Sergiu Celibidache nach seinem letzten Kölner Konzert vom 5.10.1958 erst wieder am 23.9.1967 bei seinem Gastspiel mit dem Schwedischen Radio-Sinfonieorchester in der Bonner Beethovenhalle. Das Konzert fand im Rahmen des sechsundzwanzigsten Beethovenfestes der Stadt Bonn statt; auf dem Programm standen ausschließlich Werke von Beethoven: die »Egmont«-Ouvertüre sowie die zweite und fünfte Sinfonie. Celibidache dirigierte einen betont klassischen Beethoven, unnachgiebig im logisch-konsequenten Aufbau und in der Durchdringung der formalen und strukturellen Elemente der jeweiligen Kompositionen, dabei energiegeladen, spontan im Zugriff und im mitreißenden Schwung des Vortrags. Romantizismen oder weltanschauliche Überbauten hatten in diesem Beethovenbild keinen Platz. Die Musik wirkte rein durch sich selber, durch die ihr innewohnende Ausdruckskraft und Gesetzmäßigkeit. Das Orchester war in allen Sektionen hervorragend besetzt, spielte sehr diszipliniert und differenziert, mit Können und Hingabe, wie das nach der jahrelangen Schulung durch Celibidache anders auch gar nicht zu erwarten war. Den stürmischen Ovationen dankten die Gäste mit einer Zugabe, die das hohe Niveau dieses Konzertes noch einmal deutlich machte – mit der Ouvertüre »Die Weihe des Hauses«.

Das erste Konzert Celibidaches mit dem Schwedischen Radio-Sinfonieorchester auf deutschem Boden fand übrigens bereits am 17.6.1967 in Kiel statt, anläßlich der Kieler Woche 1967.

Über das Münchener Konzert (Ravels »Le Tombeau de Couperin«, Strawinskys »Der Kuß der Fee« und die vierte Sinfonie von Brahms) schrieb Karl Schumann in der »Süddeutschen Zeitung« vom 20.9.1967: »...Die vierte Sinfonie von Brahms erhob sich aus gesteigerter Kammermusik und lyrischem Rubato zu markigem, doch nie breitspurigem Chaconne-Pathos, durchzogen von gesangvollen Mittelstimmen, getragen vom Schmelz der Geigen und Solobläser, akzentuiert mit einer eigenwilligen Beweglichkeit, die jeder Aufführungstradition ein Schnippchen schlägt ... Brahms wurde aus einem kantablen, feinschattierten Piano – diesem dynamischen Urboden der Musik – entwickelt, wobei sich das Forte wie von selbst ergab. Das Grundgerüst des strengen vierstimmigen Satzes schimmerte durch, Brahms' in die Knie zwingende kompositorische Technik der Verknüpfung verdeutlichend. Wie Celibidache die Linien des ersten Satzes auf den Kulminationspunkt der Coda hinführte, die Durchführung als Zwischenspiel behandelte und nach der Reprise die Resignationstragödie aufrollte, war schlechthin eine musikalische Tat aus Logik und Temperament. Das Publikum im Museumssaal begriff, daß sich das Besondere eines Konzertes begeben hatte, das Unwiederholbare, die Spannung eines nachschöpferischen Abenteuers und der Reiz einer Schaustellung...« Und vorher noch über Celibidache: »...er überzeugt, er strebt nach dem, was hinter den Noten vorgeht, er gibt eine künstlerische Substanz zu erkennen, die noch in ihren Bizarrerien ein Labsal ist.«

Das zweite Deutschland-Gastspiel Celibidaches mit dem Schwedischen Radio-Sinfonieorchester im März 1969 wurde für ihn und seine Musiker zu einem womöglich noch größeren Triumph.

Sabine Tomzig schrieb u.a. im »Hamburger Abendblatt« vom 13.3.1969 (R. Schumanns zweite Sinfonie, Ravels »Rhapsodie espagnole« und die »Bilder einer Ausstellung« von Mussorgski-Ravel): »...Das Publikum in der Musikhalle verfiel wie immer dem Zauber seiner dirigentischen Verführungskunst. Mit einhundertundfünf Musikern trat Celibidache den Beweis an, daß das Spontanerlebnis seiner von Intensität und Vitalität berstenden Interpretationen unverwechselbar ist. Der exzentrische Temperamentsmusiker mit der ungemein beredten Gestik und Mimik wirkt heute um vieles abgeklärter und beherrschter. Er gilt als unerbittlicher Probierer, doch das Ergebnis ist weder Drill noch routinierte Perfektion, sondern ein hellwaches, gelöstes Musizieren ... Die Logik des dynamischen Aufbaus besticht in jedem Fall ... Mit der dramatisch hochgepeitschten Interpretation von Mussorgskis ›Bilder einer Ausstellung‹ in der brillanten Instrumentation Ravels beschwor Celibidache eine un-

heimlich suggestive Szenerie mit phantastischer Klang-
farbenwirkung und einer dynamischen Skala von fast un-
hörbarem Pianissimo bis zum dämonisierten Fortissimo.«

Und Peter Dannenberg beendete seine Rezension »Tri-
umphaler Celibidache« in der »Welt« vom 14.3.1969
über das gleiche Konzert mit den begeisterten Sätzen:
»Wenn endlich das Große Tor von Kiew sich öffnet,
marschiert ein Imperator im Triumphzug in die Stadt.
Celibidache baut hier, ohne sich mit einem plumpen Al-
fresco-Fortissimo zu begnügen, eine Finalsteigerung,
eine Orchesterstretta auf, die an Intensität noch einmal
übertrifft, was nicht mehr zu übertreffen schien. Man
weiß, daß man kein solches Konzert gehört hat seit – ja
seit man eben Celibidache das letzte Mal hörte.«

In der »Süddeutschen Zeitung« vom 21.3.1969 aber
schrieb Joachim Kaiser, der prominenteste Kritiker
Münchens, seine »Hymne auf Celibidache«, gewiß die
schönste Rezension, die er ihm bis heute geschrieben hat
– was um so bemerkenswerter ist, als er nur wenige Jahre
später schon Celibidache gegenüber eine ganz andere
Haltung einnehmen sollte. Hier nun einige Passagen aus
der »Hymne«. (Das Programm umfaßte die Ouvertüre
»Römischer Karneval« von Berlioz, die zweite Sinfonie
von Schumann und die »Bilder einer Ausstellung« von
Mussorgski-Ravel.)

»...Als Celibidache das Pult betrat, war eine Veränderung unübersehbar. Die Paganini-Schlankheit von einst
hat sich gegeben. Aber das Feuer ist geblieben. Was
Kunst-Ernst, das Phrasierungsniveau, die innere Spannung, Noblesse jeder Cantilene und nicht zuletzt die
Wahrheit des Orchesterausdrucks betrifft, so verdient

dieser Celibidache, neben die bedeutendsten Dirigenten unserer Zeit gestellt zu werden. Der Eindruck, den er etwa im langsamen Satz der Schumann-Sinfonie, bei der Veredelung der ›Römischen Karnevals-Ouvertüre« von Berlioz und einiger Mussorgskischer ›Ausstellungs‹-Bilder hervorrief, kam den bedeutendsten Interpretationserfahrungen gleich, die in den letzten Jahrzehnten zu machen waren. So, wenn auch ganz anders, wurde unter Furtwängler gespielt; so, wenn natürlich auch ganz anders, wird während großer Karl-Richter-Abende musiziert ... Die Ouvertüre zum ›Römischen Karneval‹ ist ein Reißer reisender Perfektionsorchester. Aber noch nie, von keinem Luxus-Ensemble, war das Stück je so musikalisch, so eindrucksvoll zu hören ... delikater, durchsichtiger, spannungsvoller ist das überhaupt nicht zu denken ... Schumanns zweite Sinfonie ... An Celibidaches Deutung schien mir am bewunderungswürdigsten, daß er nicht versuchte, die offenkundigen technischen Mängel des Stückes zu übertrumpfen und die gelegentlichen, nicht sehr geschickten Instrumentationseffekte auszuspielen. Hinter dem schwachen symphonischen Körper spürte er vielmehr Schumanns kammermusikalisch sensible und zerrissene Seele auf. Er ließ sich zu keinen, hier ohnehin wenig hilfreichen Brillanzen verlocken. Das schöne Adagio, ganz langsam genommen, war erfüllt von Sehnsucht nach Mystik und Frieden. Das zweite Trio im Scherzo blühte auf ...« Was hätte man Schöneres über einen großen Dirigenten schreiben können? Demgegenüber fielen einige kleine Einschränkungen nicht ins Gewicht.

Am 23. und 24. September des gleichen Jahres konzertierte Celibidache mit den schwedischen Musikern in

Berlin bei den Festwochen 1969, und zwar mit folgenden Programmen: 1. Karl-Birger Blohmdahls Symphonie Nr. 3 »Facetter«, Strawinskys »Der Feuervogel« und die erste Sinfonie von Brahms; 2. Rossinis Ouvertüre zur »Diebischen Elster«, Ravels »Ma mère l'oye« und die vierte Sinfonie von Bruckner. Es war dies das erste Mal, daß er während einer Deutschland-Tournee eine Bruckner-Sinfonie aufs Programm gesetzt hatte, und schon bei dieser Gelegenheit wurde die überwältigende Schlußsteigerung des Finalsatzes, die heute immer wieder Staunen und Ergriffenheit auslöst, in der Presse besonders hervorgehoben. Und wieder bereiteten die Berliner ihrem »Celi« einen stürmischen Empfang. Wolfgang Burde schrieb nach dem ersten Konzert am 23.9. im »Tagesspiegel«: »...Nun war der berühmte und von so vielen verehrte Maestro in der Berliner Philharmonie wieder zu erleben. Und es war nicht nur zu spüren, sondern am Auftrittsapplaus, der Minuten währte, auch zu hören, wie eine riesige, über Jahre hin aufgestaute Welle von Sympathie sich dieses Mannes bemächtigte ... Der Jubel am Ende – immer wieder ertönten Kaskaden von Bravorufen – nahm den Charakter von Ovationen an. Celibidache und sein Orchester, das zunächst mit de Fallas ›Dreispitz‹ sich für den großen Beifall bedankte, spendeten unermüdlich Zugabe um Zugabe.«

Doch gab es diesmal auch kritische Stimmen, die nicht nur Einzelheiten der Orchesterleistung betrafen, sondern auch bestimmte Merkmale von Celibidaches Interpretationsweise. Die überaus sublime Dynamik sowie die sehr differenzierten und oft ungewohnt langsamen Tempi waren (und sind) nicht jedermanns Sache. Hinzu kam vermutlich bei manchen der jüngeren Kritiker, die Celibidaches Berliner Jahre nicht miterlebt hatten, eine gewisse Aversion gegen einen Künstler, der den Tendenzen seiner Zeit bewußt entgegentritt, also ein Unzeitgemäßer ist.

Im folgenden Jahr, 1970, unternahm Celibidache mit dem Schwedischen Rundfunk-Sinfonieorchester Konzertreisen nach Rumänien, Österreich und wiederum durch die Bundesrepublik Deutschland. Es war seine letzte Tournee mit den Schweden. Ich erlebte das Münchener Konzert vom 18.11.1970, in dem folgende Werke zur Aufführung gelangten: Die Sinfonie »Mathis der Maler« von Hindemith, »Don Juan« von Richard Strauss und die zweite Orchestersuite aus »Daphnis und Chloé« von Ravel. Celibidache wurde in München kaum weniger umjubelt als in Berlin und hinterließ mit allen drei Werken einen ungewöhnlich starken Eindruck, wobei Ravels herrliche Musik natürlich zum alles überstrahlenden Höhepunkt geriet. Ich hatte sie schon oft von ihm gehört, doch selten so überlegen disponiert und andererseits so entfesselt wie in der finalen »Danse générale«. Dann der Kranz der Zugaben, die den Beifall immer wieder neu entfachten. Der Achtundfünfzigjährige war eine stattliche Erscheinung geworden, ein großer Herr, elegant, selbstbewußt, aber liebenswürdig und charmant wie immer. Er berichtete während eines Gesprächs in der Konzertpause von Schwierigkeiten mit der Orchestergewerkschaft. Es ging wohl vor allem um die Probenzeit, die genau festgelegt werden sollte. Er wisse nicht, wie sich die Dinge weiter entwickeln würden; im Moment sei alles offen. Doch die Skepsis war unüberhörbar und nur zu berechtigt. Denn bereits ein Jahr später, 1971, löste Celibidache seine Verbindung mit dem Stockholmer Orchester, weil die ehemals für ihn so optimalen Arbeitsbedingungen nun nicht mehr gegeben waren. Vielleicht aber hatte er auch in der Zusammenarbeit mit dem Orchester ein Ergebnis erreicht, das ihm einer weiteren positiven Entwicklung nicht mehr fähig erschien. Nach fast neunjähriger, stets erfolgreicher gemeinsamer Konzerttätigkeit trennten sich Celibidache und das Schwedische Rundfunk-Sinfonieorchester. Noch 1970 war er zum Ritter des schwedischen Vasa-Ordens ernannt worden, und im Dezember des gleichen Jahres überreichte man ihm in Kopenhagen den Leonie-Sonning-Musikpreis von Dänemark.

Celibidache hatte während seines Stockholmer Engagements natürlich auch mit anderen Orchestern zusammengearbeitet. So gab er im Januar 1966 mehrere Konzerte mit der Berliner Staatskapelle (der ehemaligen Preußischen Staatskapelle) in Ost-Berlin, Dresden und Leipzig und dirigierte wiederholt das Israel Philharmonic Orchestra in Tel Aviv. Im November 1969 konzertierte er mit den Bamberger Symphonikern und unternahm anschließend mit ihnen eine vielbeachtete Konzertreise durch die Bundesrepublik Deutschland, die am 10.11. auch nach München führte mit folgendem Programm: Ouvertüre zur »Diebischen Elster« von Rossini, Klavierkonzert von Schumann mit Arturo Benedetti Michelangeli, vierte Sinfonie von Mendelssohn und »La Valse« von Ravel. Wolfgang Gaag, seit 1982 Solohornist der Münchner Philharmoniker und damals in der gleichen Eigenschaft bei den Bamberger Symphonikern tätig, berichtet in einem lebendig und humorvoll geschriebenen Beitrag über Celibidaches erstes Zusammentreffen mit einem Orchester, das er bis dahin noch nicht dirigiert hatte. Der Beitrag ist veröffentlicht im »Jahrbuch der Münchner Philharmoniker«, Jg. 1988/89, S. 104–106, sowie in den »Philharmonischen Blättern«, Jg. 1988/89, H. 9, S. 9–10. Ich möchte hier die Mitteilung Wolfgang Gaags nahezu ungekürzt wiedergeben, da sie für die Psychologie des Orchestererziehers Celibidache sehr aufschlußreich sind.

»…Anfang ’70 [Konzerte im Oktober/November 1969! der Verf.] wurde im Orchester das Gerücht laut, daß Celibidache, den ich natürlich mittlerweile längst unter Dirigenten einzuordnen gelernt hatte, bei uns dirigieren sollte. Und er kam auch, obwohl er im Verbund mit dem damaligen Hauptabsager Nr. 1, Benedetti-Michelangeli, reiste. Nervöse Spannung im Orchester! Große Erwartungen wurden in die Zusammenarbeit mit den beiden ›Außergewöhnlichen‹ gesetzt.

Die Probe begann mit ›Die diebische Elster‹. Jeder Musiker wollte natürlich ›ihm‹ beweisen, was er gelernt hatte, und wie er mit seinem Instrument umgehen konnte. Aber nach einigen Takten war die Probe schon zu Ende. Celibidache bat uns einzustimmen. Wir taten das wie gewohnt: jeder versuchte sich dem Oboen-A anzunähern. Aber ›Celi‹ wischte mit einem Schrei und einer schroffen Handbewegung unsere, wie er sagte, sinnlosen Stimmversuche zur Seite und bat uns, mit der Stimmerei doch bei Adam und Eva anzufangen. Zunächst brachte er ›die Herren auf ihren Kleiderschränken‹ (wie er die Kontrabässe nannte) dazu, die leeren Saiten ohne Flageolett-Griffe einzustimmen. Das dauerte und dauerte. Bei anderen Stimmgruppen kam leise Schadenfreude auf, doch nur so lange, bis auch sie an der Einstimmungsreihe wa-

118

ren. Uns Bläser ließ er sich lediglich ein bißchen warmspielen, was uns das leichte Gefühl kleiner Privilegien gab.

Doch schon beim ersten Bläsereinsatz zerstob dieses Gefühl. ›Celi‹ nahm uns auseinander: Trompeten zu laut, die zweite über der ersten, Hörner zu massig, Flöten und Oboen zu schrill, Fagotte nicht zu hören, usw. Lauter Einwände, die die Streicher-Hoffnung nährten, das Gröbste überstanden zu haben, zumal ›Celi‹ treffende Vergleiche speziell bei meiner Solopassage heranzog: ›Soll das an eine Elster erinnern? Das ist eine gepanzerte geflügelte Kuh!‹

Für jeden hatte er etwas parat, man fürchtete schon, es würde von einigen vorgeführten Kollegen (ich denke dabei an einen altgedienten, bewährten, routinierten Kontrabassisten, der durch zunehmend stärker werdendes Murmeln bis Grollen seinen Unmut kundtat) bald Protest angemeldet werden. Aber ›Celi‹ hatte das anscheinend erwartet und nahm durch eine Pause (man war ja immerhin bis Takt zweiunddreißig vorgedrungen) dem wachsenden Überdruck den Dampf. In der Pause heftige Diskussionen über und mit ›Celi‹. Der meinte, man müsse sich nur auf ihn verlassen; am Anfang sei die Arbeit mit ihm manchmal hart, manchmal reagiere er auch ungerecht, meine es aber gar nicht so. Und um besser hinter seine Vorstellungen über die zu probierenden Stücke und über Musik überhaupt zu gelangen, lade er nach der Probe das ganze Orchester zur Aussprache bei Kaffee und Kuchen ein.

Das war uns bis dahin noch nicht untergekommen. Die älteren Kollegen freuten sich schon im voraus, ihm aus ihrer jahrzehntelangen Praxis heraus Bescheid zu stoßen.

Nur wurde nichts daraus. ›Celi‹ verstand es, uns alle so für seine Ideen, die das normalste, natürlichste Musizieren gestatteten, zu begeistern, daß wir uns schon auf die folgenden Proben freuten. Diese gerafften Seminare wurden zur täglichen Einrichtung. Und wir Neulinge, die wir dachten, beweisen zu müssen, was wir alles drauf hatten, wurden im selben Maße gebremst, wie die älteren Kollegen in ihrer Tradition bestätigt wurden. Dirigent und Orchester wuchsen innerhalb einer Woche zu einer verschworenen Gemeinschaft mit dem Ziel zusammen, die erarbeiteten Werke so und nicht anders dem Publikum anzubieten.

Mittlerweile spielte die zweite Trompete nicht mehr über der ersten (wenn nicht gerade erforderlich), die zweite Geige übernahm ohne Aufforderung die Führungslinie der ersten, die Bratschen wußten sich einzuordnen, die ›Kleiderschränke‹ klangen wie ganz normale Musikinstrumente, und selbst meine gepanzerte fliegende Kuh hatte sich zu einem annehmbaren Vogel gemausert. Für mich war das Beeindruckendste, mit welchem Elan und Eifer die Alten uns Junge mitrissen. ›Celi‹ hat uns mit Freude und der Überzeugung des Wissenden an die Konzerte herangeführt. Beim ersten Auftritt sprang der ›Celi‹-Funke auch sofort auf das Publikum über. Seine zwingenden Bewegungen, seine unaufdringliche Gestik halfen uns, das neuerarbeitete musikalische Wissen frei vorzutragen. Die ›Viererkiste‹ Musik-Orchester-Dirigent-Publikum funktionierte. Auch die anschließende Konzertreise durch Deutschland war ein Riesenerfolg. Mich haben die Wochen mit ›Celi‹ verseucht – im positiven Sinne. Und dieser Zustand hält bis heute an...«

Soweit der amüsante und anschauliche Bericht Wolfgang

Gaags über Celibidaches erste Begegnung mit den Bamberger Symphonikern im Herbst 1969. Gewissermaßen eine Ergänzung dazu ist die hochinteressante Fernsehaufzeichnung von Celibidaches Probenarbeit für das Requiem von Gabriel Fauré mit dem London Symphony Orchestra, Chor und Solisten aus dem Jahre 1984, die im dritten Programm des Deutschen Fernsehens am 3.2.1990 ausgestrahlt wurde. Von drei aufeinanderfolgenden Tagen hatte man zusammenhängende Abschnitte ausgewählt, die einen faszinierenden Eindruck von Celibidaches minutiöser Detailarbeit vermittelten, hier vor allem mit Chor und Solisten, ebenso aber von der unwiderstehlichen Überzeugungskraft, mit der er seine künstlerischen Vorstellungen auf die Ausführenden zu übertragen wußte. Man befragte einzelne Chormitglieder, die übereinstimmend äußerten, in ihren zwanzig- bis dreißigjährigen Chorerfahrungen noch nie etwas Ähnliches erlebt zu haben. Derartige Äußerungen sind mir auch von Mitgliedern des Philharmonischen Chors in München bekannt. Ich selber habe oft Proben Celibidaches miterlebt – schon 1947 und 1948 in Berlin mit den dortigen Philharmonikern – und weiß daher, wie aufregend und bereichernd ein solches Erlebnis sein kann.

Kehren wir nun zurück zu den Ereignissen Anfang der siebziger Jahre. Etwa ein Jahr nach Beendigung seiner Zusammenarbeit mit dem Schwedischen Rundfunk-Sinfonieorchester übernahm Celibidache im Mai 1972 als ständiger Gastdirigent die künstlerische Leitung des Radio-Sinfonieorchesters Stuttgart, die er erst im April 1977, also nach fünf Jahren, niederlegte. Celibidaches erstes Konzert mit dem Stuttgarter Orchester hatte allerdings bereits am 11.9.1958 in Stuttgart stattgefunden, und zwar dirigierte er damals die zweite Suite für kleines Orchester von Strawinsky, die »Sinfonischen Metamorphosen« von Hindemith und die vierte Sinfonie von Brahms. Wegen des großen Erfolges stand er im folgenden Jahr, ebenfalls am 11.9., wiederum am Pult des Orchesters, diesmal mit »Alborada del grazioso« von Ravel, den Haydn-Variationen von Brahms und der fünften Sinfonie von Prokofjew. Und 1967 – noch während seines Stockholmer Engagements – dirigierte er dann das Radio-Sinfonieorchester beim Abschlußkonzert der zehnten »Woche für leichte Musik«, die vom Süddeutschen Rundfunk mit viel Erfolg und Zuspruch in Stuttgart veranstaltet wurde. Dieses Abschlußkonzert nun wurde vom Rundfunk direkt übertragen – für die Celibidache-Freunde in Deutschland ein allzu seltenes Ereignis. Auf dem Programm standen die »Aria della Bataglia« von Andrea Gabrieli in der Instrumentierung des zeitgenössischen italienischen Komponisten Giorgio Federico Ghedini für Blasorchester, die von Anton Webern instrumentierten »Deutschen Tänze« von Schubert, »Ma mère l'oye« von Ravel, die Suite aus dem Ballett »Der Kuß der Fee« von Strawinsky und, als glanzvoller Ausklang, die »Sinfonischen Metamorphosen« von Hindemith über Themen von Carl Maria von Weber. Am Schluß gab es begeisterte Ovationen für Celibidache und das von ihm zu außerordentlichem Erfolg geführte Orchester. In der Presse wurde allenthalben der Wunsch laut, den Dirigenten recht bald wieder an der Spitze der Stuttgarter Radio-Sinfoniker zu erleben. Seine Wiedergabe der »Metamorphosen« von Hindemith regte zu Vergleichen mit Karl Böhm an, der das Werk erst wenige

Tage vorher, ebenfalls in der Liederhalle, dirigiert hatte, jedoch ohne eine ähnlich vehemente Wirkung zu erzielen. Celibidache seinerseits war so angetan von der Zusammenarbeit mit den schwäbischen Musikern, daß er sich – lang ersehnter Glücksfall! – dazu bewegen ließ, an einer Fernsehproduktion des Süddeutschen Rundfunks teilzunehmen. »Bei der Arbeit beobachtet« hieß die Serie, in der außer Celibidache auch Ferenc Fricsay, Carlos Kleiber, Vaclav Neumann und Georg Solti Einblick in ihre Probenarbeit gewährten. Für Celibidache war es meines Wissens die erste Fernsehaufzeichnung überhaupt, was von seinen Verehrern mit entsprechender Freude und Genugtuung aufgenommen wurde. In den Jahren nach dem aufsehenerregenden Abschlußkonzert auf der zehnten »Woche für leichte Musik« 1967 wurden zwei Fernsehproben mit Celibidache ausgestrahlt, die ihn bei der Arbeit mit dem Radio-Sinfonieorchester Stuttgart zeigten. Aus pädagogischen Gründen hielt er solche Aufzeichnungen für vertretbar und sogar wünschenswert. An die Fernsehübertragung eines ganzen Konzerts aber mochte er damals noch nicht denken.

Im Juni 1971 dirigierte Celibidache das Jubiläumskonzert zum fünfundzwanzigjährigen Bestehen des Radio-Sinfonieorchesters Stuttgart, und wieder wurde seitens der Musiker, des Publikums und der Presse der Wunsch nach einer engeren Zusammenarbeit mit dem rumänischen Maestro geäußert. Er war also mit dem Orchester des Süddeutschen Rundfunks bereits bestens vertraut, als er im Mai 1972 seine Tätigkeit als dessen ständiger Gastdirigent und damit praktisch als künstlerischer Leiter aufnahm. Sein erstes Konzert in dieser Eigenschaft fand unter besonderen Umständen und aus besonderem

Anlaß statt: Im Rahmen des fünfundzwanzigjährigen Jubiläums der Schwetzinger Festspiele dirigierte er im Dom zu Speyer die »Psalmensinfonie« von Strawinsky und die neunte Sinfonie von Bruckner. Etwa zweitausendachthundert Zuhörer hatten in den Schiffen des gewaltigen romanischen Kaiserdoms Platz gefunden, darunter viele prominente Vertreter des öffentlichen Lebens. Trotz ungünstiger akustischer Bedingungen, hervorgerufen durch den in diesem Falle besonders störenden Nachhall in den riesigen Gewölben, wurde das Konzert zum herausragenden Ereignis der Schwetzinger Festspiele 1972. Mehr noch als die »Psalmensinfonie« von Strawinsky beeindruckte die überwältigende Wiedergabe der Neunten von Bruckner.

Das nächste Konzertprogramm mit dem Stuttgarter Orchester im Herbst 1972 war von ganz anderem Zuschnitt, überwiegend virtuos-effektvoll: die »Euryanthe«-Ouvertüre von Weber, das Klavierkonzert von Grieg mit Arturo Benedetti-Michelangeli, »Tod und Verklärung« von Richard Strauss und »I Pini di Roma« von Ottorino Respighi. Der Erfolg muß ungeheuer gewesen sein, nach den Stuttgarter Presseberichten zu urteilen. »Was hat dieser Celibidache nur fertiggebracht!« schwärmte Wolfram Schwinger damals in der »Stuttgarter Zeitung«.

Mit diesem Programm ging man dann anschließend auf Tournee durch die Bundesrepublik. Ich hörte das Münchener Konzert vom 27.11.1972 und konnte die andernorts bereits verzeichneten Eindrücke nur bestätigt finden. Das Konzert wurde zu einem Triumph für Benedetti-Michelangeli, das Orchester und natürlich für Celibidache selber. Er war denn auch mit dem Ergebnis

dieses Abends durchaus zufrieden, wie ich im Künstlerzimmer von ihm erfuhr. Es war übrigens ein überlanges
Konzert, so daß Celibidache in Anbetracht der vor-
geschrittenen Zeit auf die sonst von ihm bereitwillig
gespendeten Zugaben verzichtete.

Die nächsten Jahre waren der gründlichen Orchestererziehung gewidmet und vertieften zudem das Verhältnis
zwischen Celibidache und den Musikern. Wie mir Rudolf Gleißner, Solocellist des Radio-Sinfonieorchesters
Stuttgart, in einem Gespräch mitteilte, war die Beziehung zwischen der großen Mehrheit der Orchestermitglieder und dem verehrten Maestro sehr herzlich, in
manchen Fällen gar freundschaftlich. Er selber, Gleißner, habe in Celibidache eine Art Vaterfigur gesehen,
was auch für die meisten seiner Kollegen gelte. Ein besonders enger Kontakt habe zu dem Solo-Bratscher Walter Henschel bestanden, da dieser den Dirigenten, der
sich anfangs in Stuttgart noch fremd gefühlt haben muß,
gewissermaßen in seine Familie aufgenommen habe. Celibidache sei stets ein vertrauter und gern gesehener Gast
im Hause Henschels gewesen, und auch zu anderen Musikern habe sich eine menschlich bereichernde Verbundenheit eingestellt. Überhaupt dürfe man das ursprüngliche und tief wurzelnde Menschliche in der Natur des Dirigenten nicht übersehen, denn dieses Menschliche sei
das breite Fundament, auf dem seine großen künstlerischen Leistungen und seine unglaubliche Kraft ruhten.
Friedrich Rüstig, der bekannte und erfolgreiche Geigen-
pädagoge, der ebenfalls im Stuttgarter Orchester unter
Celibidache gespielt hatte, berichtete Einzelheiten über
die Zusammenarbeit zwischen Dirigent und Orchester.
Er kam dabei auch auf Celibidaches gelegentliche Zorn-

ausbrüche und die daraus resultierenden Ungerechtig-
keiten zu sprechen. Immer sei er jedoch schließlich zur
Selbstkritik und Versöhnung bereit gewesen. Rüstig verdanke ich auch folgende schriftliche Mitteilung, die ich
hier nahezu ungekürzt wiedergeben will:
»Es hatte sich im Hause eines Kollegen, anläßlich eines
Schülervorspiels aus dem Kreise meiner Schüler, ein Zusammentreffen mit Celibidache ergeben. Zu hören waren unter anderen die Bundespreisträger aus »Jugend
musiziert« Anna Katharina Schreiber und Barbara Burg-
dorf (heute Konzertmeisterin an der Münchner Staatsoper). Ich plante damals mit diesen beiden hervorragend
begabten jungen Menschen und einem Orchester, beste-
hend aus meinen Schülern, die Aufführung der Konzer-
tanten Sinfonie für Geige und Bratsche von Mozart unter
der Leitung eines mir bekannten Celibidache-Schülers.
Im abendlichen Gespräch kamen diese Pläne selbstverständlich auf den Tisch. Die ungeheuer spontane Reaktion Celibidaches war: ›Das mache *ich*!‹ Und ich durfte am
selben Abend erleben, wie er mit beiden künftigen Solisten sprach und die ersten Verabredungen traf. Es folgten Wochen intensiver Proben. Die Kinder und Jugendlichen hingen dem Meister an den Lippen, verzaubert
von nie Gehörtem, nie Erfahrenem, und sie wuchsen in
kurzer Zeit über sich selbst hinaus. Für sie hatten sich
neue, ungeahnte Dimensionen eröffnet im Reich der
Musik, in dem sie nicht gerade eben erst das Gehen gelernt hatten. Ihr großer Lehrmeister aber, der ihre Führung übernommen hatte, bekannte, vom pädagogischen
Eros gepackt, daß die Arbeit mit ganz jungen Menschen
zu seiner geliebtesten gehört.
Die Proben mußten, zusammen mit allen anderen lau-

fenden Verpflichtungen, wegen Celibidaches Erkrankung im Jahre 1981 abgebrochen werden. Es folgte seine Übersiedelung nach München. Die Aufführung sollte nie stattfinden.«

Dank Celibidaches pädagogischem Genie und seinem großen internationalen Ansehen verhalf er dem Orchester zu einem ganz neuen Erscheinungsbild und einem beachtlichen Renommee unter den bedeutenden europäischen Klangkörpern. Zahlreiche Einladungen aus dem In- und Ausland dokumentierten den wachsenden Ruf des Radio-Sinfonieorchesters Stuttgart.

Die große Dezember-Tournee von 1974 durch West- und Norddeutschland war der eindrucksvolle Beweis für das Zusammenwachsen von Dirigent und Orchester. Harald Wallgrün schrieb in der »Welt« vom 9.12.1974: »Begeisterter Beifall für Celibidache und seine Musiker aus Stuttgart, denen der Maestro selbst ausgiebig seinen Respekt bezeugte – mit Recht, denn das Südfunk-Sinfonieorchester ist, seit Celibidache es betreut, nach den Berliner Philharmonikern vielleicht das beste deutsche Orchester heute.«

Stellvertretend für alle anderen Rezensionen aus dem mir vorliegenden Pressespiegel zitiere ich hier den »Weser-Kurier« vom 7.12.1974, in dem Ludwig Roselius u.a. schrieb:

»...Wieder einmal faszinierte Sergiu Celibidache als ein Dirigent, dessen vollblutige Musikalität mit phänomenalem Gedächtnis und vollendeter Schlagtechnik gepaart ist. Seine meteorhafte Karriere ... hat legendären Ruf ... Zum musikalischen Höhepunkt des Abends wurde die hinreißende und den romantischen Gehalt zutiefst erschöpfende Wiedergabe der Vierten von Brahms. Hier war der sensitive und emphatische Dirigent ganz und gar in seinem Element. Allein den Beginn der ›Elegischen Sinfonie‹ habe ich selten so zart fließend in den sanften Streichern, so wunderbar weich durchtönend in den Mittelstimmen der Hörner und in den lieblich getupften Holzbläserterzen vernommen. Ein gewaltiger Spannungsbogen wölbte sich vom Anfang bis zum Ende. Wie ein ehernes Mahnmal erhob sich das zweite Thema in seiner markigen Pracht. Der balladeske, von altertümlichen Harmonien getragene langsame Satz hatte etwas von archaischer Weihe. Im zerklüfteten leidenschaftlichen Scherzo triumphierte vollends die urwüchsige Vitalität des rumänischen Gastes. Und mit einer atemberaubenden Steigerung sondergleichen führte er die abschließende Chaconne (Allegro energico e passionato) mit den nahtlos aneinandergereihten dreißig Variationen zum strahlenden Ausklang...«

In München hörte man Celibidache mit seinem Stuttgarter Orchester erst wieder am 19.4.1975, und zwar mit folgenden Werken: zweite Sinfonie von Brahms, »Francesca da Rimini« von Tschaikowsky und »Bolero« von Ravel. Natürlich geriet der »Bolero« zum umjubelten Höhepunkt des Konzertes, dem dann noch eine ganze Reihe ebenfalls zündender Zugaben folgte – ein Stück aus den »Valses nobles et sentimentales« von Ravel, die »Zirkuspolka für einen jungen Elephanten« von Strawinsky, ein ungarischer Tanz von Brahms und die »Pizzikato-Polka« von Johann Strauß. Beeindruckend auch die Tondichtung von Tschaikowsky, die Celibidache trotz ihrer unbestreitbaren Schwächen rein musikalisch verstand und auf dramatisch-packende Weise gestaltete.

Für mich war die sehr lyrische und klare, im Finale machtvoll gesteigerte Wiedergabe der zweiten Sinfonie von Brahms ein besonderes Erlebnis. Freilich gab es hier auch abweichende Meinungen, denn in die allgemeine Begeisterung mischte sich ein unüberhörbarer Mißklang, auf den ich näher eingehen möchte.

Joachim Kaiser veröffentlichte – zwei Tage nach dem Konzert – in der »Süddeutschen Zeitung« unter dem Titel »Lehrstück von und über Celibidache« eine ausführliche Besprechung, die neben falschen Informationen scharfe Angriffe auf den Dirigenten enthielt und in dem Satz gipfelte: »Die Begegnung mit Brahms erschütterte im Kongreßsaal des Deutschen Museums einen Dirigentenmythos.« Dieses »Lehrstück« nun steht in krassem Widerspruch zu der ebenfalls von Kaiser verfaßten »Hymne auf Celibidache«, die in der »Süddeutschen Zeitung« vom 21.3.1969 erschienen war. Diesmal konnte von Hymne keine Rede sein. Kaiser zitierte gleich im zweiten Absatz diverse Bemerkungen, die Celibidache angeblich oder auch tatsächlich über berühmte Kollegen gemacht hat – was in einer Konzertkritik nicht am Platz ist und bei anderen großen Künstlern auch nicht praktiziert wird. Kein Kritiker hätte jemals in einer Rezension Karl Böhm dessen Äußerungen über Carlos Kleiber vorgeworfen! Weiter heißt es bei Kaiser über Celibidache, er rufe während des Beifalls die einzelnen Künstler »ermüdend« der Reihe nach auf, »als hätte er eine Hundenummer vorzuführen«. Der Rezensent wird später, in den achtziger Jahren, diesen Vorwurf der »Hundenummer« fast wörtlich wiederholen. Was nun die Fehlinformationen betrifft, so sei hier auf die Behauptung Kaisers im zweiten Absatz hingewiesen, Celibidache umgehe weithin die vornehmen B (Bach, Beethoven, Bruckner, Brahms); statt dessen liebe er Berlioz-Ouvertüren! Der Rezensent hätte wissen müssen – wenn er nicht als uninformiert dastehen wollte –, daß bei Celibidache zu allen Zeiten und in allen seinen Wirkungsbereichen – in Berlin, Rom, Mailand, London, Kopenhagen, Stockholm, Paris, Stuttgart usw. – die Werke von Beethoven und besonders Brahms Schwerpunkte seiner Programme waren, neben denen Berlioz überhaupt nicht ins Gewicht fiel, daß spätestens seit seinem Stuttgarter Engagement auch Bruckner immer mehr in den Vordergrund trat und daß er von den »vornehmen B« nur Bach seit seinen frühen Jahren nicht mehr oft dirigiert hatte. Und wenn wir nun noch speziell Celibidaches Münchener Gastkonzerte bei Niederschrift des »Lehrstücks« betrachten, so hatte er in insgesamt sieben Konzerten (eins mit der Königlichen Kapelle Kopenhagen, drei mit dem Schwedischen Rundfunk-Sinfonieorchester, eins mit den Bamberger Sinfonikern und zwei mit dem Radio-Sinfonieorchester Stuttgart) immerhin bereits die zweite, dritte und vierte Sinfonie von Brahms dirigiert, von Berlioz aber nur die Ouvertüre »Römischer Karneval«! Und die war überhaupt das einzige Werk von Berlioz, das er während seiner Gastkonzerte in der Bundesrepublik Deutschland seit 1957 aufs Programm gesetzt hatte, und zwar nur in dem Münchener Konzert 1969, das Kaiser in der »Hymne« so glänzend besprochen hatte. Gleichwohl – dem Rezensenten ging es offenbar nur darum, dem Maestro einen wirkungsvollen Hieb zu versetzen, wobei ihm die Wahrheit und Nachprüfbarkeit seiner Argumente kein Kopfzerbrechen bereiteten.

Liest man die »Hymne« von 1969 und das »Lehrstück«

von 1975 hintereinander, so fragt man sich, wie das zusammenstimmt. Man gewinnt den Eindruck, es handle sich da um zwei völlig verschiedene Dirigenten. Ist es möglich, daß dieser Celibidache einmal so überzeugend und bewundernswert erscheint, daß man ihn mit Furtwängler vergleicht, und dann wieder so fragwürdig, daß der Mythos, der sich mit seinem Namen verbindet, ins Wanken gerät? Konnte dieser Künstler einmal so verehrungswürdig sein, um dann, nach sechs Jahren, geradezu hassenswert zu erscheinen? Natürlich – auch der bedeutendste Künstler unterliegt wie jeder Mensch Leistungsschwankungen, über die er keine Gewalt hat. Das gilt für Celibidache wie für jeden anderen. Doch die Substanz eines Menschen, das also, was sein Wesen ausmacht, kann sich nicht ändern, es sei denn, sie würde durch einen pathologischen Prozeß zerstört. Allerdings kann man sie aus unterschiedlichen Blickwinkeln betrachten und dementsprechend reagieren. In unserem Falle bedeutet dies, daß Joachim Kaiser seine Einstellung zu Celibidache geändert hatte, weil zwischen 1969 und 1975 womöglich etwas geschehen war, was ihn den Dirigenten nun in einem anderen Licht sehen ließ.

In der Tat, es war einiges geschehen: Das berühmte Gespräch zwischen Celibidache und Klaus Lang vom 29.11.1974 in Stuttgart war erstmals im Dezember des gleichen Jahres vom Sender Freies Berlin ausgestrahlt worden und hatte ein weltweites Echo gefunden. Celibidaches spontane, temperamentvolle und auch provozierende Äußerungen erweckten ebenso Zustimmung wie begreiflicherweise Zorn und Widerspruch. Und ein Jahr vorher, 1973, hatte Joachim Matzner Celibidache interviewt, ebenfalls in Stuttgart, wobei der Maestro u.a. die

Kritiker scharf aufs Korn genommen hatte: »...Wir haben keine Fachpresse mehr, und das nicht nur in Deutschland, was traurig genug ist, sondern in der ganzen Welt. Was ist heute ein Pressemann? Ein Mann, der einmal ein bißchen mit der Musik zu tun gehabt hat – nicht genügend, daß er selbst Musik machen konnte. So hat er keine Fähigkeiten, selber zwischen den musikalischen Faktoren zu korrelieren, aber er muß darüber urteilen. Was ist heute der Musikkritiker? Er ist nichts anderes als ein Mensch, der gut schreiben kann. Gut schreiben über eine Sache, die er gar nicht verstehen kann, denn er ist nicht drin in ihr. Ein klassischer Fall von Analphabetismus...«

Es gibt gewiß Kritiker, die das wegstecken können, die in erster Linie am Dirigenten und Musiker Celibidache interessiert sind und die außerdem Humor genug besitzen, sich das trotz aller Überspitztheit Treffende seiner Bemerkungen einzugestehen. Doch ob Joachim Kaiser dies vermag, möchte ich bezweifeln. Mir scheint, er war tatsächlich von Celibidaches Attacken persönlich getroffen, denn anders ist seine Wandlung in dessen Beurteilung kaum zu verstehen. Der Maestro selber hatte sich ja nicht geändert.

Das Celibidache-Interview von Klaus Lang wurde übrigens auch in der Zeitschrift »HIFI Stereophonie«, H. 10/1975, veröffentlicht, zusammen mit einem Kommentar von Ulrich Schreiber unter dem Titel »Rück- und Umblicke eines älteren Herrn im Zorn«. Dieser Kommentar ist vielleicht das boshafteste und überheblichste Pamphlet, das je gegen Celibidache geschrieben wurde. Mit pseudowissenschaftlichen Psychologismen und unter wiederholter Berufung auf Freud wird da eine Persönlichkeitsanalyse des Dirigenten versucht, die schon von den willkürlich postulierten Voraussetzungen her verfehlt ist und die in ihrer überdeutlich tendenziösen Durchführung, unter völliger Mißachtung der zeitlich-biographischen Zusammenhänge, zu einer grotesken Verzerrung des Menschen und Künstlers Celibidache führt. Es lohnt nicht, näher darauf einzugehen. Im gleichen Heft findet sich vom gleichen Verfasser eine sehr negative Besprechung einer der wenigen originalen Schallplattenaufnahmen Celibidaches, seiner Einspielung der fünften Sinfonie von Tschaikowsky aus dem Jahre 1948 mit dem London Philharmonic Orchestra. Im Gegensatz dazu spricht Karl Schumann in seiner Rezension der gleichen Schallplatte in der »Süddeutschen Zeitung« vom 25./26.10.1975 von einer »Tschaikowsky-Sensation«. Es sei eine aufregend eigenwillige Interpretation, die den »Großteil der soliden Aufnahmen zu ledernen Fleißübungen« abwerte. Celibidache bestätige sich hier als einer der wichtigsten Dirigenten unserer Zeit. Seine Tschaikowsky-Auslegung sei ganz und gar unnachahmlich und einzigartig.

Das Publikum zeigte sich unbeeindruckt von dem Meinungsstreit um Celibidache, der da so heftig entfacht war, und huldigte dem Maestro nach wie vor. Auch sein nächstes Münchener Konzert mit dem Stuttgarter Orchester am 14.3.1976 wurde zu einem großen Erfolg, und wieder stand eine Sinfonie von Brahms auf dem Programm: erneut die Vierte. Den größten Triumph als Reisedirigent mit den schwäbischen Musikern aber erzielte er zweifellos mit der achten Sinfonie von Bruckner. Über das Konzert vom 18.2.1977 in Hamburg schrieb Sabine Tomzig im »Hamburger Abendblatt« u.a.:

»Das Wort Erfolg, geschmückt mit superlativischen Adjektiven, reicht nicht aus, um die Begeisterung zu beschreiben, die Sergiu Celibidache und das Radio-Sinfonieorchester Stuttgart mit ihrer Interpretation von Bruckners achter Sinfonie entfachten. Blumen, unzählige Hervorrufe, langanhaltende Ovationen für die führenden Musiker und einzeln herausgestellte Orchestergruppen – und immer wieder bewundernder stürmischer Dank für den Dirigenten, der sich in dieser eineinhalbstündigen Bruckner-Deutung bis zur Erschöpfung verausgabt hatte ... eine Bruckner-Deutung von so ungeheuerer Beredsamkeit und Eindringlichkeit, daß man die Zeit, die Umwelt vergaß. Die Riesenblöcke dieser Sinfonie gewaltlos zu bändigen, dazu gehört schon ein Übermaß an visionärer Kraft. Das eben war das Faszinierende seiner Darstellung: diese konzentrierte Ruhe und gestalterische Intensität des sonst zu exaltierten Ekstasen neigenden Dirigenten. Vor allem die weiträumigen dynamischen Entwicklungen hielten die Zuhörer in dauernder Spannung, aber auch das Aufspüren ungewöhnlicher Klangfarben, wie zum Beispiel das geisterhaft verhauchende Streicherpianissimo, das frappierende Wiederanknüpfen zerrissener Melodiebögen und die phänomenalen Steigerungen zu prunkvollster Klangentfaltung bis zum jähen Absturz ins fast tonlose Nichts. Aber das sind nur wenige Details einer überwältigenden Wiedergabe, die den allmählich Bruckner-entwöhnten Hamburgern unvergeßlich bleiben wird.«

Diese triumphale Tournee war die letzte große Reise Celibidaches mit dem Radio-Sinfonieorchester Stuttgart, denn im April 1977 endete seine ständige Gasttätigkeit beim Süddeutschen Rundfunk, zum großen Bedauern des Publikums und der Musiker, die noch heute in Begeisterung geraten, wenn sein Name genannt wird. Zu den Gründen, die ihn zur Aufgabe seiner Stuttgarter Position veranlaßten, gehörte sicher nicht zuletzt der folgende: Celibidache wollte mit dem Orchester in Wien Bruckner aufführen, doch die Wiener wünschten eine Programmänderung, in die er verständlicherweise nicht einwilligte, sondern das Konzert absagte. Das wiederum wollte der Süddeutsche Rundfunk nicht und engagierte einen anderen Dirigenten anstelle Celibidaches – für diesen Grund genug, von seinen Verpflichtungen zurückzutreten. Es gab noch weitere Schwierigkeiten, die aber wohl nicht den Ausschlag gaben (s. a. den Bericht von Wolf-Eberhard von Lewinski in der »Süddeutschen Zeitung« vom 6.4.1977). An dieser Stelle möchte ich eine kleine Anekdote einschieben, die hier in München über Celibidache erzählt wird – vielleicht ist es gar keine Anekdote, sondern Wahrheit! –, und die sehr bezeichnend für seinen Witz und seine Schlagfertigkeit ist, auch für seine Ironie. Ganz zu Anfang seiner Münchener Tätigkeit habe ihn ein Musiker gefragt, wie er sich denn nun in München fühle im Vergleich zu Stuttgart. Und Celibidache habe geantwortet, ganz prächtig, er sei mehr als zufrieden. Kaum habe er sein Amt angetreten, da habe ihn auch schon der Ministerpräsident Franz Josef Strauß angerufen, ihn beglückwünscht und ihm seine Unterstützung zugesagt, falls es einmal Schwierigkeiten geben sollte. Und kurz danach sei der SPD-Vorsitzende erschienen und habe ihn daran erinnert, daß es in München auch noch eine SPD gebe, die ihm bei Problemen gerne zur Seite stehen würde. Was wolle er denn mehr? Er könne sich ja gar nichts Besseres wünschen! »Ja, und nun sehen Sie – was habe ich in Stuttgart gehabt?

135

Nicht mal einen Polizisten!« Echt Celibidache, dieser kleine, charmante Seitenhieb auf die schwäbische Metropole.

Von Dezember 1973 bis 1975 hatte Celibidache übrigens neben seinen Stuttgarter Verpflichtungen auch ein Engagement als Ständiger Gastdirigent des Orchestre National de l'ORTF in Paris übernommen. Und auch hier wieder: grenzenlose Begeisterung beim Publikum, viele enthusiastische Pressestimmen – man verglich ihn mit den größten Dirigenten, sah in ihm eine ideale Synthese von Toscanini und Furtwängler – sowie Bewunderung und Hochachtung seitens der Orchestermitglieder. Sie äußerten sich über ihn so ähnlich wie ihre Kollegen in fast allen Orchestern, mit denen Celibidache zusammengearbeitet hat, und bestätigten, sie hätten von ihm mehr gelernt und erfahren als von jedem anderen Dirigenten. Es gab ausführliche Berichte in Zeitungen und Zeitschriften über die Konzerte und Proben u.a. in »Le nouvel observateur«, Nr. 477 (1973). Ich selber habe in Frankreich einmal die Direktübertragung eines Celibidache-Konzertes im Radio verfolgen können. Am Schluß erklang Ravels »Daphnis et Chloé« – beide Suiten mit Chor und Orchester –, und ich werde nie den explosionsartig ausbrechenden Jubel vergessen, mit dem sich die herrlich spontan reagierenden Pariser für die fulminante Aufführung bedankten.

Nach Celibidaches Abschied von Stuttgart, der kein endgültiger war, da er das Radio-Sinfonieorchester auch in den folgenden Jahren bis 1982 noch des öfteren dirigierte, wobei er im Februar 1982 mit einem Beethovenprogramm in München und Regensburg gastierte, musizierte er bis zur Übernahme der Münchner Philharmoniker im Juni 1979 vor allem mit dem London Symphony Orchestra, dem NHK-Sinfonieorchester in Tokio und dem rheinland-pfälzischen Staatsorchester in Trier.

Wenn wir nun noch einmal auf die Jahre von 1955 bis einschließlich 1978 zurückblicken, so läßt sich zusammenfassend folgendes sagen: Während dieser ganzen Zeit wandelt sich langsam der Musizierstil Celibidaches. Die Tempi werden breiter, die Dynamik wird immer differenzierter und zugleich ausdrucksreicher, die komplexe Vielstimmigkeit durchsichtiger und durchhörbarer. Bei ganz bewußtem Verzicht auf äußeren Effekt tritt das Wesen der Musik stärker hervor. Innerlichkeit und meditative Reflexion eröffnen der Wiedergabe nicht selten überraschende Perspektiven. Das Tragische in der Musik erreicht neue Dimensionen; das Mystische in ihr gewinnt an Bedeutung. Der überragende Bruckner-Dirigent Celibidache tritt allmählich in den Vordergrund, vor allem während seines Stuttgarter Wirkens. Der Weg nach München scheint vorgezeichnet.

Drei

Allegro maestoso

Münchener Jahre

———————

Sergiu Celibidaches Rückkehr ins Zentrum der musikalischen Welt – nicht nur von Deutschland aus betrachtet, sondern tatsächlich weltweit – begann eigentlich schon bei seinen ersten Konzerten mit den Münchner Philharmonikern im Februar 1979. Er hatte nach Entbindung aus seinen Stuttgarter Verpflichtungen mit größtem Erfolg als Gast in London, Paris und Tokio dirigiert, war aber trotzdem an der ständigen Zusammenarbeit mit einem Orchester seiner Wahl nicht desinteressiert. Im Alter von siebenundsechzig Jahren fühlte er sich jung und vital genug, um eine neue große Aufgabe zu übernehmen. Sein Wunsch nach Bindung an ein bestimmtes Orchester, das er dann nach seinen Vorstellungen würde formen können, korrespondierte erfreulicherweise mit dem Bestreben der Münchner Philharmoniker, für ihren am 13.5.1976 verstorbenen Chefdirigenten Rudolf Kempe einen geeigneten Nachfolger zu finden. Es sollte ein bedeutender Künstler sein, ein Mann von Weltrang nach Möglichkeit.

Die Suche nach diesem neuen Chefdirigenten erwies sich als äußerst schwierig und problematisch für das verwaiste Orchester, das um jene Zeit keineswegs zu den Spitzenorchestern gehörte. Die Zahl der Dirigenten von Weltrang ist eng begrenzt, wenn man denn schon so hoch greifen und so große Ansprüche stellen will. Es gibt mehr vakante Positionen in diesem Bereich, als

Künstler vorhanden sind, um sie zu besetzen. Immerhin trat man mit Claudio Abbado in Verbindung, mit Rafael Frühbeck de Burgos, Carlos Kleiber, Wolfgang Sawallisch und Georg Solti. Doch zu einer Zusage mochte sich keiner von ihnen entschließen, so unterschiedlich die Gründe auch waren.

Der Münchener Kulturreferent Jürgen Kolbe war unermüdlich und ideenreich um eine Lösung des immer dringender werdenden Problems bemüht – bis zum Herbst 1978 ohne greifbares Ergebnis oder auch nur begründete Hoffnung.

Da trat Sergiu Celibidache in Erscheinung – wieder einmal zur rechten Zeit, genau wie damals in Berlin und später noch so oft. Die Kontakte zu ihm vermittelte angeblich ein Stuttgarter Rechtsanwalt. Celibidache schien zunächst eher abgeneigt, signalisierte dann aber Interesse und kam Ende 1978 nach München, um incognito ein Konzert der Münchner Philharmoniker anzuhören. Offensichtlich war er von der Leistung des Orchesters beeindruckt und hatte außerdem zufällig terminlich keine Schwierigkeiten – man mußte in London die Proben für sein geplantes Konzert mit dem London Symphony Orchestra aus finanziellen Gründen absagen –, so daß der Vereinbarung über eine erste Konzertserie im Februar 1979 nichts mehr im Wege stand. Die ganze Vorgeschichte hat übrigens Herbert Riehl-Heyse in der Süddeutschen Zeitung vom 21.6.1979 ausführlich, wenn auch mit ätzender Ironie und in saloppem Tonfall, abgehandelt, wobei er es mit den Fakten nicht immer allzu genau nahm. So heißt es etwa, Celibidache sei im Streit vom Radio-Sinfonieorchester Stuttgart geschieden, was keineswegs der Fall war und schon durch seine späteren Konzerte mit diesem Orchester widerlegt wird.

Celibidaches erste Konzerte mit den Münchner Philharmonikern fanden vom 14. bis 17. Februar 1979 statt, das letzte als Sonderkonzert. Auf dem Programm standen die Ouvertüre zur »Zauberflöte« von Mozart, »Tod und Verklärung« von Richard Strauss sowie das Konzert für Orchester von Béla Bartók. Die Karten für alle Veranstaltungen waren in kurzer Zeit ausverkauft, und an jedem Abend warteten vor dem Herkulessaal der Residenz zahlreiche Musikfreunde auf zurückgegebene Eintrittsbilletts. Schon seit mehr als einer Woche hatte man von Celibidaches intensiver und unerbittlicher Probenarbeit gehört und gelesen. Auch sollte es bereits am dritten Tag zu einer heftigen Auseinandersetzung zwischen Dirigent und Orchester gekommen sein – wegen einer bestimmten Stelle in »Tod und Verklärung« –, die aber schnell beigelegt werden konnte. (Harald Eggebrecht hat in seinem Essay »Nur der Freie kann Musik machen« – enthalten in dem 1992 erschienenen Bildband »Sergiu Celibidache« – eine packende Schilderung und Kommentierung dieses ersten Zusammenpralls zwischen Celibidache und dem Orchester vorgelegt.) Am Schluß waren sich alle einig, und ganz Musik-München wartete gespannt auf die Konzerte. Der Erfolg für Celibidache und die ihm bedingungslos folgenden Musiker übertraf alle Erwartungen und wurde zur Sensation des Münchener Konzertlebens in der laufenden Saison: die Presse überschlug sich förmlich in einmütiger Anerkennung der außerordentlichen Leistung des Gastes. Ich zitiere hier aus der Rezension von Karl Heinz Ruppel in der »Süddeutschen Zeitung« vom 16.2.1979:

»...Der Beifall des Publikums nahm ekstatische Dimensionen an, als die Philharmoniker Bartóks Konzert für Orchester (1944) beendet hatten. Es waren nicht die Virtuosität, die ... dieses Stück zum Hauptwerk des Programms machten, sondern der Geist, in dem es gespielt wurde ... Die Artikulation der Charaktere aller Instrumente, des Holzes, des Blechs, der Streicher, deren Differenzierung im Bereich des Pianissimo in der Tat bei keinem anderen Dirigenten so vielfältig ist wie bei Celibidache, die von Energie strotzenden Tempi, die gleichwohl, ob langsam oder rasch, der Elastizität nie ermangeln, sind phänomenal, die gesamte Klangarchitektur ist in ihrer Statik unumstößlich. Weit entfernt von jeglichem Temperamentszirkus, sind die manchmal exzessiv tänzerischen Bewegungen des Dirigenten ungeheuer suggestiv; sie sind niemals Pultchoreographie, sondern immer Befehlsübermittlungen an das Orchester, das mit höchster Präzision auf sie reagiert – und mit einer Spontaneität, als wäre es nicht in zehn (sic!) Proben unerbittlich auf den Willen des Maestro eingeschliffen worden. Wie gesagt: Ein schwieriger, aber ein außerordentlicher Mann. Ein ganz außerordentlicher Mann, dieser Rumäne.«

Und im »Münchner Merkur« vom 16.2.1979 schrieb Hans Göhl u.a.: »...Jetzt kam Sergiu Celibidache ... zu einem Gastspiel und vollbrachte ein wahres Wunder: in neun (sic!) vierstündigen Probensitzungen machte er aus den Philharmonikern ein Orchester allererersten Ranges, sehr wohl vergleichbar mit den besten Orchestern der Welt. Bei den Proben ... spielte Drill offenbar keine Rolle. Denn mit bloßem Drill kann nur bloße Perfektion erreicht werden, aber nicht musikalische Einsicht. Eben die hat Celibidache den Philharmonikern vermittelt. Aus Celibidaches künstlerischer Überzeugungskraft also kam jener fantastische

Elan, jene Hochstimmung, mit denen die Philharmoniker am Werk waren. Vollendete Partnerschaft fand statt: alle waren eines Willens, allen ging es um das große Gelingen. Und so kamen Herrlichkeiten zustande ... Etwa zehn Minuten dauernde Ovationen nach dem ersten, turbulenter Beifall nach dem zweiten Teil des Konzertes. Die Philharmoniker haben solche Stürme der Begeisterung wohl noch nie erlebt. Sie verdanken sie ihrem außerordentlichen Können, das von Celibidache entfaltet wurde. Er muß wiederkommen, darf das Orchester nicht im Stich lassen. Die künstlerische Pflicht verlangt es.«

Ich selber hörte das Sonderkonzert vom 17.2. Man kann wohl sagen, daß Celibidaches Debut bei den Münchner Philharmonikern kaum weniger aufregend verlief als sein erstes Konzert mit den Berliner Philharmonikern vierunddreißig Jahre vorher. Ich fand ihn vital, energiegeladen und temperamentvoll wie in jungen Jahren. Auch wirkte er gesünder und elastischer als bei seinem letzten Münchener Konzert mit dem Radio-Sinfonieorchester Stuttgart im März 1976. Seine Orchesterbeherrschung war phänomenal. Die Münchner Philharmoniker spielten ohne Übertreibung wie ein Weltklasseorchester, da er sie bis an den Rand des ihnen Möglichen führte. Die unerhörte Steigerung in »Tod und Verklärung« – so bisher noch nie erlebt – wird mir immer im Gedächtnis bleiben. Bei der fulminanten Wiedergabe von Bartóks Konzert für Orchester dachte ich an Celibidaches letztes Auftreten mit den Berliner Philharmonikern am 29.11.1954 im Konzertsaal der Hochschule für Musik in Berlin, als er das gleiche Werk dirigierte – damals genauso faszinierend und brillant wie diesmal in München, wo der Ältere allerdings noch bewußter und zwingender die Widersprüche und den geheimen Schmerz der Partitur herausarbeitete. Mir erscheint es geradezu symbolisch, daß er in seinem ersten Konzert mit den Münchner Philharmonikern im Februar 1979 eben das Werk aufs Programm setzte, mit dem er sich im November 1954 von den Berliner Philharmonikern für fast 38 Jahre verabschiedet hatte, auch damals mit endlosen Ovationen bedankt. Ob er daran gedacht hat? Ob es Absicht war? Oder doch nur Zufall? Aber was heißt schon Zufall! Wenn es dergleichen überhaupt gibt, wenn sich also die Ereignisse ohne innere Gesetzmäßigkeit und zusammenhanglos vollziehen, dann war es doch ein sehr bezeichnender, sehr »sprechender« Zufall gewesen, der da die Hand im Spiel gehabt hatte.

Im Künstlerzimmer begegnete ich einem glücklichen, strahlenden Celibidache, der mit den zahlreichen Besuchern, die ihn umdrängten, lebhaft sprach und scherzte. Und als ich ihn fragte, ob er wiederkommen würde, sagte er: »Ich glaube schon, im Juni.«

Und er kam wieder. Bis dahin aber sollte noch einiges geschehen. Zunächst einmal trat bei den Münchner Philharmonikern nach der Hochstimmung der Celibidache-Konzerte wieder der Philharmoniker-Alltag ein, wie in allen Zeitungen zu lesen war. Die Dirigenten, die nach Celibidache das Orchester leiteten, hatten es ausnahmslos schwer, auch andere prominente Dirigenten bei ihren Gastkonzerten. Es war unvermeidbar nach dem soeben Erlebten, daß sie an dem rumänischen Maestro gemessen wurden, was ihnen verständlicherweise nicht immer bekam. Selbst auf ausgesprochene Publikumslieblinge fiel sein mächtiger Schatten. So schrieb etwa Karl Heinz Ruppel in der »Süddeutschen Zeitung« nach einem Konzert unter der Leitung von Rafael Frühbeck de Burgos, während der ersten Takte habe man bei geschlossenen Augen meinen können, Celibidache stünde am Pult. Dann aber sei es auch schon aus gewesen mit der Erinnerung an den großen Rumänen. Und der Spanier bekam wenig Freundliches zu hören. Auch Antal Dorati, der berühmte ungarische Dirigent, mußte es sich gefallen lassen, bei seinem Münchener Gastspiel 1979 mit Celibidache verglichen und äußerst kritisch beurteilt zu werden, insbesondere was seine Interpretationen des Konzerts für Orchester von Bartók betraf, dessen Schüler er einst gewesen war. Wenn man von ihm eine kompetente und überzeugende Wiedergabe erwartet hatte, sah man sich nun enttäuscht im Gedanken an die großartige Realisierung der Partitur durch Celibidache. Und noch ein Vorfall, der Seltenheitswert hat, verdient in diesem Zusammenhang Erwähnung: Giuseppe Sinopoli, damals noch ein Neuling unter den namhaften Dirigenten, sollte ein Konzert der Münchner Philharmoniker leiten. Die Orchestermusiker, in ihrem Selbstwertgefühl durch die Zusammenarbeit mit Celibidache gestärkt, verweigerten dem Italiener einfach die Gefolgschaft, als dieser ihnen bei der neunten Sinfonie von Bruckner seine etwas eigenwilligen Interpretations- und Tempovorstellungen vermitteln wollte. Sinopoli konnte sich nicht durchsetzen und wurde vom Orchester abgelehnt; er mußte abreisen. Inzwischen nahmen die Verhandlungen des Kulturreferenten Kolbe mit Celibidache und dem Orchester ihren Verlauf. Die Musiker sprachen sich mehrheitlich für den Maestro aus – wie sollten sie auch nicht, nachdem sie unter ihm ihren größten Triumph erzielt hatten? –, trotz mancher Bedenken und noch vorhandener »Berührungsängste« bei einigen von ihnen. Celibidache selber, der ursprünglich nicht an eine feste Bindung gedacht hatte, war nun diesem Gedanken nicht mehr abgeneigt, sofern seine Bedingungen erfüllt würden. Er verlangte u.a. die Bewilligung von zwanzig neuen Stellen für das Orchester, eine Anhebung der Gehälter seiner Musiker auf das Niveau der für die Mitglieder des Bayerischen Rundfunksinfonieorchesters üblichen Vergütungen, für sich selber die Leitung aller Auslandstourneen, ein Mitspracherecht bei der Programmgestaltung sowie bei der Verpflichtung von Gastdirigenten und Solisten und schließlich die Einrichtung eines jährlichen Dirigentenkurses unter Mitwirkung der Münchner Philharmoniker. Bei einem Gespräch zwischen dem damaligen Oberbürgermeister Erich Kiesl, Celibidache und Kolbe am 14.6.1979 im Münchener Rathaus wurden dann die letzten Unklarheiten ausgeräumt und dem Dirigenten praktisch alles zugestanden, was er gefordert hatte:

Celibidache wird sein Amt offiziell erst mit Beginn der Konzertsaison 1980/81 antreten, da er noch anderweitige Verpflichtungen zu erfüllen hat, dirigiert aber bereits 1979/80 drei verschiedene Programme sowie Sonderkonzerte. Die neben ihm um jene Zeit bei den Philharmonikern am meisten beschäftigten Dirigenten Riccardo Chailly und Yoav Talmi – beide einmal als Nachfolger Kempes im Gespräch – können vorerst den mit ihnen getroffenen Vereinbarungen nachkommen. Am 19.6. beruft der Kulturausschuß der Stadt München einstimmig den Maestro zum »Generalmusikdirektor der Landeshauptstadt« und damit zum Chefdirigenten der Münchner Philharmoniker. Nachdem der Stadtrat am gleichen Tage zugestimmt hat, wird Celibidache auf einer Pressekonferenz der Öffentlichkeit in seiner neuen Eigenschaft vorgestellt, und zwar vom Oberbürgermeister persönlich. Einen Vertrag gibt es nicht, denn Celibidache unterschreibt zu dieser Zeit noch keine Verträge. Die Vereinbarung beruht »auf der Basis gegenseitigen Vertrauens«, wie es heißt. Am anderen Tag steht es in großer Aufmachung in allen Zeitungen. Und damit ist Celibidache nach Hans Winderstein, Herman Zumpe, Ferdinand Löwe, Felix von Weingartner, Lennart Schnéevoigt, Hans Pfitzner, Siegmund von Hausegger, Oswald Kabasta, Hans Rosbaud, Fritz Rieger und Rudolf Kempe der zwölfte Chefdirigent der Münchner Philharmoniker. Er verspricht, das Orchester zu einem »Weltorchester« zu formen und meint, München müsse eine »Weltstadt der Musik« werden. Diese emotionalen Äußerungen, verständlich nur aus der Euphorie der Stunde, nimmt man ihm übel – besonders die »Weltstadt der Musik«. Als ob München das nicht auch ohne ihn schon längst wäre! Da hatte er also gleich am Tage seiner Ernennung den Lokalpatrioten und Kennern der »Szene« einen kräftigen Tritt versetzt, vermutlich ganz ohne Absicht.

Die aufsehenerregende Berufung Celibidaches wurde umrahmt von seiner zweiten Konzertreihe mit den Münchner Philharmonikern. Vom 18.6. bis 22.6 dirigierte er an fünf Tagen hintereinander folgendes Programm: die dritte Sinfonie von Brahms, »Iberia« von Debussy und »La Valse« von Ravel. Alle fünf Veranstaltungen waren ausverkauft und wurden zu einem enormen Publikumserfolg. Die Münchener umjubelten ihren neuen Generalmusikdirektor. Auf die äußerst differenzierte und sensible Wiedergabe der Brahms-Sinfonie – bewegend in ihrer verhaltenen Melancholie, in ihrem inneren Widerspruch zwischen Aufschwung und Entsagung – folgten die beiden impressionistischen Werke, die seit Jahrzehnten zu den Glanzleistungen Celibidaches gehören, wobei »La Valse« den rasanten Abschluß des Konzertes bildete.

Indessen wurde die allgemeine Hochstimmung gedämpft und nachhaltig beeinträchtigt durch jenen Rezensenten, der sich in besonderem Maße berufen fühlte, als kompetenter Streiter für die Musik gegen Celibidache zu Felde zu ziehen – der also vier Jahre vorher in seinem »Lehrstück von und über Celibidache« einen rigorosen und keineswegs sachlich überzeugenden Angriff gegen den Maestro inszeniert hatte, der seinem Rang als Musikkritiker nicht entsprach. Diesmal nun hatte er in einer zweifellos von Verantwortungsbewußtsein diktierten Kritik unter dem Titel »Celibidaches Glanz und Grenzen« in der »Süddeutschen Zeitung« vom 20.6.1979 seine Einwände von damals erneut vorgebracht, freilich weniger emotional und mehr auf die Sache selbst bezogen als 1975. Und doch liefen sie auf das Gleiche hinaus: auf die nicht expressis verbis formulierte Behauptung, Celibidache könne keinen Brahms dirigieren – später wird das auch auf Beethoven, Bruckner, Mozart u.a. ausgedehnt –, er sei dem hohen Anspruch der klassischen und romantischen Musik nicht gewachsen. In der Tat – dies war die Quintessenz der berühmten Rezension; der aufmerksame Leser mußte es so verstehen. Und auch an dem »Glanz« wurde so viel herumgekratzt, bis kaum noch etwas davon übrig blieb. »Celibidaches Fähigkeiten und Grenzen« wäre der richtigere und sachlichere Titel gewesen, wobei das Schwergewicht eindeutig auf den

Grenzen lag und die Fähigkeiten als mehr oder weniger bekannt vorausgesetzt wurden. Am Schluß die vage Hoffnung, es könne vielleicht doch noch zu einer »allseits produktiven Ehe kommen«, wenn ...

Man spürt bei der Lektüre, wie schwer es sich der Kritiker mit der Formulierung seiner Bedenken gemacht hat, wie sorgfältig er abzuwägen versuchte, und daß ihm ursprünglich keineswegs daran lag, voreilig Porzellan zu zerschlagen. Und doch hat er gerade dies beinahe erreicht. Joachim Kaiser kannte den Maestro seit langem und mußte wissen, wie dieser auf seine Vorhaltungen reagieren würde. Er mußte vor allem wissen, wie empfindlich er Celibidache durch seine bohrenden Zweifel an dessen spektakulärer Berufung zum Chef der Münchner Philharmoniker treffen würde, mit seiner absurden Behauptung, der Rumäne habe keinen Sinn für große sinfonische Zusammenhänge; er würde vielleicht aus den Philharmonikern Deutschlands führendes Ravel-Orchester machen, aber das Wesentliche in der Musik der Klassiker und Romantiker wohl immer verfehlen, da er ihre Werke in lauter schöne Einzelheiten zerlegen, in »punktuell kammermusikalisch erlauchte Gespinste« verwandeln würde. Und dann mußte er ihm – ausgerechnet Celibidache! – auch noch Hans Knappertsbusch und Leonard Bernstein, sozusagen stellvertretend für alle anderen, als leuchtende Vorbilder vor Augen führen! Nein, es waren eben doch nicht nur ernste Verantwortung und Sorge, die ihn zu dieser Kritik veranlaßten, sondern auch die deutlich spürbare Absicht, dem Ungeliebten noch einmal einen schweren Schlag zu versetzen, der ihm den Münchener Anfang gründlich verderben sollte. Dies ist gar nicht zu überhören, und ich halte Joachim Kaiser für

151

ehrlich und selbstkritisch genug, um das auch einzugestehen. Er hatte (und hat noch) erhebliche Bedenken gegen Celibidaches Berufung und hätte viel lieber einen anderen an seiner Stelle gesehen – und nicht nur aus sachlichen Gründen.

Celibidache war gekränkt und empört über den Frontalangriff des prominenten Journalisten, den er zu dieser Zeit wohl nicht erwartet hatte, obwohl ihm gewiß nicht nur die »Hymne auf Celibidache«, sondern auch das »Lehrstück« nur zu gut bekannt waren. Als besonders verletzend mußte er es empfinden, daß gerade dieser Mann – der ja nicht »irgendein« Kritiker war, sondern einer der bekanntesten und fähigsten unter seinesgleichen – ihm die Kompetenz für die Interpretation der großen klassischen und romantischen Musik bestreiten und ihn zum bloßen Spezialisten, etwa für französische Impressionisten, abstempeln wollte. Nie hatte er daran gedacht, auch nicht eine Sekunde lang, aus den Münchner Philharmonikern ein führendes Ravel-Orchester zu machen! Für ihn, einen Wissenden in Sachen Musik, ist Spezialistentum durchaus nicht erstrebenswert, wie er schon vor Antritt seines Münchener Amtes in einem vierunddreißigjährigen Dirigentenleben immer wieder bewiesen hatte. Und nun wollte man ihn zurechtweisen und auf beckmesserische Art auch noch an dem großmütig zugestandenen »Glanz« herummäkeln? Er reagierte auf eine Weise, auf die vielleicht so nur Celibidache reagieren kann – durch einen fürchterlichen Zornesausbruch, überbordende Emotionalität und einen gewaltigen Rundumschlag, der vor niemandem und nichts haltzumachen schien. Seinen Ausdruck fand das alles in dem berüchtigten AZ-Interview vom 23./24.6.1979. Dabei hatte der Interviewer Helmut Lesch Celibidaches Attakken gegen Kaiser erst gar nicht veröffentlicht. Das sprach sich schließlich aber doch herum, und der »Spiegel« (Nr. 28/1979) holte das Versäumte wenigstens auszugsweise nach. Da konnte man denn lesen, Celibidache habe u.a. gesagt: »Er spricht von meinen Grenzen, das setzt doch voraus, daß er seine kennt.« Allerdings – aber wer kennt schon seine Grenzen und hat vor allem den Mut, sich zu ihnen zu bekennen?

Doch zurück zu dem skandalträchtigen AZ-Interview. »Karajan – der ist wie Coca-Cola.« So stand es groß und fettgedruckt, mit Anführungsstrichen als Zitat von Celibidache gekennzeichnet, über der fatalen Seite der »Abendzeitung«. Und dieser Satz ging um die Welt, erregte vielstimmige Entrüstung und auch geheime Schadenfreude bei den Karajan-Gegnern. Celibidache selber hat diesen Ausspruch immer entschieden bestritten. Wenn man den Text des Interviews liest, muß man ihm recht geben, denn gesagt hat er etwas ganz anderes – obwohl er das Interview offensichtlich im Zorn gegeben hat, – nämlich: »Und Karajan? Ich weiß, er begeistert die Massen. Coca-Cola auch.« Das aber heißt im Klartext: Die Massen lassen sich von sehr vielem und auch sehr Unterschiedlichem begeistern. Und darum ist die Begeisterung der Massen kein Wertmaßstab und für ihn, Celibidache, irrelevant. Er hätte statt Coca-Cola genauso gut etwas anderes als Vergleich heranziehen können – Boxen, Fußball, Zirkusvorstellungen –, um die Begeisterung der Massen und damit auch die auslösenden Faktoren zu relativieren, denn darauf kam es ihm an. Die Gleichsetzung »Karajan ist wie Coca-Cola« stammt also wirklich nicht von ihm, sondern von einem Redaktionsmitglied der »Abendzeitung«. Und letztlich trägt der Betreffende die Verantwortung für die ganze Aufregung um ein falsch wiedergegebenes und vielleicht auch falsch verstandenes Zitat, das noch nach zehn Jahren durch die Presse geisterte – siehe das »Streiflicht« der »Süddeutschen Zeitung« vom 3.11.1989. Völlig unverständlich ist die grenzenlose Nachlässigkeit der Zeitungsleute, Leser und Betroffenen, von denen sich offenbar niemand der Mühe unterzog, den Interviewtext genau zu lesen. Sonst hätte man sich schneller beruhigt und die Dinge wieder ins rechte Lot gerückt. Auch Celibidaches Äußerungen über Karl Böhm im gleichen Interview waren keineswegs so ungeheuerlich, wie die Reaktionen darauf vermuten ließen. Was er gesagt hat, war zwar mit der von ihm gewohnten Direktheit und Härte formuliert, enthielt aber keine persönliche Beleidigung für den damals fünfundachtzigjährigen Dirigenten, der gleichwohl daraufhin seine bisher so guten Beziehungen zu den Münchner Philharmonikern abbrach und das Orchester bis zu seinem Tode nicht mehr dirigierte. Übrigens ist Celibidache heute wohl doch etwas vorsichtiger und zurückhaltender in seinen Äußerungen als noch vor zehn oder fünfzehn Jahren, wozu vielleicht auch seine schlechten Erfahrungen mit der »Abendzeitung« beigetragen haben.

Nun hat es zu allen Zeiten bedeutende Künstler, Gelehrte und Repräsentanten anderer Berufe gegeben, die mit fanatischem Eifer gegen angesehene Vertreter ihrer eigenen Zunft zu Felde gezogen sind. Ich erinnere nur an Arthur Schopenhauer, dessen bissige und mit Verbalinjurien durchsetzte Bemerkungen über Hegel noch heute ihre Wirkung auf den Leser nicht verfehlen. Doch bleiben wir bei den Dirigenten. Arturo Toscanini war berühmt für seine boshafte Zunge, vor der keiner seiner weltweit anerkannten Kollegen sicher sein konnte. Yehudi Menuhin berichtet in der »Unvollendeten Reise« – im Rückblick noch voller Entsetzen –, wie Toscanini bei einem gemeinsamen Essen nach einem Konzert in Mailand coram publico ohne Ausnahme alle Konkurrenten »buchstäblich in der Luft zerrissen habe«, auch Bruno Walter, dem Menuhin besonders zugetan war und den der Maestro wegwerfend als »sentimentalen Narren« bezeichnete. Otto Klemperer war nicht weniger grimmig bei der gnadenlosen Verurteilung seiner Berufsgenossen; auch er nahm da kein Blatt vor den Mund. Und selbst Karl Böhm, der auf Celibidaches Angriffe so empfindlich reagierte, war seinerseits nicht zimperlich, wenn es darum ging, seine Meinung über Kollegen zu äußern – Carlos Kleiber etwa bekam es deutlich zu spüren. Diese wenigen Beispiele mögen genügen, um ein altbekanntes und in der Geschichte immer wiederkehrendes Faktum zu illustrieren: die Abgrenzung des Ichs gegenüber dem oder den andern, vor allem Andersdenkenden. Sie werden negiert.

Ich will hier Celibidaches oft wirklich provozierende Äußerungen nicht verharmlosen; sie sind ein unbequemes und gleichzeitig irritierendes Faktum für die Öffentlichkeit, die damit fertigwerden muß. Auch seine Freunde müssen das. Ich denke manchmal, es wäre besser, wenn er nur dirigieren würde, denn wer die Botschaft seines Musizierens nicht versteht, wird seine Worte erst recht nicht verstehen. Andererseits begreife ich sehr wohl, daß ein Mensch wie er sich auch verbal artikulieren muß, daß er aussprechen muß, was ihn bewegt, was er denkt und empfindet, einfach weil er sich dazu gedrängt fühlt, weil es zu seiner künstlerischen Mission gehört. Witz und Eleganz der Formulierungen stehen ihm reichlich zu Gebote, und er bedient sich ihrer – nicht selten beflügelt vom Zorn über die Verständnislosigkeit und Ignoranz, auf die er stößt – mit der traumhaften Sicherheit des geistigen Fechtkünstlers. Selbstverständlich kommt diese Fähigkeit auch seiner Probenarbeit und dem Unterricht zugute, denn was wäre ein Pädagoge ohne die Waffe des Wortes? Ein schweigender Celibidache, sieht man vom Konzert oder der Meditation ab – eine schier unmögliche Vorstellung! [Geben wir es nur zu – es würde uns etwas fehlen!]

Woran aber liegt es, daß man bei anderen bedeutenden Künstlern deren aggressiven Ausfällen gegen ihre Umwelt nur wenig Beachtung schenkt oder ihnen doch mit wohlwollender Nachsicht begegnet, während man bei Celibidache in helle Empörung gerät und jede seiner Äußerungen mit gereizten oder hysterischen Kommentaren begleitet? Warum erregt dieser Mann im Gegensatz zu den andern, die man in dieser Hinsicht eben nicht ernst nimmt, so viel wütenden Widerspruch? Vielleicht deshalb, weil man ihn ernst nehmen *muß*, weil man fühlt oder sogar weiß, daß er nur zu oft – viel zu oft für empfindsame Gemüter – genau ins Schwarze trifft? Weil er den Nerv unseres modernen Musikbetriebs bloßlegt und dadurch den Blick freimacht für Auswüchse und Fehlsteuerungen, für Nichtbeachtung oder mangelndes Verständnis der tieferen Gesetzmäßigkeiten der Musik? Und weil er infolgedessen auch mit seiner Kollegenkritik häufig gar nicht so unrecht hat? Ist es nicht das? Ärgernis erregt nur, wer die ungeliebte Wahrheit sagt, wer also das ausspricht, was mehr oder weniger deutlich allen bewußt oder doch in ihrem Unterbewußtsein verborgen ist. Es muß nur geweckt werden in ihnen, muß ihnen in voller Bedeutung und mit allen sich daraus ergebenden Konsequenzen gegenwärtig werden. Celibidache will schockieren; er will aufrütteln und verunsichern, die Menschen zum Nachdenken zwingen, zum Umdenken, will sie herausreißen aus ihrer Gleichgültigkeit und Gedankenlosigkeit, und dazu dient ihm auch das Mittel bewußter Provokation. Er löste damit nach dem AZ-Interview ein turbulentes Durcheinander aus, einen unglaublichen Wirrwarr, in dem man sich kaum mehr zurechtfinden konnte und die Tatsachen hoffnungslos untergingen. Einige Zeitungen führten einen regelrechten Feldzug gegen Celibidache, wobei es Verbalinjurien hagelte, die in nichts hinter dem zurückstanden, was er selber gelegentlich so äußert. Und all das vollzog sich auf einem beschämend niedrigen Niveau. Natürlich wäre es besser gewesen, Celibidache hätte überhaupt nicht reagiert, sondern ausschließlich die Musik sprechen lassen, ohnehin sein stärkstes Argument, mit dem er an großen Abenden seinen Gegnern mühelos die Waffen aus der Hand schlagen kann. Das hatte er auf den Oktober verschoben, als er dann Bruckners achte Sinfonie dirigierte. Vorerst mußte er seinen fürchterlichen Zorn loswerden, und das tat er, seinem Temperament entsprechend, auf eine Weise, die man erst dann richtiger sehen und beurteilen lernt, wenn man sie unter dem Aspekt der Gesamtpersönlichkeit zu verstehen sucht.

Übrigens gab es auch damals schon den seltenen Fall einer Kritik der Kritik. Der »Bayernkurier« veröffentlichte am 7.7.1979 eine Besprechung des zweiten Celibi-

dache-Konzertes, die sich ausführlich mit den Einwänden Joachim Kaisers befaßt, ohne dessen Schlußfolgerungen als zwingend anzusehen. Hier ein Ausschnitt:
»...Wenn Celibidache, statt zu übertreiben, Dynamik und Tempi zurücknimmt und dafür eine nie gehörte Präsenz und Transparenz gewinnt – samtene Streicher wie aus einem Guß, weiches Holz, gebändigtes Blech, dezentes Schlagwerk – und ein Geflecht feinster melodischer Linien, dann kann man darüber streiten, ob dieser andere, kontemplative Brahms noch Brahms ist...«
In der Tat, man kann es, doch wäre es besser gewesen, die überhitzten Gemüter hätten sich ein wenig zur Ordnung gerufen. Die Münchner Philharmoniker beobachteten mit Sorge den Aufruhr, der da durch Celibidache und indirekt auch durch Joachim Kaiser entfacht worden war. Der Orchestervorstand wandte sich mit einer Erklärung an die Öffentlichkeit, die im »Münchner Merkur« vom 18.7.1979 auszugsweise veröffentlicht wurde und aus der ich hier zitiere:
»...In einer vielfältig intensiven Arbeit erfuhren viele Musiker die eigenen schöpferischen Fähigkeiten oft überraschend und beglückend. Wir sprachen über scheinbar bekannte Musik, als wäre sie erst heute entstanden ... Sergiu Celibidache als Generalmusikdirektor der Münchner Philharmoniker war und ist ein Wagnis, für das wir an dieser Stelle öffentlich danken möchten! ... Wir bitten alle für uns Verantwortlichen und an uns Interessierten, weiterhin mit gebotener Gelassenheit eine Entwicklung zu fördern, die unserer Stadt München neuen Glanz auf musikalischem Gebiet verleihen wird. Darüber hinaus möchten wir unserem gesamten Publikum danken, das uns in den zurückliegenden, schwieri-

gen Jahren seit Rudolf Kempes Tod und auch jetzt un-
eingeschränkt die Treue gehalten hat.«

Dieser Appell war nicht vergebens, denn die Verantwortlichen blieben gelassen, und die große Mehrheit des
Publikums hielt dem Orchester die Treue, wofür sie im
Oktober durch eine überwältigende Aufführung der
achten Sinfonie von Bruckner mehr als belohnt wurde.
Vorerst aber blieb alles offen und ungeklärt; man wartete
verstört und enttäuscht ab, wie sich die Dinge entwik-
keln würden. Celibidache selber hatte am Schluß des
brisanten Interviews gesagt, er wisse nicht, ob er in
München bleiben werde. Wie man erfuhr, reiste er tief
deprimiert nach Paris, seinem Hauptwohnsitz, und wer
ihn etwas näher kennt, mußte dieser Nachricht Glauben
schenken. Die Stimmung nach seiner Abreise war um-
wölkt und beklommen, doch nicht ohne Hoffnung. Und
als dann Lorin Maazel am 17.7.1979 im Steinernen Saal
des Nymphenburger Schlosses ein Konzert der Münchner Philharmoniker dirigierte – die Phantasieouvertüre
»Romeo und Julia« und die fünfte Sinfonie von Tschaikowsky –, da wurde trotz aller Bewunderung für den
Jüngeren der Ruf nach Celibidache laut. Man brauche
ihn unbedingt, er sei durch niemanden zu ersetzen.
Würde er zurückkommen?

Er kam zurück, und diesmal ließ er allein die Musik
sprechen. Am 15.10.1979 dirigierte er in einem Sonderkonzert in der Lukaskirche am Mariannenplatz in München die achte Sinfonie von Bruckner (Wiederholung am
19.10.), dirigierte sie auf eine Weise, die seinen singulären Rang als Brucknerdirigent unwidersprochen unter
Beweis stellte. Die Hörer waren ergriffen, und alle Unklarheiten und Zweifel schienen verflogen. An das Som-

mergewitter in der Isar-Metropole erinnerte nur noch die dem Programmheft beigefügte Rezension des Schweizer Kritikers Georg Albrecht Eckle in den »Neuen Zürcher Nachrichten« vom 29.9.1979 über ein Konzert Celibidaches mit dem Tonhalle-Orchester – eine »Hymne«, doch analytisch, sachkundig und genau, die schließlich in die Forderung mündete, wenn irgend möglich, Celibidache als Chef an das Tonhalle-Orchester zu binden. Es bedurfte nicht dieses Winks mit dem Zaunpfahl, um den Münchener Musikfreunden ins Gedächtnis zu rufen, daß man auch andernorts die überragende Persönlichkeit Celibidaches zu würdigen wußte und ihn nur zu gerne verpflichtet hätte. Man nahm es gelassen zur Kenntnis in der Gewißheit, der Mann dort oben vor dem Orchester würde in München bleiben, weil er an diesen seinen neuen Wirkungsort gehörte, an die Spitze der Münchner Philharmoniker, des traditionsreichen deutschen Bruckner-Orchesters.

Während der Aufführung boten sich interessante Vergleiche an. Die Unterschiede etwa zwischen Furtwängler und Celibidache in Auffassung und Anlage der Sinfonie sind beträchtlich, und nicht nur hinsichtlich der Tempi oder der Dynamik. Doch völlig ebenbürtig sind sie sich in der Intensität und Ausdrucksmacht ihres Musizierens, und darin besteht ihre innere Verwandtschaft. An Transparenz und Leuchtkraft des Orchesterklangs sowie an Genauigkeit in der Realisierung der Partitur übertrifft Celibidache freilich Furtwängler, auch in der weiträumigen Disposition der großen Steigerungen. Und noch an eine andere Interpretation mußte ich denken, die ich ungefähr drei Wochen vorher in München gehört hatte, als Hauptwerk eines Konzerts des Cleveland-Orchestra unter seinem damaligen Chef Lorin Maazel, der zu den wenigen Dirigenten gehört, die Bruckners achte Sinfonie noch mit einem anderen Werk koppeln, in diesem Fall mit dem Klarinettenkonzert von Mozart – eine mißliche Gegenüberstellung. Maazel, sportlich-elegant auch in seinem Musizieren, ein Virtuose des Taktstocks, war vom Wesenskern dieses Brucknerschen Mysteriums weit entfernt. Der zwiespältige Eindruck seiner Interpretation wurde durch Celibidaches grandiose Aufführung buchstäblich hinweggefegt.

Nach dem letzten Akkord tiefes Schweigen, denn Celibidache hatte um Unterlassung des Beifalls gebeten, wie er es in Kirchenräumen immer zu tun pflegt. Vor dem rückwärtigen Ausgang durch die Sakristei aber versammelten sich dann auf der Straße die Verehrer und begrüßten ihn jubelnd, als er langsam die Treppe herunterschritt.

An dieser Stelle sei nochmals auf Harald Eggebrechts Essay »Nur der Freie kann Musik machen« verwiesen. Der Autor geht kurz auf die Ereignisse im Vorfeld des Konzertes ein und schildert dann die fast unerträgliche atmosphärische Spannung, die während der Aufführung auf den Hörern und sicher auch auf Dirigent und Orchester lastete. Sie löste sich erst, als allen bewußt wurde, was sich ereignet hatte: die wahrhaft vollendete Wiedergabe von Bruckners größter und tiefsinnigster Schöpfung.

Die Presse war ausnahmslos noch überschwenglicher als nach dem ersten Konzert; kein einziges kritisches Wort, nur Bewunderung und Dankbarkeit. Ich möchte daher, um die Bedeutung dieser Aufführung zu unterstreichen, im folgenden Auszüge aus der Münchener Tagespresse wiedergeben.

161

Die »Süddeutsche Zeitung« brachte am 17.10. die ausführlichste und durchdachteste Rezension von Wolfgang Schreiber unter dem Titel »Bruckners Mysterium ausgeleuchtet«, in der es u.a. heißt: »...Die Aufführung selber muß in der vollkommenen Verschmelzung von Dirigent und Orchester beurteilt werden. Und da zeigte es sich, daß nur die präziseste Einstudierung der formalen Abläufe und Strukturdetails, wie sie Celibidache in unerbittlicher Probenarbeit gewährleistet, den äußeren und inneren Reichtum dieser Musik in die Realität setzen kann ... Es kann hier nicht der Ort sein zu beschreiben, wie phantastisch genau der Dirigent und sein Orchester neunzig Minuten lang alle Momente dieser Partitur ausleuchteten; wie organisch die Abläufe in der Dynamik, im rhythmischen Gefüge, in den Tempi zu einem Ganzen zusammenwuchsen; wie liebevoll jedes Thema, jede Phrase ausgeformt erschien ... Überhaupt erfüllt er (Celibidache) den Partiturtext durch bewußte Interpretation mit Leben: Durch sinnfällige und sparsam gesetzte Rubati, durch eine Phrasierung, die nach der geheimen inneren Richtung eines Themas, eines Motivs geforscht hat, durch Zäsurierung und, etwa an den Schlüssen von Kopfsatz und Adagio, deutliche Diminuendi ... Maazel brachte ... nicht die Ruhe auf, die Gestimmtheit auf das ›Mysterium‹ (als welches Bruckner seine Achte selber bezeichnete), nicht die Einfachheit gelassenen Empfindens und Atmens, vielleicht auch nicht die Geduld, mit der Celibidache etwa das Adagio monumental eine halbe Stunde lang ausmusizierte. Und das, wie gesagt, nicht aus vagem mystischen Pathos heraus, sondern als ausgehaltene musikalische Spannungskurve. So verbindet sich in dem Rumänen sozusagen die Tiefe deutschen, romantischen Philosophierens mit einem lateinischen Sinn für Formen und Proportionen, die ihn für Bruckner geradezu prädestinieren...«

Und im »Münchner Merkur« vom 17.10. schwärmte Hans Göhl: »...Celibidache hat mit der Aufführung der Achten von Bruckner ein wahres Wunderwerk vollbracht ... Celibidache wirkt auf eine geniale Art lehrerhaft, weil man von Takt zu Takt seinen Impuls spürt, Musik als Musiksprache zu vermitteln, und von Takt zu Takt seine Fähigkeit, aus Musiksprache den allergrößten Ausdruck zu gewinnen. Was haben die Bläser – solistisch und im Chor –, die Streicher geleistet! Wieviel haben sie gelernt! ... Mit Celibidaches Auftritt in der Lukaskirche schien Furtwängler wiederzukehren, dessen Berliner Philharmoniker er ja nach dem letzten Krieg leitete. Und wie der geheimnisvolle Furtwängler begriff Celibidache die ungeheuren Dimensionen von Bruckners Achter, in der es keinerlei Längen gab, sondern nur Herrlichkeiten, Spannung, Ausdruck, Differenzierung und Klangkunst allerhöchsten Grades...«

Zum Schluß noch eine Passage aus der Rezension von Anton Würz in der »Bayerischen Staatszeitung«, Nr. 42/1979: »...Was man nicht erwartet hatte und nun mit freudigem Staunen erleben durfte, war Celibidaches tief eindringendes geistiges Erfassen und Erkennen der Musik Bruckners, ihres expressiven Sprachsinns, ihrer visionären Entzückungen und Aufschwünge, ihrer weiträumigen Formen. Seinem Wissen, seiner Einfühlungsgabe und seiner keinen Augenblick ermattenden inneren Präsenz war es zu danken, daß jede Phase, ja jeder Takt des großen Werkes leuchtendes Leben gewann und keiner der drei [?] Hauptsätze trotz vielfach (angemessen!) breiter Tempi je an Aussagedichte und Spannung verlor. Mit der ernst zusammengefaßten Energie seines hohen künstlerischen Willens, ruhiger als sonst oft dirigierend und nur zuweilen mit ausgreifenden Armbewegungen feurige Impulse vermittelnd oder zur Steigerung der geforderten Intensität mahnend, meisterte er die Darstellung der Sinfonie in einer Form, die sich nur mit wenigen in der Vergangenheit erlebten Interpretationen vergleichen ließ.«

Dieser Pressespiegel gibt ein beredtes Zeugnis von dem ungeheuren Eindruck der ersten Bruckneraufführung Celibidaches in München, zugleich aber auch von der engen Verbundenheit zwischen Dirigent und Orchester. Die Münchner Philharmoniker zeigten bereits in ihrem dritten Konzert mit dem Maestro eine vorher kaum für möglich gehaltene Steigerung ihrer in den vorangegangenen Jahren so oft brachliegenden Fähigkeiten und Möglichkeiten. Als sie dann bei ihrem ersten Auslandsgastspiel mit Celibidache am 17.10.1979 in Bratislava ebenfalls die Achte von Bruckner aufführten und enthusiastisch gefeiert wurden, da erschien dieses festliche Ereignis wie ein großes Versprechen, an dessen Einlösung niemand mehr zweifelte. Die wirren Turbulenzen nach dem Juni-Konzert waren vergessen oder spielten im Gedächtnis der Hörer nur noch eine untergeordnete Rolle. Allein die Musik beherrschte die Szene. Und so war es auch nach Celibidaches vierter Arbeitsperiode mit den Münchner Philharmonikern. Auf dem Programm der Konzerte vom 16. bis 19.1.1980 standen die »Pastorale« von Beethoven, »Ma mère l'oye« von Ravel sowie »Ala und Lollij«, die sogenannte »Skythische Suite«, von Prokofjew. An vier ausverkauften Abenden hintereinander dirigierte Celibidache das abwechslungsreiche Programm vor einem begeisterten Publikum. In den Kritiken nicht nur Bewunderung des zweiten Konzertteils, sondern auch für die »Pastorale«. Nur Albrecht Roeseler machte in der »Süddeutschen Zeitung« vom 18.1.1980 kritische Anmerkungen zu der Beethoven-Interpretation und stellte sich damit gewissermaßen neben Joachim Kaiser, wie er denn auch in Zukunft seine Antipathie gegenüber Celibidache nicht verbergen konnte.

Einer gedeihlichen Zusammenarbeit zwischen Dirigent und Orchester schien nichts mehr im Wege zu stehen, auch wenn es weiterhin gelegentlich zu Krisen kommen sollte, die dann von der Presse begierig aufgegriffen und entsprechend kommentiert wurden. Ein erster Anlaß fand sich schon im Juli 1980, als die Programmvorschau der Münchner Philharmoniker für die Spielzeit 1980/81 bekanntgegeben wurde – es war die erste, die Celibidache als Orchesterchef zu verantworten hatte. Großes Befremden erregte die Liste der Gastdirigenten, die viele bis dahin unbekannte Namen verzeichnete – Bekannte oder Schüler Celibidaches –, während beliebte und vertraute Gäste fehlten, darunter auch Riccardo Chailly, ein junger, bereits international anerkannter italienischer Dirigent, der sich sogar einmal Hoffnung auf die Nachfolge Kempes machen konnte, da er von den Philharmonikern offenkundig geschätzt wurde. Es war jedoch vorauszusehen, daß Celibidache nicht alle bereits verpflichteten Dirigenten akzeptieren und seine eigenen Vorstellungen durchsetzen würde. Der Kulturreferent Jürgen Kolbe meinte dazu: »Jeder Partner der Philharmoniker hat gewußt, daß sich alles ändern kann, wenn wir einen Generalmusikdirektor haben«; so stand es in der

»Abendzeitung« vom 17.7.1980. Hatte auch Chailly das gewußt? Auf jeden Fall war er empört, daß seine mit den Münchner Philharmonikern vereinbarten Termine ausnahmslos annulliert wurden und er zu Lebzeiten Celibidaches das Orchester wohl nie mehr würde dirigieren können. Ob dies ein Verlust für das Münchener Musikleben ist, sei dahingestellt.

Auch der Orchesterdirektor Franz Xaver Ohnesorg fiel der Auseinandersetzung um Riccardo Chailly und wohl noch anderen internen Differenzen zum Opfer. Ohnesorg habe sehr für ihn bei Celibidache gekämpft, behauptete Chailly in dem bereits erwähnten Bericht der »Abendzeitung«. Der Kulturreferent seinerseits bestritt einen direkten Zusammenhang zwischen diesen Vorgängen und Ohnesorgs Demission. Der entlassene Orchesterdirektor wurde übrigens im Herbst des gleichen Jahres Direktor des Münchener Gasteigs, wo er allerdings auch nicht lange blieb. Ein Nachfolger für Ohnesorg war zunächst offenbar nicht vorgesehen. Vielmehr wurde ein »Fünferrat« einberufen, der alle Verwaltungsangelegenheiten regeln und die künstlerischen Entscheidungen mittragen sollte. Dieser »Fünferrat« bestand aus Celibidache selber, dem Kulturreferenten, dem ersten Konzertmeister Fritz Sonnleitner und zwei Orchestervorständen. Es liegt auf der Hand, daß diese Regelung in der Öffentlichkeit kritisiert wurde, da sie die ohnehin autoritäre Stellung Celibidaches noch zu untermauern schien.

Es sollte jedoch nicht unerwähnt bleiben, daß Franz Xaver Ohnesorg, der heute Direktor der Kölner Philharmonie ist, Celibidache bei seinen Gastkonzerten in der Domstadt anläßlich seines 80. Geburtstages einen sehr herzlichen Empfang bereitet hat. Ohnesorg gehört zu jenen Menschen, die nicht nachtragend sind. Bewunderung und Verehrung für Celibidache kommen ihm von Herzen.

Noch eine gravierende personelle Veränderung gab es, die im Zusammenhang mit der Berufung und den Plänen des neuen Philharmonikerchefs stand: Hans Rudolf Zöbeley, der achtzehn Jahre lang den Münchner Philharmonischen Chor geleitet hatte, legte dieses Amt zum 1.10.1980 nieder. Er ließ wissen, er wolle sich nun ganz der Arbeit mit seinem Münchner Motettenchor widmen, der bereits seit zwanzig Jahren bestand. Der eigentliche Anlaß für sein Ausscheiden aber war Celibidaches Absicht, die wichtigen Chor- und Orchesterkonzerte selber zu dirigieren und dem Chorleiter nur die vorbereitende Einstudierung der Chorpartien anzuvertrauen. Wie man weiß, arbeitet der Maestro, etwa beim »Deutschen Requiem« von Brahms, vor der gemeinsamen Probe mit dem Orchester selber intensiv mit Chor und Solisten. Es ist sicher ungewöhnlich, daß ein berühmter Dirigent so gründlich in die Detailarbeit einsteigt. Doch bei Celibidache verhält es sich nun einmal so. Zöbeley fand das für sich persönlich unbefriedigend und trennte sich daher in Freundschaft von dem Chor, der ihm ja auch ans Herz gewachsen war – und damit trennte er sich zugleich vom neuen Generalmusikdirektor, hier aber gewiß nicht in Freundschaft. Niemand könne es Zöbeley verübeln, meinte Albrecht Roeseler in der »Süddeutschen Zeitung«, wenn er nicht nur den Korrepetitor »für die Auftritte unseres berühmten Philharmoniker-Chefs« spielen wolle. Nun gut, das ist verständlich, und es hat ihm ja auch niemand verübelt. Doch andererseits – wer wollte es Celibidache verübeln, das »Deutsche Requiem« von Brahms und auch andere Chor- und Orchesterwerke, zu denen er eine besondere Beziehung hat, selber zu dirigieren? Auch das ist menschlich und künstlerisch verständlich, und schließlich ist er der Chef. Zöbeleys Nachfolger Josef Schmidhuber hatte das klar erkannt und sich auch danach gerichtet. Bis zu seinem frühen Tode im Juli 1990 arbeitete er mit Celibidache eng und freundschaftlich zusammen, weil er in ihm den großen Musiker sah, dem zu folgen er bereit war, seit er vom Bayerischen Rundfunk zu den Münchner Philharmonikern übergewechselt war. Übrigens hatte er bereits 1960 in Mailand mit dem Maestro die c-moll-Messe von Mozart aufgeführt. Auch besteht zwischen Joshard Daus, dem jetzigen Leiter des Philharmonischen Chors, und Celibidache ein herzliches Einvernehmen. Im Zusammenhang mit Zöbeley bleibt noch nachzutragen, daß der spanische Konzertmeister Garcia ebenfalls die Philharmoniker verließ, um dann in dem neugegründeten »Residenz-Orchester München« am ersten Pult zu sitzen. Dieses Orchester steht nun Zöbeley für seine Konzerte mit dem Münchner Motettenchor zur Verfügung.

Wie man sieht, hat Celibidaches Erscheinen in München einigen Wirbel ausgelöst und zu menschlich-allzumenschlichen Konflikten geführt, die nicht immer bereinigt werden konnten. Es gab Kränkungen, Mißverständnisse, Polarisierungen, die zu personellen Konsequenzen führen mußten. Wichtig aber war, daß die Aufbauarbeit des Orchesters kontinuierlich und ungestört weiterging. Celibidache hatte sein Versprechen wahrgemacht und die Münchner Philharmoniker in relativ kurzer Zeit zu einem Spitzenorchester nach seinen Vorstellungen geformt. Zumindest unter seiner Leitung brauchten sie schon bald keinen Vergleich mit anderen Elite-Orchestern zu scheuen.

Nun verlief die Zusammenarbeit zwischen Dirigent und Orchester aber doch nicht ungetrübt durch mancherlei Krisen. Im Juni 1981 kam es zu einer schwerwiegenden Verstimmung zwischen beiden, aus der im allzu gleißenden Licht der Öffentlichkeit eine Theater-Farce wurde. Ausgangspunkt war der Streit Celibidaches mit einem Hornisten, der sich ungerecht getadelt fühlte – es war eine Orchesterprobe zum »Deutschen Requiem« von Brahms – und sich daher heftig wehrte. Verschiedene Kollegen kamen dem Gescholtenen zur Hilfe, und so sah sich Celibidache plötzlich entschiedenem Widerstand gegenüber, wobei sich die Fronten in der emotional stark angeheizten Atmosphäre im Handumdrehen verhärteten. Der Maestro verließ zornig und gekränkt die Probe und reiste, ohne irgendeine Erklärung abgegeben zu haben, unverzüglich nach Paris. Am anderen Tag warteten die Philharmoniker vergebens auf ihn. Wer Celibidache kennt, weiß, daß er nur in der vollkommenen Übereinstimmung mit seinen Musikern eine künstlerisch befriedigende Arbeitsmöglichkeit findet. Dieses Vertrauen in ihre Loyalität sah er nun gestört, und er fühlte sich außerstande, die Probenarbeit am »Deutschen Requiem« fortzusetzen. Das Orchester seinerseits war betroffen und nahm durch den Orchestervorstand sofort mit ihm Kontakt auf. Auch der Kulturreferent Kolbe sowie der gerade neu ernannte Orchesterdirektor Hubertus Franzen schalteten sich ein, schließlich sogar Oberbürgermeister Erich Kiesl. Ihm gelang es dann auch, Celibidaches Zusicherung zu einem klärenden Gespräch am Abend des 23.6. in München zu erreichen. Celibidache kam, und Kiesl konnte ihn von der Notwendigkeit seines Bleibens in München überzeugen. Auch versprach er ihm erneut jede erdenkliche Hilfe. Celibidache selber verzichtete auf anfangs (angeblich?) von ihm geforderte Disziplinarmaßnahmen gegen einzelne Orchestermitglieder – die »Abendzeitung« berichtete darüber in ihrer Ausgabe vom 24.6. – und erklärte, er wolle am nächsten Tag mit der Probenarbeit beginnen. Als er dann aber vor seinem Orchester stand, befielen ihn erneut Zweifel, und erst seinen Musikern gelang es auf ihre Weise, ihn endgültig davon zu überzeugen, daß er zu ihnen gehörte und sie zu ihm, daß sie in absoluter Loyalität zu ihm standen. Er hob den Taktstock – und der Bann war gebrochen.

Zur Farce wurde das Ganze erst durch die Berichterstattung in den Tageszeitungen, wo natürlich nichts unterlassen wurde, um den Fall möglichst hochzuspielen. Man spürte die geradezu hämische Freude, wieder etwas Abträgliches über Celibidache berichten zu können. Doch gab es auch Ausnahmen; Wolfgang Schreiber, dessen kluger Kommentar in der »Süddeutschen Zeitung« vom 25.6.1981 ein wahres Labsal war, schrieb u.a.:

»...Handfeste Krisen gibt es auch anderswo, auch Fingerspitzengefühl im Umgang mit empfindlichen Künstlern, zu denen auch Orchestermusiker zählen. So besehen, war die Celibidache-Philharmoniker-Krise, die auf die Empfindlichkeiten beider Kontrahenten zurückgeht, gewiß keine Absonderlichkeit, sondern der Alltag. Zuspitzung erfuhr sie jedoch zusätzlich, so selbstkritisch sollten auch Journalisten sein, durch die Eigendynamik, die der Meinungsmarkt mit seinem legitimen, zuweilen lustvollen Bohren nach Schwachstellen verkörpert. Ein bißchen ›mediengemacht‹ ist das alles wohl auch nebenbei. Daß es auch in Zukunft schwierig bleiben wird, mit diesem offenkundig doch zur Schwerblütigkeit, ja zuweilen zur Depression neigenden Künstler ›richtig‹ umzugehen, liegt auf der Hand. Aber München insgesamt sollte sich doch als fähig erweisen, mit einem Mann im reinen zu bleiben, dessen außergewöhnliche Persönlichkeit sich nicht nur in großartigen künstlerischen Resultaten äußert, sondern auch in seiner Unbeugsamkeit des Charakters, wozu allemal eine starke individuelle Ausprägung und mithin die Neigung, Menschen zu polarisieren, gehören ...«

Auch der Oberbürgermeister und sein Kulturreferent bewiesen Sensibilität und Verständnis, während der neue Orchesterdirektor Franzen etwas hilflos zwischen den Fronten und vor der Öffentlichkeit stand. Als aber dann bekannt wurde, daß Celibidache sich mit seinen Musikern versöhnt hatte und München erhalten blieb, war die Erleichterung groß, nicht unbedingt bei den Journalisten, aber doch beim Publikum. »Er dirigiert wieder« – das verbreitete sich wie ein Lauffeuer unter den Musikfreunden. Bei der Generalprobe zum »Deutschen Requiem« war die Lukaskirche überfüllt; glückliche und erwartungsvolle Gesichter überall. In der Pause fand ich Celibidache vor der Kirche auf einem Mauervorsprung sitzend. Als er hörte, daß meine Mutter gestorben war und sie sich so sehr auf das Requiem gefreut hatte, sah er mich an und sagte: »Sie ist dabei. Sie wird es hören. Alle sind sie dabei. Es geht keiner verloren.«

Die Konzertaufführung wurde zur eindrucksvollen Bestätigung der Notwendigkeit aller Bemühungen von Orchester und Stadtverwaltung, Celibidache in München
zu halten. Und er selber hatte dem ja letztlich auch aus
Überzeugung zugestimmt. Schmerz und Trauer der To-
tenmesse wurden gemildert durch den wunderbaren
Trost, der in dieser Musik und ihrem Text enthalten ist
und den Celibidache bewegend zum Ausdruck brachte.
So geriet in seiner Deutung der letzte Teil mit seinem unsagbar tröstlichen »Selig sind die Toten, die in dem Herren sterben von nun an« zum eigentlichen Höhepunkt
des ganzen Werkes. Der Eindruck auf die Hörer war
groß und nachhaltig, die Rezensionen waren hervorragend, kaum weniger zustimmend als nach der achten
Sinfonie von Bruckner im Oktober 1979. Celibidache
und die Münchner Philharmoniker hatten ihre Versöhnung auf überzeugende Weise besiegelt.
In den folgenden drei Jahren verlief die Zusammenarbeit
zwischen Dirigent und Orchester ungestört, kaum beeinflußt von äußeren Mißhelligkeiten, an denen es nie zu
fehlen scheint. Die menschlichen Kontakte Celibidaches
zu seinen Musikern vertieften sich und führten in vielen
Fällen zu einer engen, fast freundschaftlichen Verbundenheit, die auch kritische Situationen überdauerte. Wir,
die Hörer, verdanken dieser Zeit der Konsolidierung
eine Fülle herrlicher Konzerteindrücke, zu denen nicht
nur die großen Bruckner-Sinfonien gehören, die Celibidache in München außer den ersten beiden alle mehrfach
aufgeführt hat – seine besondere Liebe gilt unverkennbar
der achten und der vierten –, sondern auch die Sinfonien
von Brahms sowie dessen zweites Klavierkonzert mit
Daniel Barenboim, die Siebte von Beethoven, die Fünfte

von Tschaikowsky, die c-moll-Messe von Mozart, das »Heldenleben« von Richard Strauss, die »Sheherazade« von Rimski-Korsakow, Strawinskys »Feuervogel«, Prokofjews »Romeo und Julia« und Ravels »Bolero«, um einige Höhepunkte zu nennen. Für jeden aufmerksamen Konzertbesucher aber war unübersehbar, daß es mit dem Gesundheitszustand des Maestro spätestens seit Beginn des Jahres 1984 nicht zum besten bestellt war. Immer öfter erlebten wir, wie er deutlich erkennbar unter starken Schmerzen ein Konzert durchstand, sehr eingeschränkt in seinen Bewegungsmöglichkeiten, obwohl er tapfer gegen die Krankheit anging oder sie gar zu ignorieren schien. Es wurde übrigens nie definitiv gesagt, um welches Leiden es sich handelt. Man spricht von Gicht, aber auch von Arthrose oder Polyarthritis, alles schlimm genug. Im Sommer 1984 nun, drei Jahre nach der Aufführung des »Deutschen Requiems« von Brahms in der Lukaskirche, bahnte sich eine schwere Krise an. Der ganze Körper Celibidaches schien von der Krankheit in Mitleidenschaft gezogen, und endlich mußte er einsehen, daß auch seine eiserne Energie allein nichts mehr ausrichten konnte. Er war nicht mehr in der Lage, die Proben für das Eröffnungskonzert des »Festlichen Sommers« 1984 in München durchzuführen. Auch die Termine für den Herbst dieses Jahres mußte er absagen, da er für einen nicht genau überschaubaren Zeitraum keine Konzerte mehr würde dirigieren können. So schien es wenigstens, und dies war für alle Beteiligten eine bittere Erkenntnis.

Am härtesten traf diese Einsicht gewiß Celibidache selber, da er die Krankheit als schwerwiegende Beeinträchtigung seiner Persönlichkeit und vor allem seines künstlerischen Wirkens empfinden mußte. Daß dieser temperamentvolle und der Musik von Kindheit an leidenschaftlich verbundene Mann beinahe zur Bewegungslosigkeit verurteilt sein sollte, vermochte sich niemand vorzustellen.

Doch auch das Orchester war in keiner beneidenswerten Lage. Ein Jahr mit entscheidenden und bedeutenden Ereignissen stand bevor: im Herbst 1984 bereits eine Konzertreise durch die Schweiz, 1985 dann die geplanten Konzertreisen durch die damalige DDR, in die USA und nach Kanada, und schließlich, last but not least, die Eröffnung des Münchener Gasteig-Kulturzentrums am 10.11.1985 mit der festlichen Einweihung der Philharmonie. Wie sollte das alles gehen ohne Celibidache, ohne einen präsenten und einigermaßen gesunden Chefdirigenten? Die Sorgen der Münchner Philharmoniker waren nur zu begründet, denn sie hatten ja unmittelbar miterleben müssen, wie schlecht es gesundheitlich um den Maestro stand. Die Stadtverwaltung – besonders Kulturreferent und Orchesterdirektor – sah sich gleichfalls ungeahnten Schwierigkeiten gegenüber. Ersatzdirigenten mußten verpflichtet werden, um die Termine wenigstens annähernd einhalten zu können und das Publikum nicht zu verärgern. Programmänderungen waren notwendig, Terminabsprachen mit neuen Solisten – und hinter allem stand die Ungewißheit, wie lange Celibidaches Erkrankung dauern, wie lange er also ausfallen würde. Genau in dieser Frage aber verbarg sich der hochbrisante Konfliktstoff, der schon bald einen sich explosionsartig ausbreitenden Brand verursachen sollte, welcher nur mühsam wieder unter Kontrolle zu bringen war.

Wohlgemerkt – es handelte sich diesmal nicht um ein Zerwürfnis zwischen Celibidache und seinen Musikern, sondern zwischen dem Generalmusikdirektor und der Stadt München. Die Mehrheit der Orchestermitglieder stand hinter ihm, wollte ihn unbedingt halten, kämpfte entschlossen für ihn, wobei sich einige ganz besonders engagierten und auch exponierten. Es ist ja überhaupt ein weit verbreiteter Irrtum, hervorgerufen durch Unwissenheit und schlampige oder bewußt verfälschende Berichterstattung, Celibidache habe sich immer im Streit von seinen Orchestern getrennt. Einzig von den Berliner Philharmonikern war er tatsächlich damals im Zorn geschieden

Die Münchener Krise von 1984/85 war letztlich der Zusammenstoß des einzelnen mit dem Apparat, wobei der Apparat natürlich ebenfalls aus einzelnen Handelnden bestand, in diesem Falle vor allem aus dem Kulturreferenten, dem Orchesterdirektor und schließlich sogar dem Oberbürgermeister Georg Kronawitter. Was war geschehen?

Nachdem man sich anfangs mit Vertröstungen und eiligen »Ersatz«-Verpflichtungen mehr schlecht als recht geholfen und den »Festlichen Sommer« mit Mühe über die Runden gerettet hatte, sah man sich nun gezwungen, endlich konkret und in die Zukunft hinein zu planen. Vor allem mußten andere prominente Dirigenten für die ausfallenden Celibidache-Termine gewonnen werden. Bei einem Besuch am Krankenlager des Maestro in Paris soll er zum Orchestervorstand und den Stadtvertretern gesagt haben: »Tut so, als ob ich im Moment nicht da wäre. Trefft Entscheidungen, die zum Wohl des Orchesters sind.« (»Abendzeitung« vom 22./23.9.1984) Er hatte also anscheinend grünes Licht gegeben. Nun aber geschah das für jeden normal Empfindenden Unfaßliche: Kulturreferent, Orchesterdirektor und andere Vertreter der Stadt nahmen Celibidache allzu wörtlich und handelten tatsächlich so, als wenn er nicht da wäre, ja als wenn es ihn überhaupt nicht mehr gäbe. Auf Monate im voraus wurden Termine an andere Dirigenten vergeben, ohne daß es zu Absprachen mit dem kranken Orchesterchef gekommen wäre. Maazel etwa wurde die Schweiz-Reise übertragen, Vaclav Neumann die Konzertreise durch die Bundesrepublik. Ferner verhandelte man mit Maazel über die DDR-Tournee 1985 sowie über die geplante große Amerika-Tournee im Oktober des gleichen Jahres; außerdem bot man ihm das Eröffnungskonzert der Gasteig-Einweihung am 10.11.1985 an. Man ging also davon aus, daß Celibidache weit über ein Jahr nicht mehr dirigieren würde, ohne darüber mit ihm oder seinem Arzt, den er von der Schweigepflicht entbunden hatte, überhaupt gesprochen zu haben. Ja, man hielt es nicht einmal für notwendig, ihn rechtzeitig zu informieren. Von allen Aktivitäten der Stadt München bei der Verpflichtung anderer Dirigenten erfuhr der Chef der Münchner Philharmoniker erst aus der Tagespresse oder von Freunden. Die Stadt unterrichtete ihn viel zu spät, als alles schon längst in die Wege geleitet worden war. Daß der ohnehin hochsensible, durch Krankheit zusätzlich gereizte und deprimierte Künstler empört war, daß er sich übergangen fühlen mußte, ja geradezu ausgeschaltet, beiseite geschoben – wer hätte kein Verständnis dafür? Im höchsten Zorn schien er anfangs bereit, sein Amt niederzulegen, sich ganz von München zu trennen. Doch dann wollte er zwar Orchesterchef bleiben, aber nur unter der Voraussetzung, daß seine Bedingungen erfüllt und die Verantwortlichen zur Rechenschaft gezogen würden. Die Krise war perfekt.

Auf die Veröffentlichung des mir vorliegenden umfangreichen Materials zu diesem Zwist – Presseberichte, Analysen, Leserzuschriften, Briefe usw. – muß ich hier verzichten, da eine solche Publikation mit den notwendigen verbindenden Texten ein eigenes Buch erfordern würde. Bei meiner Darstellung der Vorgänge habe ich die Münchener Tageszeitungen ausgewertet, aber auch andere Presseorgane sowie Gespräche mit Musikern und sachkundigen Beobachtern der Ereignisse. Die Beschäftigung mit den Unterlagen ist noch heute ein Abenteuer. Mit welcher Heftigkeit und Unnachgiebigkeit wurde da debattiert, kommentiert und dementiert. Die Meinungen gingen weit auseinander. Die »Abendzeitung«, die sich allmählich auf den Maestro eingeschossen hatte, veranstaltete eine regelrechte Schlammschlacht. Die anderen Münchener Zeitungen aber stellten sich nun hinter den Philharmonikerchef – zumindest prominente Mitarbeiter von ihnen taten dies – und votierten für sein Bleiben. Hier ist zunächst Hans Göhl vom »Münchner Merkur« zu nennen, der temperamentvoll und engagiert für Celibidache eintrat, dann vor allem Wolfgang Schreiber, unter allen Kritikern der »Süddeutschen Zeitung« vielleicht der objektivste und besonnenste, der die Dinge auf ihr richtiges Maß zurückzuführen versuchte, aber auch der Feuilletonchef des gleichen Blattes, Albrecht Roeseler, der zwar wie immer seine Abneigung gegen Celibidache nicht verbergen konnte, sich jedoch um sachliche und genaue Berichterstattung bemühte; und schließlich

Beate Kayser und Karl-Robert Danler von der »tz«. Die Presse ergriff also in ihrer Mehrheit für Celibidache Partei.

Noch heute fragt man sich, ob die Verantwortlichen der Stadt München damals nicht manchmal von allen guten Geistern verlassen waren, da sie im Umgang mit dem kranken Generalmusikdirektor so wenig Takt bewiesen. Zumindest Kolbe hätte doch wissen müssen, wie empfindlich Celibidache auf seine und des Orchesterdirektors Verhaltensweise reagieren würde. Dieser, Franzen, verschlimmerte die Situation noch, indem er sich allzu beflissen um Celibidaches Krankheit, Ärzte und Kliniken zu kümmern schien – man konnte den Eindruck gewinnen, die Stadt wolle ihrem Orchesterchef vorschreiben, von wem und wo er sich behandeln lassen solle! – und zudem im Gespräch mit bekannten Musikern (z.B. mit Barenboim in Berlin) wiederholt die Ansicht äußerte, der Patient werde wohl überhaupt nicht mehr gesund und man könne mit ihm in München nicht mehr rechnen. Und dies auch noch zu einem Zeitpunkt, als es Celibidache bereits wesentlich besser ging! Dieser erfuhr natürlich von dem ganzen Gerede und der nicht immer durchschaubaren Haltung der Stadtvertreter, und so war es begreiflich, wenn er im höchsten Zorn die Stadt München wissen ließ, er wolle mit Kolbe und Franzen nichts mehr zu schaffen haben und akzeptiere sie nicht als Gesprächspartner. Also schaltete sich denn der Oberbürgermeister Georg Kronawitter persönlich ein und führte von nun an selbst die Verhandlungen mit Celibidache. Es besteht kein Zweifel daran, daß es ihm sehr ernst war mit seinen Bemühungen, eine für alle Beteiligten befrie-

digende Lösung des Konflikts herbeizuführen. Auf dem
Höhepunkt der Krise wandte ich mich am 28.10.1984 in
einem ausführlichen Brief an den Oberbürgermeister,
den er liebenswürdigerweise umgehend am 30.10. persönlich beantwortete. Er teilte mir u.a. mit, daß er Celibidache telefonisch zu einem klärenden Gespräch nach
München eingeladen habe und daß er nichts mehr wünsche, als ihn seinem Orchester und der Stadt zu erhalten.
Doch auch Kronawitter sah sich einer in jeder Hinsicht
problematischen Situation gegenüber zunächst außerstande, die erwünschte und versprochene Klarheit zu
schaffen. Irritierend blieb ferner das nach wie vor un-
durchsichtige Verhalten seiner Mitarbeiter. Noch am
22.10. hatte die Stadt München in einer offiziellen Ver-
lautbarung erklärt, Celibidache habe zwei Briefe des
Oberbürgermeisters unbeantwortet gelassen. In Wirklichkeit aber gab es einen Antwortbrief des Maestro bereits vom 8.10., der auf seinen ausdrücklichen Wunsch
auch dem Orchester vorgelesen worden war und aus
dem im »Münchner Merkur« vom 26.10. dann Auszüge
publiziert wurden. Warum hatte die Stadt diesen Brief,
in dem Celibidache seine grundsätzliche Bereitschaft zur
Fortführung seiner Münchener Tätigkeit bestätigte, einfach verschwiegen?
Und warum wurde offenbar auch später nie der Versuch
unternommen, dieses Verschweigen zu erklären oder zu
rechtfertigen? In seinem Antwortbrief an mich hat der
Oberbürgermeister den peinlichen Vorfall, auf den ich
ihn angesprochen hatte, mit keinem Wort erwähnt –
vielleicht weil er den oder die Verantwortlichen nicht
bloßstellen wollte oder weil er selber nicht genau wußte,
wie es zu diesem die Stadt kompromittierenden Verse-

hen gekommen war. Für einen unbefangenen Beobachter der Ereignisse mußte es so aussehen, als wolle man sich des großen und schwierigen Mannes nun, da er alt und krank geworden war, möglichst schnell entledigen. Die Stadt umwarb Lorin Maazel, als sehe sie in ihm schon den baldigen Nachfolger ihres derzeitigen Generalmusikdirektors. Doch Maazel, der sich in der ganzen Angelegenheit äußerst kollegial verhielt, winkte ab. Er hatte schließlich andere Interessen, auch wenn er die Münchner Philharmoniker sehr schätzte und gern mit ihnen musizierte. Die Schweiz-Reise würde er übernehmen, ja, aber was dann 1985 sein würde, das solle Celibidache selber entscheiden, wenn er dann hoffentlich wieder gesund und im Amt wäre. Er, Maazel, sei seit Jahrzehnten ein Celibidache-Fan und verdanke ihm viel.

Die Münchener Musikfreunde sahen den entscheidenden Verhandlungen zwischen Kronawitter und Celibidache mit einigem Bangen entgegen. Der Oberbürgermeister empfing seinen Generalmusikdirektor am 12. und 13.11. zu zwei ausführlichen Gesprächen im Rathaus, die aber zu keinem befriedigenden Ergebnis führten. Celibidache bestand unnachgiebig auf seiner Forderung, den Kulturreferenten Kolbe sowie den Orchesterdirektor Franzen von ihren Kompetenzrechten zu entbinden. Außerdem verlangte er, die Stadt solle die ohne sein Wissen und seine Billigung eingegangenen Verpflichtungen mit anderen Dirigenten annullieren. Genau in diesen Punkten aber konnte ihm Kronawitter nicht entgegenkommen. Die Stadt wollte keinen ihrer Mitarbeiter opfern, und sie wollte auch nicht als vertragsbrüchig dastehen. Diesen Standpunkt vertrat der Oberbürgermeister in Übereinstimmung mit dem Ältestenrat und den Fraktionen des Stadtrates. In seinem Brief vom 16.11. versuchte er, dies Celibidache noch einmal verständlich zu machen und ihn gleichzeitig zum Bleiben in München zu bewegen. Auch konnte er ihm mitteilen, daß Maazel zu Gunsten des Philharmoniker-Chefs auf die USA-Tournee, die man ihm angeboten hatte, verzichtet habe. Noch am gleichen Tage beantwortete Celibidache Kronawitters Brief mit einem kurzen Schreiben, in dem er schweren Herzens, wie ich glaube, seine Tätigkeit in München für beendet erklärte, übrigens nicht ohne Respekt für die konsequente Haltung des Oberbürgermeisters. Die Veröffentlichung beider Briefe in der Tagespresse setzte einen vorläufigen Schlußstrich unter die gescheiterten Verhandlungen. Zwar bat Kronawitter, sehr betroffen durch den Abschiedsbrief, Celibidache noch einmal am 19.11. zu einem letzten Gespräch ins Rathaus, doch war nach seinen eigenen Worten der Verhandlungsspielraum so eng, daß es zu keiner Einigung kommen konnte. Schon nach fünf Minuten trennte man sich; Celibidache blieb bei seinem Nein. Am 23.11. überreichten die Orchestervorstände dem Oberbürgermeister eine Resolution, in der sich die Münchner Philharmoniker erneut für Celibidache aussprachen, gleichzeitig aber dem Orchesterdirektor Franzen die Eignung für sein Amt aberkannten. Doch Kronawitter erklärte den Musikern noch am selben Abend vor einem Konzert, sie müßten nun lernen, ohne Celibidache zu leben und sich mit Franzen irgendwie zu arrangieren. Es schien aus zu sein. Doch es war nicht aus. Celibidaches Münchener Freunde kämpften weiter für seine Rückkehr. Vor allem engagierten sich einzelne Orchestermitglieder, Journalisten und Professoren der Musikhochschule; ungezählte Musikenthusiasten bestürmten Celibidache brieflich, die Münchner Philharmoniker nicht im Stich zu lassen. Die Musikalienhandlung Hieber startete eine Unterschriftenaktion. Im Ältestenrat der Stadt bat Cornelia Schmalz-Jacobsen, damals Vorsitzende der FDP-Stadtratsfraktion, den Oberbürgermeister, noch einmal mit Celibidache Kontakt aufzunehmen und über seine Rückkehr nach München zu verhandeln. Besonderes Gewicht aber hatte zweifellos das Eintreten der Münchener Komponisten Günter Bialas, Harald Genzmer, Peter Michael Hamel und Wilhelm Killmayer für den Maestro. Sie konnten die Bayerische Akademie der Schönen Künste, der sie alle genau wie Celibidache angehören, und deren Präsidenten Heinz Friedrich davon überzeugen, daß in dieser Angelegenheit eine Vermittlerrolle der Akademie durchaus ihrem obersten Grundsatz entsprechen würde. Friedrich ergriff nun seinerseits die Initiative und setzte sich sowohl mit Celibidache als auch mit Kronawitter in Verbindung, und nach manchen problematischen Vorgesprächen kam es dann am 17.1.1985 zur entscheidenden Verhandlung, an der außer Kronawitter und Celibidache auch Bürgermeister Zehetmeier, Kulturreferent Kolbe, zwei Stadträte sowie je zwei Vertreter der Akademie und des Orchestervorstandes teilnahmen. Celibidache hatte unter der Trennung von seinem Orchester gelitten. Inzwischen hatte er, dem es gesundheitlich bedeutend besser ging, bereits im Ausland wieder dirigiert, dort aber nicht das gefunden, was er suchte. Ihm war klar geworden, daß sein Platz in München bei seinen Philharmonikern war, daß dies wohl seine letzte große Aufgabe als Musiker und Orchestererzieher sein würde. Und seine Freunde hatten ihn in dieser Einsicht bestärkt. Es waren keine leichten Verhandlungen an diesem 17. Januar 1985, doch kam es zur Einigung, weil beide Seiten es so wollten. Celibidache verzichtete auf seine überzogenen Forderungen nach personellen Konsequenzen sowie Kündigung aller bereits ausgehandelten Verträge mit anderen Dirigenten, und die Stadt ihrerseits zeigte ebenfalls Entgegenkommen und Nachgiebigkeit. Die Versöhnung war von allen ernst gemeint.

Wie erleichtert und dankbar die Münchener Musikfreunde und natürlich auch die Orchestermitglieder über das Verhandlungsergebnis waren, sollte sich bald zeigen. Ursprünglich war Celibidaches Comeback für den 16.3.1985 geplant. Doch sprang er bereits am 23.2. für den erkrankten Günther Wand ein und dirigierte im ausverkauften Herkulessaal der Residenz die fünfte Sinfonie von Beethoven, das Cello-Konzert von Robert Schumann mit Heinrich Schiff und den »Feuervogel« von Strawinsky. Es war sein erstes Münchener Konzert nach einer Pause von etwa zehn Monaten. Schon am U-Bahn-Ausgang Odeonsplatz drängten sich die Kartensuchenden. Das Podium war mit Blumen geschmückt, und als Celibidache den Saal betrat, wurde er von der Menge wie ein König empfangen; ich kann es nicht anders ausdrükken. Viele Konzertbesucher erhoben sich spontan von ihren Plätzen und applaudierten stehend; Jubel, Bravorufe, Blumen aus dem Publikum, Blumen vom Orchestervorstand. Briefe wurden heraufgereicht, und es dauerte mindestens fünf oder sechs Minuten, bis der Maestro, nach allen Seiten dankend, endlich den Taktstock heben konnte. Man erlebte eine klassische, klar geformte und von allen romantischen Zutaten befreite, im Finale machtvoll gesteigerte Fünfte von Beethoven, ein herrlich musiziertes Cello-Konzert von Schumann mit dem phänomenalen Heinrich Schiff, von Celibidache und seinen Musikern mit Wärme und Einfühlung begleitet, und schließlich einen »Feuervogel«, der seinem Namen Ehre machte, funkelnd, glitzernd, explodierend in einem Farbenrausch ohnegleichen, zart und wild, träumerisch und am Ende flammend in der orchestralen Prachtentfaltung des majestätisch aufgetürmten Finale. Grenzenloser Jubel, etwa zwanzigminütige Ovationen für Celibidache, Blumen über Blumen, vom Orchester einhundertfünfundzwanzig rote Rosen für die einhundertfünfundzwanzig einzelnen Mitglieder – eine triumphale Rückkehr!

Die Münchener Musikfreunde feierten Celibidaches Rückkehr noch lange, vor allem in den anschließenden Konzerten. Am 16., 17. und 19.3.1985 dirigierte er im Herkulessaal die Ouvertüre zu »Oberon« von Weber, das vierte Klavierkonzert Beethoven mit Murray Perahia und die vierte Sinfonie von Brahms. Und auch hier wieder lang anhaltende Ovationen, Blumen, Dank und Freude. Sogar Joachim Kaiser schrieb in der »Süddeutschen Zeitung« vom 18.3.1985 einen enthusiastischen Beitrag über »Celibidaches emphatischen Brahms«, obwohl er dem Maestro wiederholt attestiert hatte, er könne keinen Brahms dirigieren. Diesmal war er von Celibidaches Emphase und Meisterschaft beeindruckt, und nur der erste Teil des Konzertes erfuhr eine kritische Betrachtung. (Doch seien wir unbesorgt – die Einweihung der Philharmonie im Gasteig-Kulturzentrum ist nicht mehr fern; dann werden wir wieder andere Töne hören.) Die Presse war überhaupt, von der »Abendzeitung« abgesehen, glänzend. Erst recht aber – und nun wieder einmütig und ohne Vorbehalte – nach den beiden Sonderkonzerten vom 3. und 4. April 1985, in denen Celibidache die achte Sinfonie von Bruckner dirigierte – *seine* Sinfonie. Es war ein wunderbares Geschenk an seine begeisterte Hörergemeinde, die nach den letzten Takten zum Podium des Herkulessaals drängte.

Dirigent und Orchester waren durch die Krise noch enger zusammengewachsen. Celibidache hatte während der Trennung erfahren, wie viel ihm die künstlerische Arbeit mit seinen Münchner Philharmonikern bedeutet, die ihm zweifellos mehr geben können, als anderen namhaften Orchestern gegenwärtig möglich ist. Die Musiker ihrerseits wissen genau, was sie ihm verdanken – das gilt auch für die Kritiker unter ihnen – und daß es schier unmöglich sein dürfte, ein zweites Mal einen Dirigenten seines Ranges als Orchesterchef zu gewinnen. Er wird geliebt von vielen, freilich manchmal auch gefürchtet wegen seiner Strenge und Unnachsichtigkeit. Doch die Verständigen wissen, daß ohne solche Voraussetzungen große und gültige Leistungen nicht zu erbringen sind.

Natürlich gab es Nachbeben nach der schwerwiegenden Krise, wie etwa die Spannungen zwischen Celibidache und dem Bratscher Deinhart Goritzki, Mitglied des Orchestervorstandes. Für den Maestro war das Verhalten Goritzkis in den Monaten seines Fernbleibens vom Orchester nicht eindeutig; vielleicht hatte man ihm auch manches Abträgliche über den ausgezeichneten Musiker

hinterbracht. Was immer daran richtig oder falsch war –
Celibidache sprach lange Zeit nicht mehr mit Goritzki,
und erst bei einer internen Feier zum fünfundsiebzigsten
Geburtstag (1987) des Maestro kam es zu der vom gan-
zen Orchester begrüßten Versöhnung. Celibidaches
Zorn währt mitunter lang und ist schwer zu beschwichtigen. Ich war während einer Probe zur Uraufführung von
Peter Michael Hamels Sinfonie »Die Lichtung« im Juni
1988 in München Zeuge eines furchtbaren Zusammenpralls zwischen dem Dirigenten und dem Solo-Oboisten
Ulrich Becker, furchtbar deshalb, weil Celibidaches
Zornesausbruch jedes Maß zu überschreiten schien. Es
lag etwas Erschütterndes darin, wohl auch für ihn selber.
Allerdings muß man zugeben, daß Becker diesen Zornesausbruch provoziert hatte, auch wenn er die Folgen
seiner Bemerkung sicher nicht übersehen konnte. Es
dauerte lange, bis Celibidache wieder mit ihm musizierte. Doch ungeachtet solcher Zwischenfälle, die sich wiederholen können, darf man sagen: Celibidache und sein
Orchester sind zu einer Einheit geworden, für die es in
unserer heutigen Musik-Landschaft vermutlich kein Beispiel gibt.

Die Versöhnung mit dem Kulturreferenten Kolbe im Januar 1985 geschah wohl nur nach außen hin, für die Öffentlichkeit bestimmt. Zu ungeklärt blieb die Rolle Kolbes während der Ereignisse im Herbst 1984, als daß jenes
anfangs so gute Verhältnis zwischen ihm und Celibidache je wieder hätte werden können, was es einmal gewesen war. Und was den Orchesterdirektor Hubertus
Franzen betraf, so existierte er für den Dirigenten nur
noch auf dem Papier. Celibidache sprach nicht mit ihm

und übersah ihn geflissentlich, selbst wenn er ihm einmal gegenüberstand. Nach alldem, was vorgefallen war, konnte er Franzen nicht mehr akzeptieren. Denn der hatte während der großen Krise mit wenig Geschick und Takt agiert und auch später keine glückliche Hand gezeigt. Immerhin aber hatte er für die Münchner Philharmoniker prominente Gastdirigenten – Giulini, Mehta, Ozawa – gewinnen können. Doch das Orchester wandte sich gegen den ungeliebten Direktor, sprach ihm wiederholt das Mißtrauen aus und verlangte seine Abberufung. Kronawitter sah sich genötigt, den unhaltbaren Zustand zu beenden und das vorzeitige Ausscheiden Franzens aus seinem Vertrag zu veranlassen. Im März 1986 verließ dieser nach einer entsprechenden Abfindung sein Wirkungsfeld in München, ganz sicher im Zorn auf Celibidache, auf das Orchester, die Stadt und ganz besonders auf den Kulturreferenten Kolbe, mit dessen Wissen und Billigung er ja gehandelt hatte. Sein Nachfolger wurde nach einer Interimszeit im Herbst 1988 als »Geschäftsführender Intendant« Norbert Thomas, von dem man allgemein hoffte, er werde in der Zusammenarbeit mit Celibidache mehr Glück haben als seine beiden Vorgänger, was sich inzwischen bestätigt hat.

Übrigens hatte Celibidache noch im November 1985 einen Vertrag mit der Stadt München unterschrieben – der Bayerische Oberste Rechnungshof hatte auf der Unterzeichnung bestanden –, in dem ihm noch weitergehende Rechte als bisher eingeräumt wurden. Voraufgegangen war der Vertragsunterzeichnung bereits am 27.9.1985 die Festsetzung einer neuen Geschäftsordnung der Münchner Philharmoniker, die ebenfalls eine Stärkung der Position Celibidaches bedeutete und gleichzeitig die Entmachtung des Orchesterdirektors Franzen dokumentierte, den die Stadt also doch opfern mußte. Die von diesem mit verschiedenen Gastdirigenten ausgehandelten Verträge blieben allerdings unberührt; Maazel und Ozawa übernahmen je eines der Festkonzerte (mit Wiederholung) zur Eröffnung der neuen Philharmonie. Weitere prominente Dirigenten am Pult der Philharmoniker waren Giulini, Masur, Mehta und Wand. Die Reise in die damalige DDR Anfang Oktober 1985 konnte Celibidache selber übernehmen, wobei er und das Orchester begeistert gefeiert wurden. Die Amerika-Tournee vom 17. bis 30.10.1985 blieb freilich in den Händen von Maazel, denn er hatte zu Gunsten der Münchner Philharmoniker auf eine mit den Wiener Philharmonikern geplante Schallplattenproduktion verzichtet. (Nach Celibidaches Abschiedsbrief vom 16.11.1984 hatte man ihm die Tournee erneut angeboten.) Auch diese Konzertreise wurde ein großer Erfolg für Dirigent und Orchester, obwohl die Amerikaner über das Ausbleiben Celibidaches offensichtlich enttäuscht waren.

Das überragende kulturelle Ereignis des Jahres 1985 war für die Münchener unstreitig die Einweihung der neuen Philharmonie im Kulturzentrum am Gasteig – der »Gasteig«, wie es dort heißt –, die unter großer Anteilnahme von In- und Ausland festlich inszeniert wurde. In diesem Zusammenhang interessieren uns nur die musikalischen Darbietungen.

Der Festakt am Vormittag des 10.11.1985 fand ausschließlich vor geladenen Gästen statt. Die Reden des Bundespräsidenten Richard von Weizsäcker und des Oberbürgermeisters Georg Kronawitter wurden von

Musik umrahmt: Celibidache dirigierte den »Feierlichen Einzug« von Richard Strauss, den Eingangschor aus »Carmina Burana« von Orff, das Vorspiel zum zweiten Akt der Oper »Palaestrina« von Pfitzner und das »Meistersinger«-Vorspiel von Wagner. Die Hörer waren sichtlich beeindruckt. Für das eigentliche Festkonzert am Abend des 10.11., das am folgenden Tag für die Öffentlichkeit wiederholt wurde, hatte sich der Maestro etwas ganz Besonderes ausgedacht: die »Musikalischen Exequien« von Heinrich Schütz und die fünfte Sinfonie von Bruckner, eine Begräbnismusik also und eine große, feierlich-strenge Sinfonie mit gewaltigem Ausklang, von Celibidache und seinen Musikern mit überzeugender Intensität und Meisterschaft dargeboten. Das Werk von Schütz hatte Johannes Fink, Cellist der Philharmoniker, im Instrumentarium und in den Singstimmen vorsichtig erweitert (u.a. um einen Knabenchor und einen kleinen gemischten Chor), damit es in dem riesigen Raum nicht verloren wirkte. Das ganze Konzert dauerte fast drei Stunden und stellte höchste Ansprüche an die Hörer, von denen viele sich beklommen und ratlos fragen mochten, warum man ihnen zur festlichen Eröffnung der Philharmonie ausgerechnet so strenge und »schwere« Musik zumutete und nicht lieber eine lebensfrohe Jubelsinfonie. Das Moment der Freude schien zu fehlen – auch kann Bruckner ja nicht unbedingt froh stimmen. Hatte Celibidache sein Publikum überschätzt? So manche Bemerkung und Presse-Verlautbarung verrieten zumindest Betroffenheit, und ganz gewiß hatte er dies beabsichtigt. Wolfgang Sandner formulierte den Tatbestand sehr treffend in seiner großen Rezension »Klangdom« in der »Frankfurter Allgemeinen Zeitung« vom 12.11.1985:

»...Eine Begräbnismusik als Eröffnungsstück für ein neues Haus, Bibelworte in der lutherischen Übersetzung für die Philharmonie in Bayerns Hauptstadt – ein bemerkenswert irritierendes Moment im festlichen Rahmen, ein Hinweis auch auf den freien Geist, der da die Münchner Philharmoniker seit 1979 leitet und offenbar von keiner Macht der Welt und von keiner Konvention der musikalischen Kultur gebändigt werden kann ...«

Doch nicht nur die Programmwahl Celibidaches erregte Befremden bei vielen, rief Widerspruch und kontroverse Diskussionen hervor – auch seine Interpretationen gerieten erneut ins Kreuzfeuer der Kritik. Und wieder war es Joachim Kaiser, der wie schon so oft gegen den Maestro die Feder spitzte. In seiner Besprechung vom 12.11.1985 in der »Süddeutschen Zeitung« wollte er ihm nun auch die Fähigkeit bestreiten, Bruckners Musik auf eine ihrem Wesen angemessene Weise wiederzugeben, und dies zu einem Zeitpunkt, wo Celibidaches Rang als Brucknerinterpret schon längst von immer weiteren Kreisen international anerkannt und gewürdigt wurde. Den Münchener Musikpapst berührte das nicht; er griff den viel Bewunderten und Gescholtenen scharf an. Celibidache besitze nicht »die innere Freiheit, Bruckner-Scherzo-Landschaften entstehen, den hymnischen Ton überwältigend strahlen, die Ideen und nicht nur Orchester-Beherrschung Gestalt werden zu lassen«. Er sei »der Erfinder verklärter Langeweile aus Perfektionsdrang«. Von »sektiererischer Sterilität« ist die Rede, von einer »altherrenhaften, wunderschönen, gnadenlos ausgespielten Edel-Resignation« – so steht es wirklich da, man traut seinen Augen nicht. Celibidaches »ästhetisierende Haltung« verwandle »Symphonien in Stellen und Zustände« usw. Schon vorher hatten auch die »Musikalischen Exequien« eine insgesamt negative Kritik erfahren, da hier ebenfalls Celibidaches Zuständigkeit in Frage gestellt wurde. Das alles legt den Gedanken nahe, es fehle Joachim Kaiser bei seiner Beurteilung des Dirigenten eben jene »innere Freiheit«, die er an dessen Bruckner-Deutung vermißt. Vorurteile und Mißverständnisse beherrschen – von den verbalen Spitzen abgesehen – das von ihm entworfene Bild. Daß auch bedeutende Kritiker sich gründlich irren und krasse Fehlurteile abgeben können, scheint er zu verdrängen, obwohl es an Beispielen dafür nicht fehlt. Man braucht nicht unbedingt auf Eduard Hanslick zurückzugreifen, um das zu dokumentieren.

Bleiben wir noch bei unserem Gasteig-Eröffnungskonzert. Im Kulturteil der »Bayerischen Staatszeitung« vom 15.11.1985 berichtete Hans Krieger ausführlich über die Gasteig-Einweihung und die Konzerte. Dabei griff er auch Kaisers kritische Anmerkungen auf und sprach von »wahrhaft Kaiserlichen Mißverständnissen«, die da zutage träten. Er rühmte Celibidaches großen Atem. Der Maestro lasse sich Zeit, »die schier unermeßlichen Dimensionen des Werkes zu entfalten«, er durchwandere »hingebend und mit wacher Aufmerksamkeit eine unendlich weitläufige geistige Landschaft« und verlange »damit vom Hörer ein Gleiches« – was eben mehr und anderes sei als Staunen über eine interpretatorische Leistung. Und dann heißt es zum Schluß: »Es war ein programmatisches Konzert, das den Münchenern klar vor Ohren führte, was sie an ihrem ›Celi‹ haben – und was sie nicht an ihm haben. Aber die Karajans und Maazels und wie sie alle heißen, gibt es ja schon woanders.« Ein überdeutlicher Hinweis auf das Einzigartige im Künstlertum Celibidaches.

Das hat auch Wolfgang Sandner im Blick, wenn er in seiner bereits erwähnten Rezension vom 12.11.1985 in der »Frankfurter Allgemeinen Zeitung« schreibt, Celibidache sei unter den lebenden Dirigenten »der originellste und erfolgreichste Apologet des Linzer Komponisten«. Durch seine unendlich langsamen Tempi steigere er noch die Ausmaße Brucknerscher Sinfonik – wobei es sich selbstverständlich um sinnvolle Vergrößerung handle. Er erweise sich damit nicht nur als Dirigent, sondern »als Baumeister Brucknerscher Großkomplexe«. Mit seinem Orchester baue er gleichsam »Dome aus den Sinfonien des gottesfürchtigen Komponisten« und mache durch seinen Gestaltungswillen, seine bohrende Intensität und sein Strukturverständnis die innere Einheit des kontrapunktischen Meisterwerkes (fünfte Sinfonie) bewußt. »Eine imposante und imponierende Leistung.« Vorher hieß es von der Wiedergabe der »Musikalischen Exequien«, sie wirke »wie die Kontemplation einer Kontemplation«; es handle sich um »musikalische Askesen, als Einübung in die Bruckner-Reflexion – von Celibidache-Format«.

Ich habe absichtlich an dieser Stelle die einander so entgegengesetzten Besprechungen des Gasteig-Eröffnungskonzerts vom 10.11.1985 angeführt, um zu zeigen, in welch hohem Maße Celibidache auch noch im Alter sein Publikum zu polarisieren vermag, daß er nichts von seiner Originalität und Rigorosität verloren hat, nichts aber auch von seinem geistigen Anspruch und durchaus singulären Kunst-Ethos. Ein solcher Mann muß Widerspruch hervorrufen, doch auch Bewunderung und Respekt. Man wird ihn lieben und verehren oder hassen und bekämpfen, weil man gezwungen ist, Partei zu ergreifen – für oder wider, denn ein Drittes gibt es nicht. Das spürt man auch in den Rezensionen, die jenseits aller sachlichen Argumentation deutlich die innere Haltung und das emotionale Engagement der Rezensenten widerspiegeln, wobei deren Temperament und Rezeptionsvermögen natürlich eine entscheidende Rolle spielen. So kommt es oft zu völlig unterschiedlichen Beurteilungen einer Künstlerpersönlichkeit, die wohl wie kaum eine andere in unserer Zeit außerhalb der gewohnten Normen und Konventionen ihren Standort hat, die sich ihre eigene Welt, ihre eigenen Gesetze geschaffen hat und gerade deshalb, aus dieser Ursprünglichkeit und Unbedingtheit heraus, das überlieferte Erbe der abendländischen Musik wunderbar rein und unzerstört bewahrt. Durch Celibidache fällt auf manches anscheinend längst vertraute Werk ein neues und verjüngendes Licht. Die Musik ist ein *Werden* auch in diesem Sinne.

Der öffentliche Meinungsstreit um Celibidache wird in der Münchener Presse besonders lebhaft geführt – andernorts reagiert man da meist gemäßigter und den Tatsachen angemessener –, wobei natürlich das Nichtverstehenkönnen oder Nichtverstehenwollen seiner oft extremen künstlerischen Zielsetzungen den Ausschlag nach der negativen Seite gibt. Daß er Gewohntes nicht beachtet und eigene Wege geht, ist denen ein Dorn im Auge, deren Musikverständnis durch traditionelle Formen der Musikwiedergabe und -rezeption bestimmt wird. Einhelligkeit in der Beurteilung von Celibidaches Münchener Konzerten seit 1979 gab es nicht allzu oft, dann nämlich, wenn er sein Publikum einschließlich der Kritiker geradezu überwältigt hatte, was aber nicht immer und nicht bei jedem Werk der Fall sein kann. Nicht selten gehen die Meinungen diametral auseinander, und der erfahrene Leser braucht nur nach dem Namen des Rezensenten zu schauen, um schon zu wissen, was ihn erwartet. Überraschungen wird er da kaum erleben. Die Vorwürfe und kritischen Einwände sind meist von ermüdender Monotonie. Bis zum Überdruß strapaziert wird die Behauptung, Celibidaches Tempi seien zu langsam – ohne im übrigen jemals exakt darzulegen, warum das so sei –, als ob Langsamkeit oder Schnelligkeit an sich bereits Kriterien für den Wert einer musikalischen Interpretation wären! Überdies sollte die Relativität aller Tempobezeichnungen für jeden musikalisch Gebildeten einsichtig sein. Ein »absolutes Tempo« gibt es nicht. Doch davon wird im letzten Kapitel noch ausführlich die Rede sein.

Ein anderer oft gegen Celibidache erhobener Vorwurf, der schon in den letzten Jahren seiner Berliner Zeit eine Rolle spielte, ist die Behauptung, er musiziere nicht gern mit berühmten Solisten zusammen, da er niemanden neben sich gelten lassen und den ganzen Erfolg und Glanz eines Konzertes für sich allein beanspruchen wolle. Nichts ist unsinniger und weniger zutreffend als das, wie jeder, der den Maestro kennt, bezeugen kann. Der Vorwurf entsprach schon damals in Berlin nicht den Tatsachen. Und es ist leicht, ihn heute auch für Celibidaches Münchener Tätigkeit zu widerlegen, obwohl das Gerede darüber noch immer nicht verstummen will.

Es ist richtig, daß Celibidache in den ersten beiden Jahren seines Münchener Wirkens kaum mit Solisten zusammenmusizierte. Das lag aber nicht daran, daß er neben sich niemanden gelten lassen wollte, sondern weil er in dieser sehr wichtigen Anfangsphase der Aufbauarbeit mit dem Orchester möglichst viel allein und intensiv proben und die Musiker mit seinen Vorstellungen und Zielsetzungen vertraut machen wollte. Bei diesem Prozeß der Annäherung schienen ihm Solisten vermutlich eher störend zu wirken. Das Orchester sollte erst einmal einen gewissen, von seinem Dirigenten angestrebten, Standard erreicht haben, bevor der Auftritt von berühmten Solisten dann in diesen Prozeß miteinbezogen werden konnte, was ab 1981 ja auch in steigendem Maße geschah.

Diese war letztlich wohl auch ein entscheidender Grund, warum Celibidache sich zunächst der Verpflichtung prominenter Gastdirigenten gegenüber ablehnend verhielt. Seine Ansichten und Äußerungen über weltberühmte Kollegen sind bekannt. Doch hier ging es tatsächlich noch um etwas anderes: um die Vermittlung von Erfahrungen und Wissen an *sein* Orchester, das ein Celibidache-Orchester werden sollte wie vielleicht kein anderes zuvor. Hier wollte er endlich die Früchte seiner Arbeit reifen sehen und die Summe seines Künstlerlebens ziehen. Und dieses Orchester, diese Münchner Philharmoniker also, sollten gemeinsam mit ihm seine Lebensarbeit krönen. Daß er alle irritierenden und hemmenden Einflüsse, wie sie nach seiner Überzeugung von ganz anders gearteten Dirigentenpersönlichkeiten ausgehen können, nach Möglichkeit ausschalten wollte, wird man ihm unter diesen Umständen zubilligen müssen. Inzwischen hat das Orchester längst jenes Maß an innerer Freiheit und Anpassungsfähigkeit gewonnen, das Celibidache die Garantie gibt, seine Erziehungsarbeit könne weder beeinträchtigt noch gar ernsthaft in Frage gestellt werden, wie er anfangs nicht ohne Grund befürchten mußte.

Doch zurück zu den Konzertsolisten, mit denen der Maestro bisher in München zusammengearbeitet hat. Genau wie im Berlin-Kapitel werde ich auch hier wieder die Konzertmeister und anderen Solisten des Orchesters – Fritz Sonnleitner, Werner Grobholz, Sreten Krstič, Helmut Nicolai, Heinrich Klug, Michael Helmrath usw. –, die alle mit Celibidache musiziert haben und dabei den Hörern ein überzeugendes Einverständnis mit ihrem Chef vermitteln konnten, in dieser Aufstellung unberücksichtigt lassen. Dies geschieht nicht deshalb, weil sie etwa weniger gut wären als die anderen und zumeist auch weniger bekannt sind, sondern weil es in diesem Zusammenhang tatsächlich auf die »Externen« ankommt.

Unter Celibidaches Leitung sind in seinen Konzerten mit den Münchner Philharmonikern bisher folgende Solisten aufgetreten: 1. die Pianisten Daniel Barenboim, Elena Baschkirowa, Arturo Benedetti-Michelangeli, Bruno Leonordo Gelber, Radu Lupu, Murray Perahia, Gitti Pirner und Maurizio Pollini; 2. die Geiger Michael Erxleben, Shlomo Mintz, Itzhak Perlman, Rony Rogoff und Christian Tetzlaff; 3. die Cellisten Natalija Gutman und Heinrich Schiff; 4. der Organist Elmar Schloter und 5. die Sänger Claes H. Ahnsjö, Arleen Augér, Vera Baniewicz, Christian Baumann, Barbara Bonney, Christel Borchers, Wolfgang Brendel, Helen Donath, Ruxandra Donose, Brigitte Faßbaender, Elena Filipova, Franz Gerihsen, Karl Helm, Philipp Huttenlocher, Siegfried Jerusalem, Alexandru Jonita, Peter Lika, Jessye Norman, Margaret Price, Anton Scharinger, Marga Schiml, Peter

Schreier, Doris Soffel, Hans Sotin, Peter Straka, Maria Venuti, Yaron Windmüller und Cornelia Wulkopf.

Vergleicht man diese Liste mit der aus der Berliner Zeit, so wird man feststellen, daß nun in München die Gesangssolisten eindeutig überwiegen. Das liegt natürlich vor allem an den großen Chorwerken, die Celibidache aufgeführt hat: Bachs h-moll-Messe, Beethovens Neunte Sinfonie, das »Deutsche Requiem« von Brahms, Bruckners f-moll-Messe und das »Te Deum«, das »Requiem« von Fauré, Regers Requiem für Alt, Chor und Orchester, Mozarts »Requiem« und die c-moll-Messe. Aber auch sonst gab es Gesangssolisten in seinen Konzerten, so etwa Vera Baniewicz mit den »Wesendonck-Liedern« von Wagner, Brigitte Faßbaender mit den »Kindertotenliedern« von Mahler, Jessye Norman mit den »Vier letzten Liedern« von Richard Strauss und Wolfgang Brendel im »Lamento di Orlando« von Günter Bialas. Zu den Instrumentalsolisten, mit denen Celibidache besonders gern und oft zusammenarbeitet, gehören Daniel Barenboim, Arturo Benedeti-Michelangeli, Murray Perahia, Gitti Pirner und Heinrich Schiff. Barenboim, ein aufrichtiger Bewunderer Celibidaches, dem er nach eigenen Worten viel verdankt, ist einer der beliebtesten Solisten des Maestro. Die beiden großen Künstler begegneten sich bei eindrucksvollen Interpretationen der Klavierkonzerte Nummer drei und fünf von Beethoven, der beiden Brahmskonzerte, die bereits wiederholt aufgeführt wurden, sowie der Konzerte von Schumann und Tschaikowsky (Nummer eins in b-moll, ebenfalls mehrfach aufgeführt). Unter den Geigern verhalf Celibidache, selber enthusiasmiert, dem jungen Christian Tetzlaff im September 1988 zu einem sensationellen Debut mit Schön-

197

bergs Violinkonzert. Und auch Michael Erxleben sowie vor allem Shlomo Mintz, den der Maestro für den derzeit bedeutendsten Geiger hält, erfreuen sich seiner spontanen Hochschätzung. Besonders hervorgehoben sei hier Celibidaches jüngster gemeinsamer Auftritt mit Arturo Benedetti-Michelangeli in der Konzertserie vom 5.–9.6.1992 im Münchener Gasteig. Mit dem Klavierkonzert in G-Dur von Ravel errang der italienische Ausnahme-Pianist einen beispiellosen Triumph. Er hätte sich keinen besseren Partner wünschen können als Celibidache und die Münchner Philharmoniker.

Selbstverständlich ergab sich nicht in allen Fällen bei der Zusammenarbeit mit Solisten völlige Übereinstimmung, was allerdings auch ein Wunder wäre. Zwischen Pollini und Celibidache etwa wollte sich keine beglückende Harmonie einstellen; zu groß sind die Wesensunterschiede. Zu einem ausgesprochenen Eklat kam es mit Anne-Sophie Mutter, als sie im ersten Konzert des »Festlichen Sommers« 1985 unter Celibidache das Violinkonzert von Sibelius spielen sollte. Da prallten extreme Gegensätze aufeinander, die offensichtlich unvereinbar waren. Die junge Geigerin konnte oder wollte die Werkauffassung des über fünfzig Jahre älteren Dirigenten nicht akzeptieren, vor allem nicht seine Tempovorstellungen. Dabei kam es ihr überhaupt nicht in den Sinn, daß sie von diesem Manne vielleicht noch etwas hätte lernen können und daß man mit einundzwanzig Jahren nicht unbedingt in allen musikalischen Fragen über die nötige Erfahrung und ausreichendes Wissen verfügt. Immerhin bleibt es merkwürdig, daß sie noch nach der Generalprobe kompromißbereit schien, dann aber am Tage des Konzerts morgens aus München abreiste. Persönlich war sie weder für den Dirigenten noch für das Orchester zu erreichen. Die Absage kam über ihre Berliner Konzertagentur – schroffer ging es nicht mehr – und enthielt u.a. die Feststellung, sie sehe keinen Grund, »meine Interpretation völlig Maestro Celibidaches unverrückbarer Auffassung zu unterwerfen«; ihre Achtung vor dem Werk, dem Orchester und dem Publikum verbiete ihr ein solches Experiment (so stand es in den Tageszeitungen).

In Wirklichkeit war ihr Verhalten eine gewaltige Ohrfeige für Celibidache, die Münchner Philharmoniker und das erwartungsvolle Konzertpublikum – die Reaktion einer verwöhnten jungen Dame, die doch spätestens nach der Generalprobe hätte wissen müssen, was sie nun eigentlich wollte. In aller Eile mußte wenige Stunden vor Konzertbeginn das Programm geändert werden: Statt des Violinkonzerts spielte man die »Militärsymphonie« von Haydn. Als Celibidache den Saal betrat, empfingen ihn einige Buh-Rufe von enttäuschten Mutter-Verehrern, die allerdings demonstrativ zugedeckt wurden durch den vielstimmigen Bravo-Chor der Freunde des Dirigenten. Das Konzert verlief dann ohne weitere Störungen und endete nach einer traumhaft schönen und hinreißenden Wiedergabe der neunten Sinfonie »Aus der Neuen Welt« von Dvořák in einem selten erlebten Begeisterungstaumel des Publikums; an die Absage von Anne-Sophie Mutter dachte in diesem Augenblick wohl kaum noch jemand. In der »Süddeutschen Zeitung« vom 17.6.1985 benutzte Albrecht Roeseler den Eklat zu neuen Attacken auf Celibidache, den er für den ganzen Vorgang verantwortlich machte, wobei dann auch wieder

der völlig unzutreffende Vergleich mit der Berliner Situation vom Januar 1952 aufgetischt wurde. Roeseler war überdies der einzige Rezensent, der den ersten Teil des Konzertes einer abwertenden und durchaus unsachlichen Kritik unterzog. Auf Celibidaches eigene Begründungen für seine Differenzen mit Anne-Sophie Mutter sei auf das letzte Kapitel verwiesen.

Auch Frank Peter Zimmermann hatte Schwierigkeiten mit dem Maestro. In der »Welt« vom 20.12.1988 sagte er in einem Interview: »Bei ihm muß man sich vollkommen unterordnen. Er ist ein hervorragender Dirigent, aber er schreibt einem sogar vor, wo man atmen darf und wo nicht. Als ich mit ihm vor einigen Jahren das Brahms-Konzert machen sollte, haben wir allein an den ersten paar Takten anderthalb Stunden gearbeitet. Ich wußte danach nicht mehr, ob ich die Geige links oder rechts halten muß. Das Projekt hat sich dann schließlich zerschlagen...« So Zimmermann über seine Erfahrungen mit Celibidache. Freilich macht das Interview auch deutlich, warum es zwischen dem jungen Geiger und dem alternden Maestro keine Übereinstimmung geben konnte, ganz im Gegensatz zu dem mit Zimmermann fast gleichaltrigen Christian Tetzlaff, der sich bei Schönbergs Violinkonzert zu einer schlechthin optimalen Zusammenarbeit mit Celibidache steigerte, in der es nicht um bedingungslose Unterordnung ging, sondern um gleichberechtigte Partnerschaft. Tetzlaff war bereit, von dem Älteren, den er bewundert, zu lernen, während Celibidache seinerseits Anregungen des jungen Künstlers aufgriff, die ihm sinnvoll und gut erschienen, wie ich während einer Probe beobachten konnte. Aus dieser Gemeinsamkeit erwuchs die überzeugendste und vollkom-

menste Wiedergabe des komplizierten Werkes, die ich bisher gehört habe. Und Shlomo Mintz, nur wenige Jahre älter als seine Geigerkollegen Zimmermann und Tetzlaff, äußerte sich im Gespräch mit Sibylle Storkebaum und Wolfgang Schreiber über sein Zusammenwirken mit Celibidache bei Mendelssohns Violinkonzert wie folgt (»Jahrbuch der Münchner Philharmoniker«, Jg. 1988/89, S. 158/159): »Ich ... hatte mich sehr darauf gefreut, mit einem so großen Musiker zusammenzuarbeiten. Und ich muß sagen, daß ich ihn sehr respektiere ... Wir haben eigentlich gar nicht viel über Musik diskutiert, denn mir war ganz klar, wo mein Spielraum war. Herr Celibidache hat mir wundervolle Komplimente gemacht und mir versichert, daß er sehr schätzt, was ich tue. Und ich habe mich äußerst leicht bei ihm zurechtgefunden. ... Zwischen uns gibt es doch einen großen Generationsunterschied, und doch haben wir uns ganz schnell verstanden. Ich bin sehr, sehr froh, mit ihm musizieren zu können ... Ich bin mit der Einstellung hergekommen, anzunehmen, was er mir sagen würde...«
Da hat man die extreme Gegenposition zu Frank Peter Zimmermann und Anne-Sophie Mutter. Und auch Ida Haendel, die große polnische Geigerin, sprach bewundernd von ihrer Zusammenarbeit mit Celibidache, die zu den beglückendsten Erlebnissen ihres Künstlerdaseins gehöre. So äußerte sie sich im zweiten Teil der ihr gewidmeten Fernsehsendung vom 24.10.1990 im Dritten Programm des Deutschen Fernsehens.
Abschließend läßt sich zu diesem Thema sagen, daß Celibidaches Zusammenarbeit mit bedeutenden Solisten zu überzeugenden Ergebnissen führt, wenn sie bereit sind, auf seine Intentionen einzugehen, ohne sich selber auf-

zugeben, wenn es also zu einem echten Miteinander kommt, was allerdings Sensibilität und geistige Disziplin voraussetzt. Barenboim, Benedetti-Michelangeli, Erxleben, Mintz, Perahia, Schiff und Tetzlaff sind in den Münchener Konzerten hervorragende Beispiele dafür. Daß es daneben immer wieder Enttäuschungen gibt, wie jüngst bei Jessye Normans Auftritt, liegt auf der Hand. Doch bei welchem großen Dirigenten verhielte es sich anders? Karajan und Gidon Kremer etwa haben bei der Schallplattenaufnahme des Violinkonzerts von Brahms beide unter ihrem Niveau agiert, und es hat dann auch nie wieder gemeinsame Auftritte gegeben, weil zwischen ihnen kein Konsensus bestand. Daß große Künstler nicht immer miteinander harmonieren, ist eine fast alltägliche Erfahrung.

Ungeachtet aller Meinungsverschiedenheiten über seine Person und seine musikalischen Intentionen – Meinungsverschiedenheiten, durch die er sich im Ernst nie in seinen Überzeugungen und Konzeptionen beirren ließ – wurden die Münchener Jahre zum unbestreitbaren Höhepunkt in Celibidaches Künsterleben. Das überschäumende Allegro con Fuoco der frühen Berliner Sturm- und Drangperiode hat eine Metamorphose erfahren, an die damals wohl niemand auch nur im Traum gedacht hätte – es ist zum breit und gelassen dahinfließenden Allegro maestoso geworden, zu einer großartigen Apotheose, gleichzeitig aber auch zu einer ganz nach innen gerichteten Konzentrierung dessen, was man als die Essenz des Musikers Celibidache ansprechen könnte. Das Feuer ist geblieben und wird wohl nie verlöschen, auch wenn es nun ruhiger und gleichmäßiger zu brennen scheint. Denn ohne dieses Feuer, ohne dieses leidenschaftliche Verlangen nach Vollkommenheit, nach dem Absoluten in der Musik, wäre Celibidache nicht der, der er ist. Sein Musizieren ist noch intensiver geworden, noch unbedingter in seinen Ansprüchen und seiner Hingabe, in manchem auch karger und einsamer, als halte er Zwiesprache mit sich selbst. Und es gibt in seinen Konzerten Augenblicke von unbeschreiblicher Vollendung, die den Atem stocken und die Gewißheit aufkommen lassen, dies sei ein Letztes, ein Äußerstes, Unübersteigbares.

Celibidaches Münchener Jahre sind Jahre der Reife und der Erfüllung, soweit man das von einem Menschen sagen kann. Allerdings nahm die Entwicklung einen anderen Verlauf, als mancher vorauszusehen glaubte. Wenn Joachim Kaiser meinte, Celibidache würde aus den Münchner Philharmonikern das führende deutsche Ravel-Orchester machen, dann hatte er sich gründlich getäuscht. Denn nicht nur hatte Celibidache das, wie bereits betont, beabsichtigt, – er wußte auch nur zu gut, daß sein Orchester gerade das wohl nie erreichen würde. Doch etwas anderes und viel Wichtigeres konnten die Münchner Philharmoniker erreichen: Sie wurden unter seiner Leitung zum führenden Bruckner-Orchester unserer Zeit, wie zahlreiche Kritiker im In- und Ausland immer wieder bestätigt haben. Und diesen Ruhm, den ihnen niemand streitig machen kann, verdanken sie vor allem Celibidache.

Die Münchner Philharmoniker haben seit Ferdinand Löwe eine große Bruckner-Tradition, die Celibidache mit glänzendem Erfolg weiterführen konnte, als er im Juni 1979 die Leitung des Orchesters übernahm und bereits im Oktober des gleichen Jahres in der Lukaskirche des Meisters achte Sinfonie dirigierte.

Vielleicht ist die Übereinstimmung zwischen Dirigent und Orchester bei keinem anderen Komponisten so tief und überzeugend wie gerade bei Bruckner, denn hier gelingen Celibidache und seinen Musikern in der Tat Aufführungen von allerhöchstem, ja unvergleichlichem Rang. Nach der Wiedergabe der vierten Sinfonie am 5. und 6. Februar 1989 im Musikvereinssaal in Wien schrieb Peter Stalder am Schluß seiner bewundernden Rezension im »Standard«: »...Am Ende standing ovations für eine Aufführung, die den einzigartigen Rang der Münchner Philharmoniker als Bruckner-Orchester und den Ruf Celibidaches als bedeutendsten Bruckner-Dirigenten unserer Zeit bestätigte.« Und ein israelischer Kritiker bekannte nach der Israel-Reise vom 13. bis 21.11.1988 in der Zeitschrift »Al' Hamiskamar«, ebenfalls nach Bruckners Vierter: »...Danke, Maestro, Sie haben einen neuen Standard in der Bruckner-Aufführung gesetzt; und das können wir in aller Zukunft nicht vergessen!«

Der Bruckner-Dirigent Celibidache wird heute in der ganzen Welt gefeiert, und mit ihm seine exzellenten Musiker – sogar im fernen Osten und in den USA, in Ländern also, die eine Bruckner-Pflege in unserem Sinne nicht kennen. Schon während seiner Stuttgarter Zeit hatte er den Werken des Meisters von St. Florian in seinen Konzertprogrammen einen größeren Raum gewährt als früher. In München dann wurde Bruckner allmählich zur beherrschenden Figur im musikalischen Kosmos Celibidaches. Wenn er die gewaltigen Sinfonien dirigiert, die f-moll-Messe oder das »Te Deum«, dann kommen Besucher aus allen Ländern, und die Konzerte sind lange im voraus ausverkauft.

Auch sonst verlagerte sich das Schwergewicht seiner Programmgestaltung immer deutlicher in Richtung der deutschen Klassik und Romantik. Neben Bruckner ist es vor allem Brahms, den er mit Vorliebe und leidenschaftlichem Engagement dirigiert – übrigens schon seit den Berliner Jahren, eine alte Liebe also, doch unverändert lebendig und spontan in ihren Äußerungen. Und es war ja auch die vierte Sinfonie von Brahms, die ihm beim Probedirigieren mit den Berliner Philharmonikern den Durchbruch brachte. Aber auch Beethoven, Schubert, Schumann und Richard Strauss begegnen wir regelmäßig in seinen Konzerten, ebenfalls Haydn und Mozart, seltener Bach und den anderen Barockmeistern.

Die Freunde Celibidaches mögen es bedauern, wenn seine Konzertprogramme nicht mehr so farbig und abwechslungsreich wie in früheren Jahren sind. Doch muß man es einem Achtzigjährigen zugestehen, daß er sich auch künstlerisch nur noch mit den Dingen beschäftigt, die für ihn wichtig und unabdingbar sind. Mit zunehmendem Alter verändert sich auch die geistige Optik. Der Blick für das Wesentliche wird schärfer und unbestechlicher. Man sollte daher nicht über Einengung des Repertoires klagen – weder bedauernd noch abwertend-kritisch –, sondern dankbar sein, wenn aus solcher »Einengung« so überwältigende Ergebnisse resultieren wie Celibidaches Bruckner- oder Brahmsinterpretationen. Zudem hat er ja während seiner Münchener Zeit den Kontakt zur modernen Musik keineswegs verloren und bisher immerhin drei genauestens einstudierte und von großem Erfolg gekrönte Uraufführungen dirigiert, nämlich das »Lamento di Orlando« für Or-

chester, Bariton und gemischten Chor von Günter Bia-
las, die dritte Sinfonie (1984) von Harald Genzmer und
die Sinfonie »Die Lichtung« von Peter Michael Hamel.
Er setzte sich nicht selten für vernachlässigte Komponisten und Werke ein, so für Werner Egks »Ouvertüre,
Musik über eine verschollene Romanze« oder Mark Lo-
thars »Verwandlungen eines Barock-Themas« op. 57.
Ende Januar 1981 wagte er ein Konzert mit folgendem
Programm: »Musik für Orcherster« von Rudi Stephan,
Requiem für Alt, Chor und Orchester op. 144b von Max
Reger und Symphonie cis-moll op. 36a von Hans Pfitzner – und wurde dafür dankbar gefeiert. Indessen war es
eines der wenigen Celibidache-Konzerte, die tatsächlich
nicht ausverkauft waren und somit auch in dieser Hin-
sicht eine Rarität. Es besteht also keine Veranlassung,
sich über Einseitigkeit oder mangelnde Abwechslung in
Celibidaches Programmgestaltung während seiner Münchener Zeit zu beklagen, auch wenn sie an schillernder
Vielfalt die der Berliner Jahre nicht erreichen konnte.
Und schon gar nicht kann man von einem »geradezu
provozierend schmalen Repertoire« sprechen, wie dies
Wolfgang Sandner in der »Frankfurter Allgemeinen Zeitung« vom 27.6.92 getan hat.
Es gibt aber noch einen anderen Grund für die allmähli-
che Wandlung der Programmauswahl Celibidaches zugunsten deutscher Klassik und Romantik. Er selbst bezeichnet sich gern als einen deutschen Dirigenten, trotz
seiner Internationalität und aller unterschiedlichen und
oft sehr gegensätzlichen geistig-kulturellen Einflüsse,
denen er in seiner Entwicklung ausgesetzt war oder die
er aufsuchte, an sich zog und die ja schließlich das Faszinierende seiner Persönlichkeit ausmachen – slawisches

Temperament, romanisches Formgefühl, deutsche Gründlichkeit und Tiefe, fernöstliche Meditation und mystische Lebensweisheit. Er hat den größten und gewichtigsten Teil seiner Studienzeit in Deutschland verbracht, und wie er immer wieder betont, will er das, was er in diesem Land gelernt und erfahren hat, auch dort weitergeben. Dabei schwebt ihm ein spezifisch deutscher Orchesterklang vor, den er mit den Münchner Philharmonikern zu verwirklichen sucht. Der Klang der Berliner Philharmoniker unter Karajan erschien ihm eher italienisch als deutsch, wie er einmal im Gespräch mit mir äußerte; das war 1970 gewesen. Seine besondere Affinität zur Musik Anton Bruckners hat diese Vorstellung von einem deutschen Orchesterklang möglicherweise beeinflußt. Nichts liegt ihm heute ferner als die allem Individuellen widerstrebende Hochglanzpolitur amerikanischer Perfektionsorchester, die ihm in jungen Jahren vorübergehend imponieren konnte. Der Orchesterklang muß nach seiner Auffassung mit dem Wesen der Musik korrespondieren, mit ihrer inneren Gestalt, und deshalb auch verurteilt er etwa das meistens unterschiedslos angewandte Dauervibrato der Streicher, das im Gegenteil äußerst differenziert zu handhaben sei, wie er fordert. Ob nun der gegenwärtige Orchesterklang der Münchner Philharmoniker spezifisch deutsch im Sinne Celibidaches ist, mag Ansichtssache sein. Eines aber ist sicher: Kein anderes deutsches Orchester musiziert heute so klar und zugleich so sensibel, so warm und leuchtend wie die Münchner Philharmoniker, wenn sie unter ihrem Maestro spielen, manchmal auch unter anderen Dirigenten, sofern diese alle Möglichkeiten der Musiker zu entfalten verstehen.

Celibidache hat mit dem Orchester gearbeitet, hat seine Musiker gelehrt, aufeinander zu hören, wie die Mitglieder eines Quartetts oder Trios einander zuhören beim Spiel, und dadurch das Klangbild transparent gemacht und zugleich die Klangbalance enorm gefestigt. Keine Stimme, keine Instrumentengruppe drängt sich ungebührlich vor; immer werden die Relationen auf das richtige Maß zurückgeführt, werden die Aktionen der einzelnen Musiker in das Ganze des musikalischen Verlaufs eingebunden. Von Arthur Nikisch wird erzählt, sein Orchester habe gesungen wie kein anderes. Vielleicht kann man Ähnliches von Celibidache sagen – auch seine Münchner Philharmoniker können singen, wenn er sie dirigiert. Und noch in anderer Weise hat er mit ihnen gearbeitet, hat viele von ihnen zu einem besseren oder ganz neuen Verständnis ihres Instruments und seiner Möglichkeiten geführt, zu einem besseren Verständnis der Musik vor allem und natürlich auch für Einzelheiten der Aufführungspraxis. Die fabelhafte Qualitätssteigerung der Münchner Philharmoniker unter Celibidaches Leitung hat die Musikfreunde in aller Welt immer wieder in Staunen versetzt. Natürlich wäre das alles nicht möglich gewesen ohne die Bereitschaft der Musiker, von ihm zu lernen, sich von seinem Wissen und seinen Erkenntnissen so viel wie möglich in aufopfernder Arbeit anzueignen und, last but not least, mit Elan bei der Sache zu bleiben. Das trifft ganz sicher für die große Mehrheit der Orchestermusiker zu, wenn auch nicht für alle, denn in einer Gemeinschaft von ungefähr einhundertundzwanzig höchst individuellen Mitgliedern wird es immer auch solche geben, die nicht mitziehen. Und immer wird man auf Kritik und Unmut stoßen. Doch im gemeinsamen Musizieren bleibt das ausgespart, folgen alle dem einen Willen, der sie beseelt und vorantreibt.

Auch in anderen deutschen Städten und im Ausland hat man das Einzigartige im Spiel der Münchner Philharmoniker längst erkannt und gewürdigt, wie die folgenden Auszüge aus der umfangreichen Rezension von Wolfgang Sandner in der »Frankfurter Allgemeinen Zeitung« vom 7.10.1988 beweisen (Programm: Berlioz' »Römischer Karneval«, die »Unvollendete« von Schubert und die vierte Sinfonie von Tschaikowsky):

»...Kaum ein Dirigent, der seinen Ruf in der Nachkriegszeit erwarb, hat sich so sehr gegen das gesperrt, was man eher vage ›den Musikbetrieb‹ nennt. Keiner ist den von Walter Benjamin beschworenen Gefahren der Reproduzierbarkeit von Kunstwerken so entschieden ausgewichen. Vielleicht ist auch keiner konsequenter als Orchestererzieher aufgetreten. Schillernd war Celibidache lediglich in seinen verbalen Äußerungen, musikalisch blieb er stets rigoros, gleichsam monochrom auf Klangbild und Struktur der Kompositionen fixiert ... Münchner Philharmoniker spielen nicht, wie Sergiu Celibidache sie seit 1979 dirigiert, sie spielen, wie sie es gemeinsam mit ihrem Orchesterchef erarbeitet haben. Denn was da erklingt, ist stets ein musikalischer Eisberg, unter dem der Kraftaufwand, die Übung, das mühsame Finden einer gemeinsamen Gestaltung und eines charakteristischen Ausdrucks – die übrigen acht Neuntel also – unsichtbar bleiben ... Er [Celibidache] wolle die Münchner auf Weltniveau heben und an eine Tradition der Orchesterkultur anknüpfen, die in Vergessenheit zu geraten drohe und die man ›deutschen Stil‹ nennen könnte. Keine amerikanische Virtuosität, keine medienwirksame

Brillanz, kein französisches Klangraffinement wird angestrebt, vielmehr, was man mit einem musikalischen Paradoxon als strukturierten Klang bezeichnen könnte. Das wird auf frappante Weise hörbar: wie sehr der einzelne Klang sich aus der Melodie, der Harmonie und dem Formverlauf ergibt. Wie Klarinette und Oboe in ihren solistischen Partien im Andante con moto der Schubert-Sinfonie sich ablösen oder in den Orchesterklang eintauchen, wie sehr da berückender Klang zum strukturierenden Element wird und ein sinnvolles Ganzes ergibt: das wird selten so eindringlich vermittelt wie in dieser Interpretation durch das Münchner Orchester, dessen Holzbläser – vor allem die beiden Klarinettisten – ob ihres wunderbaren Tons nicht genug zu loben sind. Und solche Blechbläser mit einem so warmen Ton, solche Streicher, die nie den Orchesterapparat dominieren, sondern ihm sozusagen Klanghülle geben, wird man in keinem amerikanischen Orchester finden. Allenfalls bei den Wiener Philharmonikern oder der Tschechischen Philharmonie spürt man diesen integralen Klang, der immer seine Elemente, aus denen er sich zusammensetzt, und dabei doch höchste Homogenität erkennen läßt. Und wenn Celibidache kaum noch den Taktstock hebt, sich an das Geländer zurücklehnt, um seinem Orchester nachzuhören, so wirkt er – man verzeihe das grobe Bild – wie ein Bauer, der nach getaner Arbeit vor seinem Haus sitzt und die Früchte seiner Arbeit betrachtet ...«

Man liest nicht oft eine Rezension, deren Verfasser auf so persönlich-bildhafte Weise und gleichzeitig mit so viel Sachverstand über Celibidache und die Münchner Philharmoniker referiert. Doch liegen aus aller Welt Zeugnisse vor, die mit höchster Bewunderung und Anerkennung von Dirigent und Orchester sprechen, von dieser idealen Musiziergemeinschaft, die da entstanden ist und zu so wunderbaren Ergebnissen geführt hat. Demgegenüber fallen kritische Einwände, die gelegentlich natürlich auch vorgebracht werden, kaum ins Gewicht.

In den Heften 9 und 10 (Jg. 1988/89) der »Philharmonischen Blätter«, die von der Direktion der Münchner Philharmoniker herausgegeben werden, veröffentlichte Sibylle Storkebaum Gespräche und Interviews mit einzelnen Musikern – auch im »Jahrbuch der Münchner Philharmoniker« Jg. 1988/89 enthalten –, die sich zu einem sehr lebendigen und wirklichkeitsnahen Bild des Menschen und Künstlers Celibidache zusammenfügen. Anlaß für diese Publikation war das Jubiläum der zehnjährigen Zusammenarbeit zwischen Celibidache und dem Orchester im Juni 1989. Und hier berührt vor allem die menschliche Nähe des Dirigenten zu seinen Musikern, die nicht nur fachliche Probleme mit ihm erörtern und seine überzeugende Autorität respektieren, sondern auch ganz Persönliches ansprechen, wenn der Zeitpunkt dafür gekommen ist. Dabei kann es sich durchaus um kritische Einwände handeln, für die Celibidache, wenn sie fundiert vorgetragen werden, offene Ohren hat. Mit manchen Orchestermitgliedern ist er befreundet; mit Namen kennt er sie alle, auch die Orchester- und Notenwarte, und das ist, wie die Musiker sagen, etwas ganz Ungewöhnliches. Celibidache braucht diese menschliche Nähe, braucht das Du, nicht nur in der Freundschaft oder im gemeinsamen Erarbeiten der Partituren, sondern auch in der notwendigen und deshalb fruchtbringenden Auseinandersetzung und sogar im Zorn. Er ist immer auf ein Du bezogen und gewinnt aus dieser menschlichen

Beziehung, die Leiden bedeuten kann – für ihn selber und für die anderen, die an ihm leiden –, die anfeuernde Kraft zur Bewältigung dessen, was er als seinen Auftrag, seine Bestimmung betrachtet. Denn nur so erreicht er das Optimale bei der Verwirklichung seiner künstlerischen Vorstellungen. Er spricht gern von »Vermenschlichen«. Das aber ist nur möglich mit den Menschen, nicht gegen oder ohne sie.

Celibidache teilt mit seinen Philharmonikern die Freuden und Strapazen der großen Tourneen, aber auch ihre beruflichen und privaten Sorgen, sofern er davon Kenntnis erhält. Er war der erste Besucher am Krankenbett des Solo-Flötisten Max Hecker, als dieser einen Herzinfarkt erlitt. Und er hilft, wo es ihm möglich ist, nicht anders als damals in Berlin. Im Gegensatz dazu hatte Karajan immer eine gewisse Distanz zu den Orchestermusikern gewahrt, sich nie auf enge persönliche Kontakte eingelassen; wenigstens wurde nichts darüber bekannt. Er reiste stets allein, traf sich mit den Musikern nur auf Proben und in Konzerten. Das Menschliche blieb hinter dem äußeren Erscheinungsbild des Stardirigenten weitgehend verborgen. Bei Celibidache hingegen bildet es das mächtige Fundament seiner Persönlichkeit und ist von seinem Künstlertum niemals zu trennen – dies bewegend Menschliche, nicht selten auch Allzumenschliche. Und auch seine intensive und oft zeitaufwendige Probenarbeit ist nicht nur Ausdruck seines Strebens nach Vollkommenheit, nach Klarheit und Genauigkeit in der Wiedergabe musikalischer Vorgänge. Sie ist nicht zuletzt das Verlangen, sich mitzuteilen, das selbst Erlebte anderen zu vermitteln, sie das rechte Hören und Verstehen zu lehren und so eine gemeinsame Erlebniswelt zu schaffen, in der das Kunstwerk Gestalt gewinnt, in der Musik werden kann.

Celibidache hat seine pädagogischen Fähigkeiten als Orchestererzieher oft genug unter Beweis gestellt, aber auch als Lehrer von insgesamt einigen Tausend Schülern in aller Welt, von denen freilich bis heute nicht einer als wirklich überragende Begabung in Erscheinung getreten ist, auch nur annähernd dem Meister vergleichbar. Wissen läßt sich, sofern Aufnahmebereitschaft vorhanden ist, weitergeben, nicht aber Genie. Das muß vorhanden sein, kann im günstigsten Fall nur geweckt und geleitet werden. Celibidache hatte schon in Berlin während der ersten Nachkriegsjahre im damals neugegründeten »Internationalen Musikinstitut« die Dirigentenklasse übernommen und seinen Ruf als bedeutender Pädagoge begründet. Später hat er dann an verschiedenen Instituten, Hochschulen, Akademien und auch privat unterrichtet und internationale Dirigentenkurse abgehalten, so in Rom, Venedig, Bologna, Siena, Bukarest und 1977/78 auch in Trier. Das Musikwissenschaftliche Institut der Universität Mainz erteilte ihm 1978 einen Lehrauftrag, und er hält dort noch heute Vorlesungen in Form von Blockveranstaltungen. Von 1980 bis 1982 leitete er daneben internationale Dirigentenkurse in München. Im Februar 1984 arbeitete er mit dem Studentenorchester des Curtis-Instituts in Philadelphia in den USA und gab anschließend mit diesem von ihm animierten Ensemble ein aufsehenerregendes Konzert in der New-Yorker Carnegie-Hall. Ein Jahr später dann probte er mit dem Studentenorchester der Musikhochschule in München und 1986 mit den Studenten der Geidai-Musikhochschule in Tokio.

213

Überall findet Celibidache ein aufmerksames, lernbegieriges und von seiner Persönlichkeit fasziniertes Auditorium. Wie kaum ein anderer versteht er es, durch sein Wissen und Können die jungen Menschen an das Wesen der Musik heranzuführen, sie zu überzeugen und mitzureißen. Und die mit ihm zusammen gearbeitet haben, berichten übereinstimmend – Ausnahmen bestätigen auch hier die Regel –, er habe ihnen ganz neue Einblicke in das Geheimnis der Musik eröffnet und Dinge gesagt, die sie noch von keinem anderen Dirigenten gehört hätten. Dabei seien darunter ebenfalls erfahrene und berühmte Orchesterleiter gewesen, wie etwa die Studenten des Curtis-Instituts versicherten, die dem Maestro freilich keineswegs kritiklos gegenüberstanden. Celibidache liebt junge Menschen und empfindet es als beglückend, wenn er spürt, wie sie mitgehen und sich mit allen Kräften bemühen, seinen Wünschen und Vorstellungen gerecht zu werden. Ihre Anhänglichkeit führt ihn. »Ja, meine Kinder«, sagte er, als ich ihn während einer Probenpause im September 1987 in München auf seine Erfahrungen mit dem Schleswig-Holstein-Festival-Orchester ansprach, »mein Gott, das war das Schönste, was ich je erlebt habe! Mit so viel Hingabe und Begeisterung musiziert kein Berufsorchester!« Er hatte im August 1987 (wie dann auch im gleichen Zeitraum 1988) vier Wochen lang mit den Schülern und Studenten der Orchesterakademie in Salzau streng gearbeitet und anschließend auf einer Konzertreise in vielen großen Musikzentren mit »seinen Kindern« Triumphe gefeiert.

Celibidaches Weltruhm beruht nicht wie der seiner meisten großen Kollegen vor allem auf Schallplatten, Rundfunkübertragungen und Fernsehaufzeichnungen, auf bewußter und gezielter Ausschöpfung des Medienmarktes also, sondern auf seiner immensen Reisetätigkeit schon seit den frühen Jahren und auf einer fast mythischen Ausstrahlung, die sich mit seinem Namen verbindet. Die Ursachen für diesen Mythos liegen zweifellos in seiner außerordentlichen Persönlichkeit und seinem musikalischen Sendungsbewußtsein. Er hat in nahezu allen europäischen Ländern dirigiert, aber auch in Nord- und Südamerika, in Israel, Rußland, Japan, China und Südkorea. Auf diesen Reisen konzertierte er entweder mit seinen jeweils eigenen oder mit ortsansässigen Orchestern, und immer handelte es sich, wenn man den Zeitungsberichten Glauben schenken darf, um musikalische Ereignisse höchsten Ranges. Wenn so viele Menschen von so unterschiedlicher Mentalität und Rezeptionsfähigkeit zu alles in allem doch übereinstimmenden Urteilen kommen, dann spricht das für sich.

Auch mit den Münchner Philharmonikern entwickelte Celibidache eine umfangreiche Reisetätigkeit – die umfangreichste und bedeutungsvollste in seinem ganzen Künstlerleben. In den Jahren bis 1985, als die Aufbauarbeit noch im Vordergrund stand, beschränkte man sich auf »Nahziele«: auf die »Region« und die beiden damals noch getrennten deutschen Staaten, auf Frankreich, Italien, Spanien, Österreich, die Schweiz, die Tschechoslowakei, um die wichtigsten Länder zu nennen. Aber dann lockte bald auch die Ferne. Die erste geplante Amerika- und Kanada-Tournee im Oktober 1985 mußte, wie schon berichtet, Maazel übernehmen. Doch ein Jahr später erfolgte dann, nachdem man bereits im Februar in Warschau mit Celibidache am Pult gefeiert worden war, vom 7. bis 24.10.1986 die erste große Japan-Reise, die für Celibidache, der dort ja bestens bekannt war, und die Münchner Philharmoniker zu einem überwältigenden Erfolg wurde. Außer in Tokio, wo drei Konzerte stattfanden, gastierte man in Matsudo, Sapporo, Yokohama, Osaka, Suita, Fukui und Nagoya. Zum Abschluß der Tournee erklang in der überfüllten Suntory Hall in Tokio die fünfte Sinfonie von Bruckner – für die begeisterten und ergriffenen Japaner ein unvergeßliches Ereignis. Nicht minder triumphal verliefen das Moskau-Gastspiel im Oktober 1988 anläßlich eines Besuches des Bundeskanzlers Helmut Kohl in der Sowjetunion sowie die erste Israel-Reise vom 13. bis 21.11.1988 mit Konzerten in Tel Aviv, Jerusalem und Haifa. (Es war der erste Besuch eines deutschen Sinfonieorchesters nach dem Zweiten Weltkrieg in Israel!) Auch auf dieser Reise bildete Bruckner den Höhepunkt, diesmal mit seiner vierten Sinfonie. Und dann folgte unter der Leitung Celibidaches die zweite Amerika- und Kanada-Tournee vom 4. bis 28.4.1989 mit insgesamt vierzehn Konzerten in Los Angeles, San Francisco, Ann Arbor, Detroit, Chicago, Montréal, Québéc, New York, Boston, Worcester und Washington. Alle Konzerte waren ausverkauft, standing ovations, Jubel und Verehrung für Celibidache, der in der Carnegie-Hall gefeiert wurde wie nur wenige andere zeitgenössische Dirigenten zuvor, was auch durch einige kritische Pressestimmen nicht beeinträchtigt werden konnte. Die zweite große Fernost-Tournee vom 4. bis 24.10.1990 durch Japan und Südkorea wurde zu einem noch größeren Triumph als die erste – fast nur Bruckner stand auf dem Programm, die vierte, siebte und achte

Sinfonie. Celibidache und seine Musiker wurden von den japanischen Kritikern besonders geehrt: Ihre Auftritte in Japan wurden zur »besten Konzertveranstaltung des Jahres 1990« gekürt! Die zweite Israel-Reise mußte wegen des Golfkrieges ausfallen. Im Juni 1991 brachten Celibidache und sein Orchester im Amsterdamer Concertgebouw die achte Sinfonie von Bruckner zur Aufführung – ein denkwürdiges Konzert, wenn man die Berichte darüber liest. Im Oktober 1991 führte die umjubelte Europa-Tournee nach Rouen, Madrid, Paris und Kiew. Dann ging es im April/Mai 1992 nach Südamerika, wo Celibidache enthusiastisch begrüßt wurde. Im Oktober 1992 folgte die große Ostasientournee mit Konzerten in Singapur, Bangkok, Hongkong, Taipeh, Tokio und Seoul. Für den März 1993 ist ein Spanien-Besuch geplant, für den April die dritte Japan-Tournee!

Ein besonders bewegendes Erlebnis für Celibidache persönlich – aber auch für sein Orchester, wie man annehmen darf – war die Konzertreise nach Rumänien im Februar 1990. Als der berühmteste und bedeutendste rumänische Musiker unserer Zeit wurde der Maestro von seinen dankbaren und glücklichen Landsleuten in Bukarest überschwenglich gefeiert. Er, der für sie ohnehin eine Symbolfigur ist, war der erste große Künstler des Westens, der nach dem Zusammenbruch von Ceauşescus Terror-Regime das grausam zugerichtete Land besuchte – seine Heimat noch immer, der er auch in den trostlosen Jahren der Diktatur treu geblieben war. Die neue Regierung wollte ihm das Amt des Staatspräsidenten anbieten, und die Rumänen hätten nichts lieber gesehen, als wenn er es angenommen hätte. Doch Celibidache ist Musiker, und er wird es bis zu seinem Tode bleiben. Undenkbar, er würde nicht mehr dirigieren und sich statt dessen politischen Geschäften widmen! Musik in höchster Vollendung war ja auch das Schönste, was er seinen Landsleuten in den sechs völlig ausverkauften Veranstaltungen – vier Konzerte und zwei öffentliche Generalproben – bieten konnte: die Ouvertüre zur »Macht des Schicksals« von Verdi, »Don Juan« von Richard Strauss, die erste Sinfonie von Brahms und die siebte Sinfonie von Bruckner. Christian Mandeal, der Chefdirigent der Bukarester Philharmoniker, meinte, er könne sich nicht erinnern, jemals solche Beifallsstürme nach einem Konzert in Bukarest erlebt zu haben (s. »Rheinischer Merkur/Christ und Welt« vom 23.2.1990). Nachdem im Schlußkonzert die siebte Sinfonie von Bruckner erklungen war, bedankte sich das hingerissene Publikum mit einem tausendstimmigen Gesang in reinem Ges-Dur – »Hoch soll er leben!« sang die Menge, natürlich auf rumänisch, und Celibidache konnte seine Rührung nicht verbergen. Die Medienberichterstattung über diese Reise glänzte allerdings nicht gerade durch korrekte Zeitangaben. »Heimkehr nach vierzig Jahren« – so der Titel eines vom ZDF am 3.3.1990 ausgestrahlten Films von Anca Monica Pandelea über die Rumänien-Tournee. Ähnlichen Fehldatierungen begegnete man in den meisten Zeitungsberichten. Denn Celibidache hatte den Kontakt zu seiner Heimat nie verloren. So besuchte er Rumänien 1970 mit dem Schwedischen Rundfunk-Sinfonieorchester; und auch später noch hat er die Bukarester Philharmoniker dirigiert und mit ihnen Ende der siebziger Jahre einen öffentlichen Dirigentenkurs absolviert, ebenfalls in der Hauptstadt.

Freilich hat Celibidache sich nie politisch engagiert. Die

Diktatur Ceauşescus war ihm verhaßt, nicht anders als der Kommunismus überhaupt und schließlich jede Form der Gewaltherrschaft. In ihrem Einflußbereich gab es für ihn keine annehmbare Wirkungsmöglichkeit. Doch hat er nie öffentlich Stellung bezogen, nie angeprangert und verurteilt, weil er sich dazu nicht berufen fühlte. Ihm nun gerade das vorzuwerfen – so geschehen in dem boshaft-hämischen und die Tatsachen verfälschenden Leserbrief Michael Klatzers in der »Süddeutschen Zeitung« vom 17./18.3.1990 –, zeugt nicht nur von völligen Verkennung der Persönlichkeit, sondern auch von einem absoluten Mangel an Menschenkenntnis. Celibidache ist Künstler, und er lebt für seine Kunst in einer Welt, in der das Grauen an der Tagesordnung ist, lebt für sie mit einer Unbedingtheit, die ihn der Zeit zu entrücken scheint und ihm tatsächlich etwas Mythisches verleiht. Die Nöte der Menschen hat er deshalb nicht vergessen, wofür es genug Beispiele gibt. So reisten er und seine Musiker denn auch nicht nur als Kulturbotschafter nach Rumänien, sondern mit zwei LKW-Zügen mit insgesamt sechzig Tonnen Hilfsgütern – vor allem Kleidung und Nahrungsmittel – für die verarmte Bevölkerung, die in Bukarest und Jassy verteilt wurden. Die Münchner Philharmoniker hatten zu der Spendenaktion, die übrigens fortgeführt wird, aufgerufen, und zahlreiche Firmen und Privatleute waren diesem Aufruf gefolgt. Ähnlich verhielt es sich bei dem Gastspiel in Kiew (Oktober 1991), wo Celibidache und sein Orchester ebenfalls nicht nur als Musikbotschafter auftraten, sondern als Übermittler dringend benötigter Spenden für die ukrainische Hauptstadt. Genau darauf aber kommt es an – Hilfe zu leisten, wann und wo immer es möglich und sinnvoll ist. Das ist wichtiger als alle Proteste einzelner, die erfahrungsgemäß doch nie das angestrebte Ziel erreichen, es gar nicht erreichen können.

Celibidache und seine Münchner Philharmoniker haben ein Reisepensum absolviert, das von kaum einer anderen Musikergemeinschaft dieser Art erreicht, geschweige denn übertroffen wird. Zu den zahlreichen In- und Auslands-Tourneen, von denen hier berichtet wird, gehören auch die regelmäßigen Auftritte bei bestimmten Veranstaltungen, so mit wenigen Ausnahmen bei den Berliner Festwochen seit 1981 und beim Internationalen Bruckner-Fest in Linz/St.Florian seit 1987. Eine besondere Auszeichnung für Celibidache und seine Musiker war die Einladung der deutschen Bundesregierung, am 25.5.1989 in der Beethovenhalle in Bonn dem feierlichen Staatsakt »Vierzig Jahre Bundesrepublik« eine würdige musikalische Umrahmung zu geben. Nur 2 Jahre später, im Juni 1991, begleiteten Dirigent und Orchester den Bundespräsidenten Richard von Weizsäcker auf dessen ausdrücklichen Wunsch bei seinem Staatsbesuch in Rom. Am 23. und 24. Mai 1992 triumphierten Celibidache und seine Musiker auf der Weltausstellung in Sevilla. Und so kann man sagen, daß Celibidache, trotz seiner Ablehnung der Schallplatte und seinen verhältnismäßig sparsamen Fernsehauftritten, mit seinen Münchner Philharmonikern zu einem in aller Welt geachteten und bewunderten Symbol deutscher musikalischer Kultur geworden ist.

In den Jahren nach der großen Krise von 1984/85 gestaltete sich das Verhältnis zwischen Celibidache und der Stadtverwaltung München im allgemeinen positiv. Zwar gab es noch hin und wieder Unstimmigkeiten, die jedoch beigelegt werden konnten. Als Beispiel nenne ich hier den sogenannten Medienstreit, der nicht nur in der Münchener Presse Aufsehen erregte und der im März 1991 einen Höhepunkt erreichte. Die Stadt verlangte von den Orchestermusikern 20% ihres Honorars aus den Medieneinnahmen, sofern die Aufnahmen während der regulären Dienstzeit gemacht wurden. Der Streit zwischen Orchester und Stadtverwaltung erstreckte sich über viele Jahre, begann schon 1972, als erstmals 7% an die Stadtkasse abgeführt werden mußten. Nun waren es 20%, eine Abgabe, der die Musiker schließlich mit Mehrheit zustimmten, obwohl es für diese Forderung in der internationalen Orchesterlandschaft keinen Vergleich gibt. Allerdings werden die Münchner Philharmoniker von ihrer Stadt auch hoch subventioniert. Es hätte nahegelegen, beizeiten eine beide Seiten befriedigende Lösung anzustreben. Als nun die Stadt auch noch verlangte, die Medienabgabe sei rückwirkend für sechs Jahre zu entrichten, sah sich der Orchestervorstand nicht in der Lage, ohne erneute Rücksprache mit den Musikern den Vertrag zu unterzeichnen, für den sich keine Mehrheit gefunden hätte. Im Gegenzug untersagte die Stadt kurzfristig die geplante Fernsehaufzeichnung mit Daniel Barenboim, obgleich Pianist und Dirigent brieflich einen Vorschlag zur Beilegung des Konflikts unterbreitet hatten. Georg Kronawitter war in dieser Angelegenheit offenbar schlecht beraten, allerdings auch das Orchester. Die Stadt München geriet durch ihren unsensiblen Umgang mit hochqualifizierten Künstlern in ein schlechtes Licht, was auch in den überregionalen Zeitungen mit Befremden vermerkt wurde. Indessen kam es schon bald zu einer Einigung, wodurch eine

Ausweitung des Streits vermieden werden konnte. Die Aufnahmen mit Barenboim sind gesichert.

Auch die kulturpolitischen Direktiven des Kulturdezernenten Siegfried Hummel – Kolbes Nachfolger – zeichnen sich trotz begrüßenswerter Progressivität nicht immer durch das notwendige Feingefühl aus. Er wollte Hans Werner Henzes Musiktheater-Biennale durch spektakuläre Maßnahmen fördern und verlangte für die Veranstaltungen des Jahres 1992 die Mitwirkung der Münchner Philharmoniker. Sie sollten Werke moderner italienischer Komponisten spielen, und zwar unmittelbar vor ihrer großen Südamerika-Tournee mit Celibidache im April/Mai 1992. Celibidache jedoch hatte erhebliche Bedenken, daß seine Musiker sich während der Vorbereitungen für die Tournee zusätzlich noch mit extrem moderner Musik beschäftigen sollten. Er befürchtete sicher zu Recht nachteilige Auswirkungen auf den Musizierstil des Orchesters, die er gerade bei dieser so wichtigen Südamerika-Reise nicht akzeptieren konnte. Und deshalb erklärte er, eine Mitwirkung der Münchner Philharmoniker bei der Biennale 1992 käme nicht in Frage. Daraufhin drohte die Stadt, die Tournee einfach abzusagen. Das war noch zur Zeit des Medienstreits, als die Stadtväter einen harten Kurs gegen Dirigent und Orchester zu steuern versuchten. Dabei hätten sie aufgrund früherer Erfahrungen längst wissen müssen, daß man mit Sergiu Celibidache nicht Schlitten fahren kann. Auch diesmal setzte er sich energisch durch: Die Münchner Philharmoniker brauchten an der Biennale nicht teilzunehmen und die Südamerika-Tournee fand mit großem Erfolg statt!

Im Grunde weiß die Stadt ja auch, was München und die

Münchner Philharmoniker Celibidache verdanken, und nicht zuletzt der Oberbürgermeister weiß das. Georg Kronawitter verfügt vielleicht über kein musikalisches Fachwissen, doch ist er integer und klug genug, um die starke Persönlichkeit seines Generalmusikdirektors zu würdigen.

Zudem dürfte es den Münchener Stadtvätern nicht verborgen geblieben sein, was Celibidache an Ehrungen gerade im Jahre 1991 widerfuhr: am 24.3. die Ernennung zum Professor ehrenhalber der Stadt Berlin durch den Regierenden Bürgermeister Eberhard Diepgen und unmittelbar anschließend die Ernennung zum Ehrenmitglied des Rundfunk-Sinfonieorchesters Berlin; bereits Ende 1990 die Einladung des Bundespräsidenten Richard von Weizsäcker zur Übernahme der Benefizkonzerte der Berliner Philharmoniker im Frühjahr 1992; die Begleitung des Bundespräsidenten mit seinen Musikern bei dessen Staatsbesuch im Juni 1991 in Rom; die Ernennung zum Honorarprofessor der Staatlichen Musikhochschule in München und die Überreichung des Großen Bayerischen Verdienstordens durch den Ministerpräsidenten Max Streibl im November 1991. Diese höchste bayerische Auszeichnung war bereits im Juli vergeben worden, doch konnte Celibidache sie um diese Zeit nicht in Empfang nehmen. Es lag ganz gewiß nicht im Interesse der Stadt München, mit dem allseits geehrten und verehrten großen Mann weiter im Streit zu bleiben, zumal das letzten Endes zu nichts führte. Das Bewußtsein, eine einzigartige Dirigentenpersönlichkeit für die Münchner Philharmoniker gewonnen zu haben, stand nun wieder ganz im Vordergrund, und es erschien selbstverständlich, daß man sich zu dem bevorstehenden

80. Geburtstag des Maestro etwas ganz Besonderes einfallen lassen mußte.

Georg Kronawitter schlug vor, Celibidache die Ehrenbürgerwürde der Stadt München zu verleihen, und der Ältestenrat der Stadt billigte einstimmig diesen Vorschlag des Oberbürgermeisters. Die Urkunde sollte ihm am 27.6. überreicht werden, im Rahmen eines Festkonzerts der Münchner Philharmoniker und des Philharmonischen Chors München am Vorabend des Geburtstags.

In den Münchener Tageszeitungen sowie in den Presseorganen anderer Städte und in den großen überregionalen Zeitungen war Celibidache schon vor seinem Ehrentag ausführlich gewürdigt und gefeiert worden, wobei sich vereinzelte kritische Einwände in Grenzen hielten. Zum Datum des Geburtstages folgende Anmerkungen: Celibidache ist nach dem damals noch in Rumänien geltenden Julianischen Kalender am 28.6.1912 in Roman geboren, was dem 11.7. des heute allgemein gültigen Gregorianischen Kalenders entspricht. Sein »richtiges« Geburtsdatum ist also nach der üblichen Zeitrechnung der 11.7., ein auch für Rumänien seit der Angleichung des russischen Kalenders an den Gregorianischen nach 1918 verbindliches Datum. Paradoxerweise feierte die Stadt München seinen 80. Geburtstag nach dem alten Julianischen, seine rumänischen Angehörigen und Freunde aber nach dem aktuellen Gregorianischen Kalender. Celibidache kam also in den Genuß einer doppelten Geburtstagsfeier! In den Zeitungen und anderen Veröffentlichungen wurden die beiden Daten meist durcheinandergeworfen. Journalisten und Politiker scheinen mit der Kalenderreform des Papstes Gregor XIII. von 1582 auf dem Kriegsfuß zu stehen!

Doch nun zurück zu unserem Festkonzert vom 27.6.1992. Unter den geladenen Gästen befanden sich der rumänische Botschafter Radu Comsa, Umweltminister Peter Gauweiler sowie zahlreiche Vertreter des Stadtrates, der Kirchen und Religionsgemeinschaften, des Konsularischen Korps, der Hochschulen, der Wirtschaft und nicht zuletzt des Münchener und internationalen Musiklebens. Bundespräsident Richard von Weizsäcker, der sich zu dieser Zeit noch in Afrika befand, hatte ein Glückwunschtelegramm geschickt, ebenfalls Bundeskanzler Helmut Kohl und Ministerpräsident Max Streibl, die beide verhindert waren. Das ausverkaufte Konzert war eine Benefizveranstaltung, deren Erlös für die neugegründete »Celibidache-Stiftung« zur Förderung junger Dirigenten und Orchestermusiker bestimmt war.

Zu Beginn sang der Philharmonische Chor unter der Leitung von Joshard Daus die Motette »Ecce sacerdos magnus« für gemischten Chor, 3 Posaunen und Orgel von Anton Bruckner, eine festliche Begrüßung für den Jubilar, der zuvor unter brausendem Beifall vom Oberbürgermeister in den Saal geführt worden war. Nach der eindrucksvollen Aufführung der Motette folgte Georg Kronawitters Festansprache, aus der ich hier zitiere:

»Dank Ihrer kontinuierlichen Aufbauarbeit, Ihres – auch musikpädagogisch – so außergewöhnlich feinsinnigen Einfühlungsvermögens und Ihrer konsequenten Erziehung zur Präzision, sind die Münchner Philharmoniker zu einem Orchester von Weltgeltung aufgestiegen ... München hat Sie ins Herz geschlossen. Aus Anerkennung wurde Bewunderung, aus Bewunderung Verehrung. Wie nur ganz wenige haben Sie dem Rang und Ruf

Münchens als Musikstadt neuen Klang und neuen Glanz verliehen. Wir sind stolz auf Sie.«

Die Laudatio des Oberbürgermeisters wurde immer wieder von heftigem, langanhaltendem Beifall unterbrochen. Nach Überreichung der Urkunde zur Ernennung des neuen Ehrenbürgers – »die höchste Ehrung, die die Stadt zu vergeben hat«, wie Kronawitter sagte – bedankte sich Celibidache mit einer kleinen, herzlichen Ansprache und schloß, sichtlich bewegt, mit den Worten: »Ich bitte Gott, daß er mir die Kraft gibt, die Menschen, die an mich geglaubt haben, nicht zu enttäuschen und danke für die brüderliche Umarmung.« Nach Franz Lachner, Richard Strauss, Hans Knappertsbusch, Carl Orff und Werner Egk ist er nun der sechsten musikalische Ehrenbürger Münchens. Insgesamt wurde diese seltene Auszeichnung seit 1820 nur vierundvierzigmal verliehen.

Zum Abschluß und Höhepunkt des Festaktes dirigierte Celibidache die fünfte Sinfonie von Beethoven. Man hatte sie erst kürzlich von ihm in einer überwältigenden Wiedergabe gehört, die einhellige Begeisterung beim Publikum und in der Presse ausgelöst hatte. Diese Festaufführung schien mir in vieler Hinsicht die vollendetste Interpretation des bekannten Werkes zu sein, die ich bis dahin gehört hatte. Die Münchner Philharmoniker waren in Hochform, spielten sich gleichsam die Seele aus dem Leib, als wollten sie beweisen, daß sie unter Celibidaches Leitung tatsächlich ein Spitzenorchester geworden waren – für ihn gewiß der schönste und beglückendste Dank. Danach unendlicher Jubel – die Ovationen für den Gefeierten und seine Musiker dauerten über eine Viertelstunde. Celibidache sah sich von einem Meer von Blumen umgeben, die ihm von allen Seiten heraufgereicht wurden. Unter den Geschenken befand sich auch ein Scheck der »Gesellschaft der Freunde und Förderer der Münchner Philharmoniker« über DM 20.000,–, gedacht als Starthilfe für die »Celibidache-Stiftung«.

Am folgenden Tag, also am 28.6., empfing Celibidache in der Schloßkirche Haimhausen aus der Hand des bayerischen Kultusministers Hans Zehetmair das ihm vom Bundespräsidenten verliehene Große Verdienstkreuz mit Stern des Verdienstordens der Bundesrepublik Deutschland – die höchste Auszeichnung der Bundesrepublik für einen Zivilisten. Das Große Verdienstkreuz (ohne Stern) hatte ihm bereits am 28.11.1954 der damalige Bundespräsident Theodor Heuß verliehen. Noch am Abend des gleichen Tages flogen Celibidache und seine Musiker nach Köln zu zwei Konzerten, bei denen dem Maestro eine ungewöhnliche Ehrung zuteil wurde: Als er, gestützt auf den Arm des Philharmonie-Direktors Franz Xaver Ohnesorg, den großen Saal betrat, erhoben sich die Besucher spontan von ihren Plätzen und empfingen Celibidache mit »standing ovations« schon vor dem Konzert! Das hatten nicht einmal die doch sonst so begeisterungsfähigen Münchener fertiggebracht!

Die vielen Ehrungen und Auszeichnungen bedeuteten für Celibidache gewiß Freude und Genugtuung, denn man darf nicht vergessen, daß er in seinem 47jährigen Dirigentenleben oft heftiger Kritik und sogar persönlichen Angriffen durch seine Widersacher ausgesetzt war. Nur drei Monate vor seinem 80. Geburtstag mußte er Albrecht Roeselers gehässigen Bericht in der »Süddeutschen Zeitung« über das Berliner Konzert sowie Joachim Kaisers rüde Anpöbelung im SZ-Magazin Nr. 15 vom 10.4.1992 (S. 27) hinnehmen. Das Kaiser-Zitat verbreitete sich wie ein Lauffeuer; die Empörung darüber war groß. Joachim Kaiser wird mit dieser peinlichen Entgleisung leben müssen, und er wird erfahren, daß er seinem Ansehen als Kritiker damit einen schlechten Dienst erwiesen hat. Rezensionen aus seiner Hand über Celibidache kann nun wohl niemand mehr ernstnehmen.

Der Maestro selbst nahm das alles mit Humor und Achselzucken hin und ging zur Tagesordnung über. Nach der Sommerpause erwartet ihn die Spielzeit 1992/93 mit einer wiederum sehr ausgedehnten Konzerttätigkeit im In- und Ausland. Daß ihm physisch die Kraft erhalten bleibe, um die damit verbundenen Belastungen durchzustehen, wünschen ihm die Musikfreunde in aller Welt. Geistig ist er gerüstet. Hans Krieger schreibt in seiner schönen Würdigung in der Bayerischen Staatszeitung vom 26.6.1992:

»Celibidaches Musizieren hat sehr viel gemein mit der Selbstvergessenheit des ZEN-Bogenschützen ... Daher die meditative Gesammeltheit, der konzentrierte Energiefluß, die atmende Natürlichkeit seines Musizierens, in dem alles ganz selbstverständlich wirkt, obwohl gerade diese Selbstverständlichkeit das am allerwenigsten Selbstverständliche ist. Überhaupt nicht selbstverständlich ist, daß es einen solchen Musiker heute gibt, und daß wir ihn in München hören können ... Wir gratulieren in Dankbarkeit. Und wir gratulieren uns zu ihm.«

Ich möchte hier nun zwei Orchestermitgliedern der Münchner Philharmoniker das Wort geben, die seit vielen Jahren mit Celibidache zusammenarbeiten. Zunächst Helmut Nicolai, Solobratscher seit 1982, im Gespräch mit Sibylle Storkebaum:

Maestro Celibidache sagt: »Meine Kollegen sind die Musiker« – wie erleben Sie diese Kollegialität?
Da gibt es verschiedene Beispiele. Es ist schon mal ungewöhnlich, daß Celibidache jeden Musiker des Orchesters mit seinem Namen kennt. Er hat ein phänomenales Gedächtnis, aber, wie wir alle wissen, muß man dazu auch den Willen haben. Ganz offensichtlich nimmt er die Leute als Menschen wahr und nicht als Klaviertasten, sieht sie nicht bloß als ausführende Organe, sondern will, daß wir seine Vorstellung von Musik bewußt erleben.

Seine Kollegialität zeigt sich auch ganz spontan, unbürokratisch. Ich wollte mal eine Bratsche kaufen, von der ich sehr fasziniert war. Da hat mir Celibidache eine ziemlich große Summe Geld in die Hand gedrückt und hat gesagt, so, das zahl mal erst an, wir halten die Bratsche fest. Oder bei der Krankheit vom Kollegen Hecker, da war Celibidache der Erste am Krankenbett, nicht die Kollegen. Er steht wirklich auf der Matte und besucht die Leute. Das ist außergewöhnlich, und das kennt man sonst von niemandem. Natürlich liegt in solcher Zuwendung auch immer eine gewisse Ungerechtigkeit. Ein Dirigent, der in einem Orchester persönliche Beziehungen aufbaut, wird mehr Probleme haben als einer, der von vornherein auf Distanz hält und das Orchester als anonymen »Klangkörper« betrachtet, bei dem es nicht sinnvoll ist, wirklich Kontakte aufzunehmen.

Wie werden Sie denn Kollege von Celibidache?
Voraussetzung ist, daß wir zumindest versuchen, unsere Arbeit mit größter Aufmerksamkeit, Zuwendung und Präsenz zu erfüllen. Es ist ja spürbar für einen Dirigen-

ten, wie weit einer bereit ist, sich der Sache zu öffnen oder nicht. Man muß auch zu ihm hingehen und ihm sagen, was einem auf dem Herzen liegt. Selbstverständlich kann man das nicht auf dem Podium machen, bei 120 Leuten gibt's 120 Meinungen, und einem Dirigenten muß man dort seine Priorität lassen. Auch in der großen Krisenzeit haben wir mit ihm gesprochen, und gefeiert, und am Ende eines Festes hat er gesagt: »Die Liebe ist das Größte, aber vielleicht ist die Freundschaft noch was Größeres?«

Hat er eigentlich Humor?
Ja. Er hat Humor und kann sehr wohl auch über sich selbst lachen. Humor ist doch ein Bestandteil der Musik, seiner Musik, wie Erotik, Sinnlichkeit und Frivolität – und das versucht er uns auch nahezubringen.

Wie redet man mit Celibidache über Musik?
Celibidache ist in seinen Erfahrungen und seinem Verständnis der Musik sehr weit, darum ist es schwer, ein kompetenter Gesprächspartner zu sein, subjektiv. Doch es ist möglich, mit ihm über Wünsche im Bereich der Programmplanung, aber auch über Vorstellungen über den Klang des Orchesters zu sprechen.

Maestro Celibidache steht ja sehr hinter Ihrer Kammermusik?
Kammermusik ist meine stille und auch hörbare Leidenschaft, doch seit ich in diesem Orchester spiele, interessiert mich Orchestermusik mehr als je zuvor. Denn mit

»Celi« versuchen wir Kammermusik als Orchester zu machen. Also die gleichen Feinheiten, die gleichen Inhalte im Symphonieorchester zu realisieren, wie sie in der Kammermusik notwendig sind.

Merkt man in der Arbeit mit Celibidache seine naturwissenschaftliche Basis, seine Beschäftigung mit Mathematik?
Ja, man merkt, daß er mathematisch denkt, sich aus wissenschaftlichem Interesse heraus mit Physik – Problemen der Akustik zum Beispiel – beschäftigt. Seine Mathematik ist Philosophie, sie bewegt sich, grob gesagt, nicht auf der Ebene von $2+2=4$, sondern ist vielschichtig, dreidimensional, wahr.

Beeinflußt Sie seine Philosophie?
Ich kann sie gut verstehen, sie ist ein Teil seiner Musik. Im Buddhismus, im Zen, dokumentiert sich eine Freiheit innerhalb der Disziplin, da liegt ja gerade der Widerspruch, der so reizvoll und wichtig ist: extreme Disziplin, die man in der Musik haben muß, und gleichzeitig Freiheit, den Moment ständig neu zu erleben. Das kann ich auch ab und zu so erleben – ich habe mich frei gefühlt, sehr konzentriert und gleichzeitig aufnahmebereit.

Wie werden Sie mit seiner Offenheit, Direktheit fertig?
Was seine Kritik an anderen Musikern betrifft, da habe ich immer wieder erlebt, daß Dirigenten bei Proben über andere Dirigenten in ironischer, versteckter Form herziehen. Sie haben alle ihre Antipoden, das ist doch was

ganz Normales, das gibt's doch auch bei Musikern. Und er ist eben derjenige, der öffentlich ausspricht, was andere nur zu Hause sagen. Und er ist ja auch bereit, Positives zu erzählen; zum Beispiel zitiert er seinen großen Furtwängler mit Liebe und Begeisterung. Ich persönlich ziehe Direktheit und Offenheit dem Versteckspiel vor, weil man sich so auf alle Fälle schneller besser versteht, Konfrontationen und Härten eingeschlossen.

Was assoziieren Sie mit Celibidache?
Spontan: das Wort Löwe. Manchmal ist er ja erstaunlicherweise in der Lage, lauter zu brüllen als das ganze Orchester im Fortissimo. Er ist eine sehr merkwürdige Mischung. Manchmal ist das Mediterrane in ihm sehr stark zu spüren, das Goldkettchen am Handgelenk, seine starke Beziehung zum Süden, seine Wärme. Er ist absolut kein nördlicher Mensch, kein pragmatischer Manager. Eben ein Löwe. Er kann sehr emotional, sehr sinnlich, sehr charmant sein. Auch Chamäleon würde mir einfallen, die Vielfalt seiner Möglichkeiten, die Farben zu wechseln: Bruckner, Debussy, Schütz!

Lehrer? Orchestererzieher?
Komischerweise nicht.

Mystiker?
Kann ich nicht sagen, denn er macht nichts Mystisches, sondern begründet alles, schafft eine Realität. Man kann das sehr wohl hören, wenn man die Ohren aufsperrt.

Radikaler?
In der Musik, überhaupt in seinen Entscheidungen, ist er sehr radikal. Wenn er einen Teil seiner Radikalität aufgibt, dann sagt er »Ich laß mich wieder breitschlagen!«, er bleibt also eigentlich radikal, aber sieht, daß er ein bißchen nachgeben muß. Und wenn einer von uns versucht, ihn in eine Richtung zu schieben, ihn zu einem pragmatischen Kompromiß zu drängen, dann sagt er: »Ach, Sie stehen nicht mehr auf meiner Seite!« Womit er ja irgendwie recht hat, denn wir wollen ihn ja von seiner Seite wegbringen. Aber unser Problem ist, daß wir uns auch noch mit anderen Dirigenten herumschlagen müssen. Und wenn wir so radikal wären, wie er es ist, dann könnten wir als Orchestermusiker nicht überleben.

Entgeht Ihnen durch Celibidaches Weigerung, Platten einzuspielen, nicht eine Menge Geld?
Für mich ist das kein Punkt, ich habe schon in Berlin auf viele Aufnahmen verzichtet, bin lieber spazierengegangen oder habe Kammermusik gemacht. Aber ich kann den Standpunkt der Kollegen verstehen, die vielleicht nicht so viel Zeit für Kammermusik brauchen wie ich. Wenn Celibidache mit dem Orchester Platten machen würde, trüge ich das selbstverständlich mit.

Einer Ihrer Kollegen hat gesagt: »Entweder Platten oder ›Celi‹, wir haben uns für ›Celi‹ entschieden!« Kann man das, Ihrer Meinung nach, so zusammenfassen?
Nein, so einfach möchte ich das nicht sehen. Für die Platten muß es ja auch einen Markt geben, und die Situation bei Klassik und Orchestermusik ist sehr eng. Man

233

möchte ja auch, wenn man schon seine Zeit opfert, vernünftige Honorare und vernünftige Lizenzen haben. Jetzt, mit Celibidache, könnte man natürlich davon ausgehen, daß die Konditionen stimmen und die Aufnahmen verkauft würden.

Erkennen Sie eigentlich Vorteile in den ungewöhnlich vielen Proben?
Ich hab's gern, wenn man intensiv arbeitet, schön lang in die Sachen reingeht, Phrasierungen ausprobiert und die Bogenstriche. Wir leben sowieso so schnell, bleiben einen großen Teil unseres Lebens an der Oberfläche und beschäftigen uns mit so viel Kram, da bin ich nur dankbar, wenn man mal mit etwas intensiv umgehen kann.

Kommen Sie nicht in die Versuchung, den Maestro auf einen Denkmalssockel zu setzen?
Klar. Aber auf einen Sockel kann man ihn ja ruhig setzen, man muß nur in der eigenen musikalischen Arbeit autonom bleiben. Seit ich Celibidache kenne, hat sich sehr viel verändert in meiner Musik, ich denke über viel mehr nach, spiele vieles anders, als ich es früher gewohnt war, weiß jetzt auch einfach mehr. Auch beim Unterrichten habe ich mehr Hintergrund, ein stärkeres Bewußtsein. Trotzdem kann ich natürlich nicht so tun, als wäre ich Celibidache. Meine Art, Musik zu machen, hat immer mit mir zu tun.

Philharmonische Blätter, Juni 1989

Jörg Eggebrecht, Cellist im Orchester der Münchner Philharmoniker seit 1966, 1978 bis 1983 im Orchestervorstand sowie im Personalrat tätig, hat sich wiederholt über die Arbeit mit Celibidache geäußert. Im Gespräch mit Sibylle Storkebaum sagte er u.a.:

...Einige Zeit später, als Herr Celibidache schon mit uns zu tun hatte, sagte uns der Oberbürgermeister: »Es ist doch interessant. Dieser Dirigent sagt dasselbe wie Sie. Er verlangt eine Erhöhung der Stellenzahl, einen neuen Tarifvertrag, der an den des Bayerischen Rundfunks angelehnt ist, er verlangt eine Arbeitssituation, in der man verantwortungsvoll große Musik machen kann. Ich hoffe, es kommt zu einer Zusammenarbeit.«

Dieser Orchestervorstand, bei dem ich mich besonders gern an die Kooperation mit Jürgen Borchers erinnere, Flötist bei uns und damaliger Sprecher des Vorstands, hatte das große Erlebnis der ersten Begegnung mit Maestro Celibidache. In einem Hotel kam er uns entgegen: ein unvorstellbar intensiver Eindruck. Ein düsterer Mann, ein im Gehen etwas behinderter Mann, ein Mann von einer ungeheuren Kapazität. Seit drei Jahren waren wir damals schon auf der Suche nach einem neuen Chefdirigenten. Wir erkannten sofort, daß wir da jemanden vor uns hatten, mit dem es ernst wurde. Und daß auch wir eine Verantwortung hatten, dafür sorgen mußten, daß dieser Künstler mit uns seine genialen Fähigkeiten entwickeln könnte. Es war bekannt, daß Sergiu Celibidache nirgendwo sehr lange bleibt. Wir suchten aber nach einem Dirigenten, der langfristig mit uns arbeitet. Also würde es bei einer Zusammenarbeit darauf ankommen, so mit diesem Menschen umzugehen, daß er seine Arbeit umfassend für uns leisten könnte.

Bestätigte sich dieser erste Eindruck?

Er war, glaube ich, absolut richtig! Und er hat es allen Vorständen bis heute ermöglicht, mit diesem großen Künstler auszukommen, Krisen zu bewältigen, schwerste Krisen, aber auch große Triumphe zu feiern und Konzeptionen durchzusetzen, die in der Welt heute ganz einzigartig sind.

Spielen Sie hier auf das Verhältnis der Münchner Philharmoniker mit der Stadt München an?

Herr Celibidache hat von Anfang an eine Struktur gefordert, die ermöglicht, daß der Oberbürgermeister, der Stadtrat und das Kulturreferat sofort mit all unseren Plänen, Aktivitäten und Konzeptionen direkt beschäftigt sind. In dieser Forderung steckte sein Wunsch, daß die Stadt und ihre Bürger ein neues Verhältnis zu ihrem Orchester gewinnen sollten, vergleichbar höchstens mit der Situation in Berlin oder Wien. Dieser Mann, von dem man uns gesagt hatte, er sei ein Autokrat und sehr, sehr selbstherrlich, forderte eine demokratische Struktur! Es wurde ein Gremium bestellt, eine Art Verwaltungsbeirat, wie er laut Bayerischer Gemeindeordnung zulässig ist, der sogenannte »Fünferrat«. Abstimmungsberechtigt sitzen in ihm der Chefdirigent, der Orchesterdirektor oder Intendant, zwei Stadträte und der Sprecher des Orchestervorstands. Andere Betroffene können an den Beratungen teilnehmen. Mit dieser Institution haben wir die besten Erfahrungen gemacht. Im Laufe der Jahre wurden tatsächlich Bedingungen geschaffen, die uns dem Ziel, den Münchner Philharmonikern ihren traditionellen Rang wiederzugeben, nähergebracht haben. Die neue

Proben- und Konzertordnung etwa ist ein Beispiel. Die Landeshauptstadt München gestand sie Herrn Celibidache zu. Für jedes Programm wird länger gearbeitet als früher üblich, und damit wird ein höherer künstlerischer Standard erreicht. Auch die Forderung nach einem neuen, adäquaten Tarifvertrag, die schon 1979 als einstimmiges Votum des Stadtrates vorlag, konnte unter der entschiedenen Mitwirkung des Orchestervorstands bis 1983 verwirklicht werden. ...

Schildern Sie einmal das Engagement Maestro Celibidaches?
Ich habe miterlebt, daß er sich in einer Weise, die ich mir vorher nicht hätte vorstellen können, mit Neuer Musik beschäftigt hat. Ich erinnere an seine wundervollen Aufführungen von Bialas' »Lamento di Orlando« und an Peter Michael Hamels Symphonie »Die Lichtung«. Da haben Prozesse zwischen Komponist und Dirigent stattgefunden, die ganz außergewöhnlich sind.
Ich erinnere mich auch noch gut daran, daß Maestro Celibidache uns immer wieder befragt hat: »Wie stellt Ihr Euch das vor? Was wollt Ihr haben? Was sollen wir spielen? Wie sollen wir die deutsche Musik erarbeiten? Wie können wir uns unbekannte Werke erarbeiten, wenn wir doch jetzt reisen sollen?« Dies Erlebnis, daß ein Künstler, von dem es nicht vorherzusehen war, demokratische Strukturen einführte, sich der Stadt München gegenüber höchst verantwortlich fühlte, und die Situation der Neuen Musik derart ernst nimmt, hat mich persönlich mit großer Freude erfüllt.
...Dieser Künstler ist eminent ansprechbar, wenn ihm

eine geistvolle, hieb- und stichfeste Konzeption vorgetragen wird, wenn er spürt, daß dahinter ein ehrlicher
Wille steckt. Ein Wille, der von Verantwortung getragen
wird, und auch von der Möglichkeit, utopisch zu träu-
men. Natürlich wird er seine Einwände machen, nach
der Realisierung fragen, aber schließlich hat er ja auch
die größte Erfahrung.

*Nach dem, was ich von Ihnen allen weiß, beschäftigt
mich jetzt die Frage, was denn »deutscher Stil« bedeutet.*
Den alten Klang mit heutigen Instrumenten wiederfin-
den, zum Beispiel. Maestro Celibidache hat uns von
Furtwängler erzählt, von der besonderen Musikausbil-
dung, die man damals in Deutschland genossen hat; er
sprach davon, daß er damals etwas gelernt habe, was er
mit uns diesem Land zurückgeben wolle.
Sehen Sie: man spielt Brahms in der ganzen Welt wirklich ziemlich gleich – möglichst schnell, laut und brillant.
Ist das der Sinn? Die Frage nach dem Sinn dessen, was
wir tun, erhebt in meinen Augen unseren Chefdirigenten
in dieser Beziehung in den Rang Gustav Mahlers, den er
gern zitiert: »Alles steht in den Noten, nur das Beste
nicht!« Ich glaube, wir haben uns durch die Beschäftigung mit der Strukturierung des Klanges, damit, daß ein
ganzes Orchester aufeinander hört und schließlich wie
ein riesiges Kammermusikensemble miteinander um-
geht, etwas von unserer fast verlorenen Identität zurück-
erobert.
Zum »deutschen Stil« gehören auch Tempi, die die ganze
Fülle der Klanggestaltung zulassen. Das hat nun wieder
mit der gesamten, auch philosophischen Beschäftigung

des Maestro mit der Musik zu tun. Der musikalische Raum, also das Entstehen von Musik im Hier und Jetzt, ist etwas Unmittelbares, in dessen physikalischem Raum selbst das Publikum ein Teil des Gesamtgeschehens wird. Dies könnte man als ideale Demokratie bezeichnen.

Die eminent humanistische Einstellung Herrn Celibidaches zur Musik hat mich mit größter Bewunderung für diesen Künstler erfüllt. Und mit seinem Begriff des »geistigen Einschwingungsvorgangs« versucht er, jedem Einzelnen musikalisch und persönlich die Eigenschwingung im Ganzen zu ermöglichen, so, wie er auf dem Podium niemals gegen den Bogen schlägt.

Können Sie über Ihre persönlichen Erlebnisse im Zusammensein mit Sergiu Celibidache sprechen?
Das tiefste Erlebnis besteht für mich darin, daß dieser Künstler eine ganz bestimmte Nähe zuläßt, die sich ausdrückt in gemeinsamen Erfahrungen, gemeinsamen Gesprächen, in gemeinsam erarbeiteten Erfolgen und Konzepten, in einem Austausch auf dem Konzertpodium jenseits der Sprache, in dem Bewußtsein, daß wir einer Sache zu dienen haben. Das heißt spontanes Erlebnis und Gestaltung des dem jeweiligen Werk adäquaten Klanges, Zeigen des fast verlorengegangenen »deutschen Stils«. Diese Nähe beinhaltet das Wissen von seiner Seite: das, was ich jetzt sage, kann für einen Menschen eine wesentliche Bedeutung haben. Für mein damaliges Leben hat zum Beispiel das Wort »Laß es doch entstehen! Nichts machen wollen, laß es wachsen!« eine sehr tiefe Wirkung gehabt. Es sind andere Worte hinzugekom-

men: »Artikulieren heißt vermenschlichen« und »Nicht etwas ist Musik, sondern etwas kann Musik werden«, oder »Es gibt keine Alternative zur Musik«.

Er läßt Nähe zu und glaubt als einer der ganz wenigen Dirigenten, die ich kennengelernt habe, an das Licht in jedem Menschen, an seine Wachstumsmöglichkeiten. Wenn er enttäuscht ist, weil etwas nicht in Ordnung ist oder nicht so schnell vonstatten geht, wie er sich das wünscht, dann bedeutet auch das Nähe: Wie bestehen wir gemeinsam diese Enttäuschung!

Ich habe diesen Mann erlebt als großen Künstler, als eine väterliche Figur für das ganze Orchester, als einen Freund, als einen sehr schwierigen Mann, auch als einen armen Mann, von Krankheit eine Zeitlang gezeichnet, von Schmerzen gepeinigt, der mit großen Mühen seine Konzertverpflichtungen absolviert hat. Ich habe ihn erlebt als einen utopisch denkenden Mann, als Weisen, habe ihn in großer Freude und in großer Verzweiflung gesehen oder erleben dürfen. Weil er in seinem Wesen immer aus Gegensätzen eine Einheit entstehen läßt, kommt in seiner Arbeit quasi ein androgynes Element, also auch etwas »Feminines«, zur Geltung, als Teil der Welt, in der Musik eine so eminente Rolle spielt.

Was verstehen Sie unter »feminin«?

Die Gewaltlosigkeit. Dieses Orchester spielt unter seiner Leitung als einziges in der Welt Musik, die ohne Krach auskommt, Musik, die deutlich ist. Maestro Celibidache ist ein sehr klarer Geist, an Philosophie, zum Beispiel Phänomenologie, und Goethe genauso vital interessiert wie am Zen-Buddhismus und unzähligen anderen Sachen. Er spricht mehrere Sprachen und läßt kein wichtiges Fußballspiel aus. Beckenbauers Konzeptionen, warum er Spieler A dorthin stellt und Spieler B das machen läßt, beschäftigen ihn. Es ist ihm eben diese ungeheure Hingabefähigkeit eigen. Dies zu verbinden bedeutet natürlich eine gewaltige Anforderung an ihn, läßt ihn als schwierig gelten, bedeutet, daß Krisen entstehen mußten.

Sie denken jetzt an 1984?
...Wir haben alle damals sein Weggehen als Katastrophe empfunden, und es gab sicher einige, die ihn bis dahin nicht verstanden hatten, die sein manchmal schroffes Wesen sehr schwer verkraftet haben. Aber für uns als Orchester hat diese Krise nach dem buddhistischen Wort, daß die gute Situation oft die schlechte und die schlechte die eigentlich gute ist, nach harten und oft sehr persönlichen Auseinandersetzungen zu einer neuen Einheit, einem neuen Vertrauen geführt. Ich habe den Eindruck, daß wir uns im Grundsätzlichen sehr gut verstehen und wünsche zutiefst, daß dieser Zusammenhalt bestehen bleibt und neue künstlerische Taten hervorbringt.

Welche Rolle spielt dabei die Musik?
»Musik ist nicht nur schön, Musik ist wahr«, sagt Maestro Celibidache. Sich mit der Wahrheit zu beschäftigen ist rar, ist eine unglaubliche Sache. Den Sinn für die direkte Emanation des Seins in jedem zu wecken, jenseits unserer Beschränkungen, unserer Tagesbeschäftigungen, diese menschenerziehende Aufgabe hat Sergiu Celibidache bei uns übernommen.

Herr Celibidache hat uns übrigens angeboten, mit anderen großen Dirigenten Schallplattenaufnahmen zu machen. Ich finde, es ist eine grandiose Leistung des Orchesters, daß wir alle diese Position von Herrn Celibidache mitgetragen haben, daß wir uns diesem Erziehungsprozeß gestellt haben.

Philharmonische Blätter, Juni/Juli 1989

Drei Jahre später sprach Tristan Berger mit Jörg Eggebrecht, und auch dieses Gespräch gebe ich hier auszugsweise wieder:

Herr Eggebrecht, seit über 25 Jahren sind Sie Mitglied der Münchner Philharmoniker, erleben seit nunmehr über 12 Jahren hautnah einen GMD, dem man vordemokratisches Denken, Autokratismus und zuletzt nun Frauenfeindlichkeit vorwirft.
Es kann keine Rede davon sein, daß der Maestro frauenfeindlich eingestellt wäre. Ausgehend von einem für uns alle sehr schmerzlichen Fall, sind diesbezüglich ganz falsche Dinge in die Welt gesetzt worden. Wir erlebten ausreichend Schwierigkeiten mit uns Männern, aber das sind doch menschliche Probleme. Ob Mann oder Frau: Maestro Celibidache ist nur interessiert an der besten professionellen Leistung sowie untadeligem Verhalten im Orchester.

Vor drei Jahren äußerten Sie in einem Interview die Ansicht, in Celibidaches Kunst komme ein gewissermaßen

androgynes Element zur Geltung, also auch etwas »Fe-
minines«.
Natürlich, Sie brauchen bloß seine Hände beim Dirigieren anzuschauen. Die rechte Hand, als maskulines Element, führt den Bogen, den Taktstock und stabilisiert
den Rhythmus. Da wird metrische Ordnung geschaffen,
das Gesetzgebende. Und die linke Seite ist eben die
Herzseite, über die linke Hand des Dirigenten verbreitet
sich die Strahlung des Herzens im Raum, als Klangmo-
dellierung z.B., die allein erst zuläßt, was wir Musik
nennen. Im übrigen ist jeder Mensch männlich und
weiblich gemischt und strebt hierin nach Balance und
Synthese.

Wie schlägt sich das in der Arbeit Celibidaches mit dem
Orchester nieder?
Maestro Celibidache ist der aufmerksamste und direkte-
ste Mensch, den ich kenne. Was er am meisten haßt, ist
Hinterhältigkeit und Nicht-Offenheit. Und es ist ein
Märchen, daß er unfähig sei, etwas für ihn Unangeneh-
mes einzusehen. Wir haben genug Situationen erlebt, wo
ich mich wunderte, als er sagte: »Ja, ich muß einsehen,
ich werde versuchen, das zu ändern«, sogar vor dem
ganzen Orchester. Sergiu Celibidache ist ein außerordentlicher Europäer, so eindrucksvoll, weil in ihm eine
unverstellt maskuline Strahlung zum Ausdruck kommt,
die nicht korrumpierbar ist. Und dieses hat die Welt sehr
nötig, denn wir leben in einer vaterlosen Gesellschaft,
einer Welt ohne Maßstäbe in diesem Punkt. Und da ist
ein solcher Mann, der sich nicht korrumpieren läßt und
der ganz offen zum Ausdruck bringt – gerade während

des Konzertes –, was in ihm vorgeht, natürlich eine tief-bewegende Erscheinung. Zuhörer und Ausführende können mit ihm Musik noch als »Offenbarung« erleben. Ich erfahre Celibidaches hingebungsvolle Probenarbeit als ein Miteinander, als einen Prozeß des erkennenden Aufeinanderhörens sowie als Begreifen der eigenen Funktion im Ganzen.

Es scheint, als würde man die unmittelbaren emotionalen Äußerungen Celibidaches als Autokratismus mißverstehen...
Natürlich kann Celibidache apodiktisch sein, und sicher war er es früher auch. Wenn man sich mit seiner persönlichen Geschichte beschäftigt, dann war er bestimmt kein leichtzunehmender Mann. Es hat auch in München Situationen gegeben, wo er sehr explizit auf dem und dem bestanden hat. Aber wir haben gelernt, damit umzugehen, entscheidend ist doch das Ergebnis. Wir, die Münchner Philharmoniker, haben gelernt mit dem damals – wie man gesagt hat – schwierigsten Dirigenten der Welt gut fertig zu werden. Und wir sind so gut mit ihm klar gekommen, daß er sagen konnte, mit Menschen dieses Orchesters verbinden mich sehr tiefe Bezüge. Durch dieses »symphonische Miteinander«, auch im persönlichen Bereich, konnte Celibidache zeigen, daß er eben auch mal hilflos ist: »Ich weiß nicht, was ich machen soll, raten Sie mir, sagen Sir mir.«

Die Münchner Philharmoniker haben es also geschafft, diesen »wilden« Celibidache zu zähmen. Wie zähmt man denn eine »wilden« Celibidache?

Es geht nur, wenn man dieses Gegenüber wirklich bereit ist, zu »lernen«, wie ein Kollege gesagt hat. Das hieß zu erkennen, daß dieser Mensch auch sehr verletzt war, daß seine Aggressivität mit Verletzungen zusammenhängt, die er auch durch seine Arbeit abbekommen hat, z.B. in Berlin. Ich habe damals zu den Kollegen gesagt, wenn wir lernen, ihn da als Menschen anzunehmen und groß- zügig sind, wo er schwierig wird, dann wird es gelingen. Und wir können seine Genialität für uns nützen, denn darauf ist es ja angekommen. Es ging darum, eine Per- sönlichkeit für dieses Orchester zu finden, das 3 Jahre keinen Chefdirigenten hatte. Was ist ein Orchester? Wieso sitzt die Pauke da und nicht da? Wir waren sehr bedürftig, aber er war es auch. Er war sehr hungrig da- nach, Menschen zu haben, die begreifen: Ich will ja alles geben, aber ihr müßt mir auch entgegenkommen und mich nicht ständig an diese Dinge erinnern, die mir so weh tun. Und das haben wir geleistet. Wir konnten seine Geradlinigkeit annehmen, weil wir seine Vielschichtig- keit begriffen.

Die Medien beschäftigten sich bekanntlich gerne und ausführlich mit Celibidaches langsamen Tempi. Wie stellt sich das für Sie als Musiker im Orchester dar?
Wenn eine Dame oder ein Herr von der Musikkritik mit- erleben würde, wie wir ein Stück in den Proben erarbei- ten, dann würde sich die Frage nach der physikalischen Zeit beim Musikhören gar nicht stellen. Wie kann denn physikalische Zeit in der Musik eine Rolle spielen? Es gibt nur eine musikalische Zeit. Wenn ich also zuhören kann, wenn ich wirklich hören kann, dann werde ich

doch begierig sein, so viele Stimmen, so viele Klangphä-
nomene aufzunehmen wie überhaupt möglich. Jemand
der zuhört, kann niemals satt werden, dann z.B., wenn
»Celi« Bruckner dirigiert. Nehmen Sie den Schluß des
ersten Satzes der 7. Symphonie, das ist, als wenn die
Welt entsteht. Da sind Sie doch drin und wünschen: hoffentlich hört das niemals auf.

Philharmonische Blätter, Februar/März 1992

Vier

Thema con Variazioni

»Etwas kann Musik werden«

Sergiu Celibidache gilt als Außenseiter unter den bedeutenden Dirigenten unserer Zeit, als ein Künstler, der sich nicht einordnen läßt, als exotisches Phänomen in unserem normalen etablierten Musikbetrieb. Das betrifft den Menschen genauso wie den Musiker; sein Auftreten in der Öffentlichkeit, aber auch seine Orchesterarbeit und seine ebenso gerühmten wie oft umstrittenen Interpretationen. Hinzu kommt seine ungewöhnliche künstlerische Entwicklung, die so gar nichts mit einer Karriere im üblichen Sinne zu tun hat und ihn in der Tat als einen höchst unzeitgemäßen Einzelgänger erscheinen läßt, für den man vergebens nach einem Beispiel Ausschau hält. Gewiß gibt es neben ihm noch andere Außenseiter unter den bekannten Dirigenten der Gegenwart – Carlos Kleiber etwa oder Nikolaus Harnoncourt –, aber keiner ist es auf so exzeptionelle Weise wie Celibidache, und keiner hat das Für und Wider innerhalb der aufgestörten Fachpresse so heftig zu provozieren vermocht wie er. Er ist vielleicht der umstrittenste Dirigent unseres Jahrhunderts, doch ganz gewiß der außerordentlichste von allen und einer der wenigen unter ihnen, die es verdienen, ›genial‹ genannt zu werden.

Denn wenn diese nur sparsam zu verwendende Apostrophierung des Außerordentlichen überhaupt auf einen nachschaffenden Künstler zutreffen kann, dann ganz gewiß auf ihn, in dessen Leben und Wirken das zutiefst Ambivalente und Fragwürdige des Genies deutlicher hervortritt als bei anderen Großen in diesem Bereich. Das Genie, man weiß es, ist alles andere als bequem oder angenehm und läßt sich nicht mit den üblichen Maßstäben messen: »Sein Wesen«, sagt Egon Friedell in der »Kulturgeschichte der Neuzeit«, »besteht ja eben darin, alle vor den Kopf zu stoßen, rücksichtslos seiner Mission zu leben und sich gründlich unbeliebt zu machen.« Genau das hat Celibidache getan; er hat sich gründlich unbeliebt gemacht bei vielen und manchmal sogar seine Freunde vor den Kopf gestoßen. Daß er rücksichtslos seiner Mission lebt, wird niemand bestreiten wollen.

Worin aber besteht nun konkret das große Ärgernis, das dieser Unzeitgemäße für viele bedeutet? Da sind einmal seine scharfen, kritischen und temperamentvollen Angriffe gegen bekannte Kollegen, gegen die Dirigenten insgesamt – von wenigen Ausnahmen wie Furtwängler abgesehen –, aber auch gegen Journalisten, Professoren, Musikhochschulen und andere Institutionen, wie er sie in zahlreichen Interviews, Diskussionsveranstaltungen, während der Orchesterproben und des Unterrichts zu äußern pflegt; dann seine Verweigerung der Schallplatte und die reservierte Haltung gegenüber den Massenmedien überhaupt, die er nur äußerst ungern in sein künstlerisches Wirken miteinbezieht, nur dann, wenn es sich nicht umgehen läßt, wenn er also die Notwendigkeit einsieht; ferner die Verweigerung der Oper als einer »unsauberen Sache«, wie er es einmal formuliert hat, sowie des internationalen Festspielbetriebs – auch hier gibt es Ausnahmen –; des weiteren seine herbe Kritik an vielen fragwürdigen Tendenzen und Manifestationen unserer modernen Welt; und schließlich nicht zuletzt seine Interpretationen, die oft alle ausgetretenen Pfade meiden und dem Traditionellen abhold sind.

Celibidache befindet sich in einer anscheinend permanenten Abwehrhaltung gegenüber einer Welt, die für ihn in vielen ihrer Erscheinungsformen nicht akzeptabel ist. Er tritt dieser negativen Entwicklung entgegen mit der Entschiedenheit dessen, der weiß, wofür er kämpft, und der zum letzten Einsatz entschlossen ist. Hinzu kommt jedoch noch etwas ganz Wesentliches: Celibidaches unbedingte Aufrichtigkeit und Direktheit. Er sagt stets, was er denkt; er denkt also gewissermaßen laut, und zwar nicht hinter vorgehaltener Hand, sondern in aller Öffentlichkeit, deutlich und unmißverständlich. Was für ihn als Wahrheit evident ist – *seine* Wahrheit, versteht sich –, darf nicht verschwiegen werden. Im Gegenteil muß diese Evidenz bewiesen und verteidigt werden, selbst wenn sie andere verletzen sollte. Celibidaches Offenheit ist nicht selten verletzend; seine ungeschminkte Agitation trifft andere und ihn selbst, da die Unbedingtheit oder auch Rücksichtslosigkeit seiner Formulierungen bei den Betroffenen Kränkungen verursachen müssen, die zurückschlagen. Daß es sich dabei oft nur um Mißverständnisse oder emotionale Entgleisungen handelt – auf beiden Seiten selbstverständlich –, ändert nichts an Celibidaches grundsätzlicher Herausforderung seiner Umwelt.

Das war nicht immer so. Während seiner Berliner Jahre zeigte sich Celibidache wesentlich zurückhaltender in seinen Äußerungen und vermied im allgemeinen die direkte Konfrontation mit anders Denkenden oder anders Empfindenden, auch mit Institutionen kultureller oder gesellschaftlicher Natur. Natürlich wußte er auch damals schon genau, was er wollte und was die andern mit ihren Mitteln nach seiner Ansicht nicht erreichen konnten. Dabei fühlte er sich überlegen. Aber diese Vorstellungen hatten noch nicht den Stellenwert für ihn wie in seinen späteren Jahren. Er war anfangs viel zu sehr beschäftigt mit der Aufbauarbeit der Berliner Philharmoniker, die er wieder auf ihr altes, hohes Niveau zurückführen und zu einem der weltbesten Orchester machen wollte, zu beschäftigt auch mit seiner eigenen Profilierung als Dirigent, um schon in so jungen Jahren seine Musikästhetik und -phänomenologie genau zu durchdenken und zu formulieren. Die damaligen Konflikte mit dem Orchester und schließlich auch mit Furtwängler entsprangen – insofern er Schuld daran hatte und nicht die anderen – seinem Temperament, seiner jugendlichen Ungeduld und seinem extremen Perfektionsanspruch, nicht aber philosophischen Überzeugungen oder musikwissenschaftlichen Erkenntnissen. Das kam erst später, nach dem großen Schock, von dem er wiederholt gesprochen hat und der sein ganzes Leben verändern sollte, auch seine künstlerische Entwicklung. Es ist daher ausgesprochen falsch, aus dem Verhalten Celibidaches in den letzten zwanzig bis dreißig Jahren Rückschlüsse auf seine Berliner Zeit zu ziehen, wie man dies immer wieder versucht. Wer ihn damals schon gekannt und erlebt hat, der wird solche Versuche als sinnlos und nicht den Tatsachen entsprechend zurückweisen. Es gibt in seinem Leben keine analogen »Verhaltensmuster«, die ein derartiges Verfahren rechtfertigen könnten. Man muß schon tiefer forschen, wenn man die Wandlungen des Menschen und Musikers Celibidache verstehen will.

Erst die Entwicklung während der letzten Berliner Jahre von etwa 1949 bis 1954 führte zu jener grundlegenden Wende in den künstlerischen Positionen und Intentionen Celibidaches, von denen so oft die Rede ist. Dabei muß man sich vergegenwärtigen, daß ihn die Abwendung Furtwänglers vermutlich weit empfindlicher getroffen hatte als die dann nach dem Tode des Älteren erfolgte Ablehnung durch das Orchester und die anschließende Wahl Herbert von Karajans zum Nachfolger des Verstorbenen. Für Celibidache war diese Wahl mit Sicherheit kränkend und seiner Ansicht nach auch ungerecht, denn er fühlte sich als Dirigent Karajan ebenbürtig.

Auch unter den Orchestermitgliedern gab es nicht wenige, die ihn für den letztlich genialeren Musiker hielten und daher die Entscheidung vom Dezember 1954 insgeheim bedauerten. Furtwänglers Vertrauensentzug aber war der eigentliche Schock für Celibidache, war vielleicht die schmerzlichste und bitterste Erfahrung seines Lebens, die er wohl bis zur Stunde noch nicht verwunden hat. Dieser Vertrauensentzug, des verehrten Mannes mußte ihn um so härter treffen, als er selber völlig arglos und aus seiner Sicht unschuldig war, da er niemals auch nur einen Augenblick lang in seiner absoluten Loyalität dem Älteren gegenüber geschwankt hatte, dem noch heute seine aufrichtige Bewunderung gilt. Die menschliche Enttäuschung, die Celibidache in den Jahren seines frühen Ruhms erleiden mußte, hat sein ganzes weiteres Leben geprägt.

Nun wurde aber jener große Schock, von dem Celibidache so oft gesprochen hat, nicht nur durch Furtwängler und die Berliner Krise ausgelöst, sondern auch durch die Kritik eines Mannes, den er ebenfalls sehr verehrt hatte und an den er sich noch heute dankbar erinnert: durch seinen Kompositionslehrer Heinz Tiessen. Tiessen hatte die Triumphe seines genialen Schülers mit Freude und Genugtuung verfolgt, gleichzeitig aber mit Sorge und erheblichen Bedenken wegen dessen temperamentgeladenen und manchmal geradezu exzessiv ekstatischen Interpretationen. Er glaubte ihn auf einem falschen Weg, der dem Emotionalen bei der Musikwiedergabe mehr Bedeutung zumaß, als ihm zukommen sollte. Und er hielt es für dringend notwendig, ihn zu warnen, schroff und schockierend, um an seine außerordentliche Musikalität, die er vermutlich besser kannte als jeder andere, zu appellieren, aber auch an seinen klaren und scharfen Verstand. »Du bist ein Idiot, ich habe meine Zeit mit dir und mir vertan!« Das sagte er ihm ins Gesicht. Hören wir, wie sich Celibidache später darüber in dem bekannten Interview vom 24.11.1974 zu Klaus Lang äußerte:

»Und was tat ich: Ich reiste nach Amerika, und die ganze Welt sprach von den ungeheueren Erfolgen des jungen Celibidache. Ich habe irgendwie gespürt, er hat recht. Nicht die anderen. Denn man hat mir praktisch die Krone von Toscanini angeboten, als ich 1949 in Berlin war. Ich habe nein gesagt. Damals war dieser Schock noch nicht da, das kam erst 1952. Und durch diesen Mann habe ich alles verloren, was ich hatte, und doch habe ich mich nicht als arm betrachtet. Er sagte mir, fange wieder mit ganz kleinen Formen an. Was meinte er? Es ist ein Gefühl, das man in der Philosophie das ›Bewußtwerden‹ nennt, im Unterschied zum ›Bewußtsein‹. Nicht greifen, sondern ständig bewußt werden. Und in jedem Augenblick wissen, wo man sich befindet. Ich muß das Cis empfinden in Beziehung zu der Reihe und der Kombination von Intervallen, die bis zum Cis geführt haben. Denn sie sind in diesem Cis enthalten. Und so ist auch die Zukunft von diesem Cis in ihm enthalten. Also muß ich in der Vergangenheit empfinden und in der Zukunft. Aber wo? In der Gleichzeitigkeit! Das heißt Bewußtwerden und nicht nach dem Bewußtsein greifen ... Da habe ich mich mit ganz kleinen Formen beschäftigt, u.a. mit der Tafelmusik von Telemann. Und meine ganze Aufmerksamkeit war dahin gerichtet, die allgemeine Form aus dem einzelnen zu empfinden. Und nach zwei Jahren habe ich dann meinen Professor wieder eingeladen, und er sagte: ›Ja, jetzt sehe ich schon, daß du darauf achtest, das wird schon werden.‹ Und dann später habe ich in der Staatsoper dirigiert. Er war wieder dabei und sagte: ›Ja, ich habe gewußt, daß du hinkommst.‹ Also, das war's.« (s. Lang, S. 227)

Die hier geschilderten Vorgänge müssen sich zwischen etwa 1949 und 1954 ereignet haben, auf jeden Fall noch zu Celibidaches Berliner Zeit und nahezu parallel zu der tragischen Entwicklung in seinen Beziehungen zu Furtwängler und dem Orchester.

Celibidache schlug nun einen anderen Weg als den anscheinend vorgezeichneten ein. Er löste sich aus der Maschinerie des musikalischen Betriebs mit seinen Zwängen und reglementierten Mechanismen und suchte abseits der kommerzialisierten Kunstwelt nach seinem eigenen Stil, seinem eigenen Standort. In dieser selbstgewählten Isolation, die durch ihre konsequente Verweigerungshaltung eine Karriere im üblichen Sinne von vornherein ausschloß – er habe sie niemals angestrebt, versicherte der Dirigent später glaubhaft –, revidierte Celibidache sein bisheriges Musikverständnis von Grund auf. Er stellte alles in Frage, was er während seiner Berliner Jahre geleistet hatte – wobei er freilich manchmal entschieden zu weit ging – und suchte sich dem Wesen oder Geheimnis der Musik auf einem ganz neuen Weg zu nähern: auf dem Weg der Erkenntnis ihrer phänomenologischen, geistigen und physikalischen Bedingtheiten – ein Aneignungsprozeß, der für ihn ungeheuer schwierig und problematisch gewesen sein muß, bis er diese neuen Erkenntnisse in sein künstlerisches Wirken bewußt integrieren konnte. Wie schwierig dieser Prozeß für ihn tatsächlich war, verraten seine Äußerungen in dem spektakulären Interview mit Klaus Lang.

Es gibt im Leben Celibidaches zwei ganz entscheidende und bestimmende Faktoren, die ihm auch in jener Krisenzeit geholfen haben, sich selbst und seinen Weg zu finden – einmal seine tiefe religiöse Verankerung im Buddhismus schon seit etwa 1936, sodann seine intensive Beschäftigung mit Philosophie, vor allem mit der Phänomenologie Edmund Husserls, die er allerdings auf sehr subjektive und ungewöhnliche Weise interpretierte. Der große Schock von 1952 wurde gewissermaßen aufgefangen durch eine geistige Metamorphose, die in einer höchst eigenständigen musikalischen Phänomenologie und Ästhetik ihren unverwechselbaren Ausdruck fand. Das Fasziosum des Dirigenten Celibidache, das von Anfang an die Menschen in Bann geschlagen hatte, wurde durch diese Wandlung jedoch in keiner Weise beeinträchtigt. Man könnte im Gegenteil dazu sagen, daß er nun erst recht als der große Einzelgänger, als der Außerordentliche und Unvergleichliche in Erscheinung trat, der er ursprünglich gewiß gar nicht sein wollte. Je weniger er bereit war, dem Zeitgeist Tribut zu zollen – sondern den Gefahren der Vermarktung und Reproduzierbarkeit der Kunst entschlossen und programmatisch entgegentrat – um so größer wurde das Interesse an ihm, wuchs sein Ruf trotz fehlender Medienpräsenz – oder vielleicht gerade deshalb. Unter den großen Dirigenten unserer Zeit war er lange für viele ein Unbekannter, über den man zwar redete und oft eher Nachteiliges vorbrachte, den aber die meisten nur selten im Konzert erleben konnten. Was hatte es für eine Bewandtnis mit diesem Manne, der sich so ganz anders gab als alle anderen seinesgleichen? Und warum vermochte er dennoch die Menschen so zu begeistern? Es war etwas Rätselhaftes an ihm und um ihn für jene, die ihn noch nie gehört hatten. Kein Zweifel – der Mythos Celibidache hatte seinen Ursprung nicht zuletzt in der nur schwer zu fassenden Persönlichkeit des Dirigenten, in seiner tatsächlichen Unbekanntheit oder beunruhigenden Fremdheit. Böse Zungen behaupten, dies sei von ihm beabsichtigt, sei eine raffinierte Selbstinszenierung. Wer ihn näher kennt, weiß, wie unberechtigt und töricht solche Anschuldigungen sind, weil sie dem geradlinigen Charakter Celibidaches nicht gerecht werden.

Nachdem er seinen Weg einmal gefunden hatte, verfolgte er ihn konsequent und kompromißlos, ohne Rücksicht auf überlieferte Aufführungs- und Hörgewohnheiten, unbeeindruckt auch durch die Attacken von Kritikern und anderen Musik-»Sachverständigen«, die sich irritiert fühlten. Aus seiner freiwilligen Isolation heraus, seiner bewußten Abseitsstellung vom weltüblichen Musikmarkt, ging er vielmehr seinerseits zum Angriff über auf berühmte Kollegen, Rezensenten und Musikprofessoren, um seine Theorien zu rechtfertigen und zu vertei digen, wobei ihm die Devise »Angriff ist die beste Verteidigung« offenbar entgegenkam. Seine temperamentvolle Argumentation war nicht selten scharf und aggressiv, doch kaum ohne Witz und Überzeugungskraft. Und im Grunde hat sich daran bis heute nur wenig geändert, auch wenn er jetzt mit zunehmendem Alter – vielleicht durch die Erfahrung belehrt – ruhiger und gemäßigter geworden ist. Immer noch ist Celibidache ein Feuerkopf, der für seine Überzeugungen wie ein Löwe zu kämpfen bereit ist. Und das Wort »Altersweisheit« hat für ihn nur eingeschränkte Bedeutung, da sein Geist jung geblieben ist, voller Spannkraft und offen für jede Herausforderung.

Es kann hier nicht meine Aufgabe sein, die theoretischen Konzeptionen Celibidaches zu analysieren und den nicht immer leicht überschaubaren Wegen seines Denkens in die entlegenen Gefilde der Musikästhetik und -phänomenologie zu folgen, denn das würde Stoff für ein eigenes Buch abgeben. Das Thema wäre fesselnd genug und könnte in eine Gedankenwelt einführen, die vielen vorerst noch verschlossen ist, zumal Celibidaches verbale Ausdrucksweise dem Interessierten den Zugang zu dieser Gedankenwelt nicht gerade erleichtert. Dieser Mann, dessen musikalische Intentionen so klar und groß sind, der das vielfältige Material an Klängen, Strukturen und Formen so sicher und meisterhaft zu ordnen versteht, ist in seinen sprachlichen Formulierungen, die vom Zuhörer enorm viel voraussetzen, nicht selten dunkel und rätselhaft; auch widersprüchlich und provokativ, seinem Temperament entsprechend, das im Gespräch und Vortrag kein ruhiges Dahinschreiten kennt, sondern lebhaft, hellwach und stets reaktionsbereit vom einen zum andern springt und dennoch mit einer geradezu monomanischen Besessenheit an der beherrschenden Leitidee festhält oder immer wieder zu ihr zurückfindet. Es ist manchmal schwer, ihn beim Thema zu halten, wenn er sich hinreißen läßt; die Interviewer wissen ein Lied davon zu singen. Auch hat er seine Gedanken über Musik schriftlich noch nie fixiert, wenigstens ist nichts bekannt darüber. Vor Jahren war von einem Buch die Rede, an dem er arbeite. Doch dürfte er bei seiner selbst im Alter noch intensiven Konzerttätigkeit, die jeden jüngeren Dirigenten beschämen muß, kaum Zeit für die schriftliche Festlegung seiner Ideen finden. Man ist also, wenn man ihn selbst zu Wort kommen lassen will, nach wie vor auf Interviews, Vorträge sowie auf Äußerungen während der Proben und des Unterrichts angewiesen, die in Zeitungsberichten und Buchveröffentlichungen zitiert werden oder bei deren Formulierung man vielleicht glücklicherweise persönlich zugegen war.

Celibidaches oft provozierende Bemerkungen beeindrucken immer wieder durch ihre Überzeugungskraft, durch die apodiktische Unbedingtheit der Schlußfolgerungen, gegen die kein Einwand möglich scheint, aber auch durch Eleganz, Charme und Ironie der Polemik. Es ist schwer, sich der Wirkung dieser Beredsamkeit zu entziehen und ihr gegenüber eigene Positionen zu vertreten, zumal Celibidaches Theorien im Widerspruch zur üblichen Musikpraxis und Zeittendenz stehen und gerade deshalb als Äußerungen eines Außenseiters, der vielleicht mehr sieht und weiter blickt als die im Betrieb Verfangenen, volle Aufmerksamkeit verdienen. Man muß ihm zuhören, auch wenn man sich herausgefordert oder attackiert fühlt. Denn seine Ansichten haben Bekenntnischarakter und müssen dementsprechend ernstgenommen werden. Gelegentlich hat man ihm vorgeworfen, er betrachte sich als Antipoden Karajans und habe sein eigenes Künstlertum aus diesem Gegensatz heraus gewissermaßen stilisiert. Nichts ist unzutreffender als dieser Vorwurf, der Celibidaches Integrität und Eigenständigkeit verkennt oder bewußt verdrängt. Karajan mag für ihn der Prototyp des modernen Künstlers sein, der alle technischen Möglichkeiten seiner Zeit bereitwillig und vom Erfolg überzeugt aufgegriffen hat, um mit ihrer Hilfe seine Ziele zu verfolgen – der Prototyp des Musikmanagers also, der seinem, Celibidaches, individuellen Empfinden und Denken so konträr wie nur möglich ist. Diesen Gegensatz hatte er schon früh empfunden, und er stimmte bereits während der Berliner Jahre in seiner Beurteilung Karajans mit Furtwängler überein.

Dies aber war nun ganz gewiß nicht der Ursprung seiner eigenen Theorien zur Musikphänomenologie und -ästhetik, die sich keineswegs auf mißverstandene Rivalität zurückführen lassen – das wäre ebenso banal wie geschmacklos –, sondern auf gründliches Studium des vorliegenden Materials und die daraus resultierenden Erkenntnisse, aber auch auf eine sehr persönliche Art des Musikerlebens, die wiederum mit der Gesamtstruktur des Menschen Celibidache zusammenhängt – einer sehr vielschichtigen und komplizierten Struktur. Celibidache wendet sich gegen vieles, was den Zeitgenossen lieb und vertraut geworden ist. Niemand möchte gern auf Errungenschaften und Annehmlichkeiten der modernen Technik verzichten. Und wenige sind bereit, sich aus ihren Gewohnheiten und ihrer Bequemlichkeit herausreißen zu lassen. Wenn daher jemand mit der extremen Forde-

rung auftritt, alle überlieferten und vertrauten Hörgewohnheiten bei der musikalischen Rezeption zunächst
einmal abzulegen oder gründlich zu revidieren, um sich
dem Neuen gegenüber öffnen zu können, so wird er oft
genug auf Ablehnung und Widerstand stoßen. Warum
dann, so wird man ihn fragen, soll man eigentlich alles
Überlieferte und Vertraute beiseite schieben, um sich auf
dieses neue Musikverständnis einzulassen? Wenn man
ein bestimmtes Werk seit Jahrzehnten oder gar Jahrhun-
derten – von wenigen Ausnahmen und Abweichungen
abgesehen – auf eine bestimmte Weise interpretiert hat,
muß man sich dann nicht darauf verlassen können, daß
dies eben die richtige sei? Warum also ein Wagnis eingehen? Doch gerade an diesem Punkt, an der Trägheit des
menschlichen Geistes, greift Celibidache ein. Er will beweisen, daß dieses Überlieferte keineswegs selbstverständlich ist, daß nichts von der Vergangenheit oder dem
Gewohnten einfach übernommen werden kann, ohne es
auf seinen Sinn, seine innere Wahrheit zu überprüfen. Er
will zurück zum Ursprung der Musik, will sie von allem
Außermusikalischen befreien, sucht das Absolute in ihr.
Und so gehört denn auch Celibidaches konsequente Ablehnung der Schallplatte und der Massenmedien insgesamt zu seinen die Öffentlichkeit verstörenden und zum
Widerspruch reizenden Verhaltensweisen. Er ist wohl
der einzige bedeutende Künstler unserer Zeit, der die
technische Entwicklung auf dem Mediensektor für seine
Person nicht akzeptiert, der ihr mit Mißtrauen begegnet,
mit hartnäckiger Verweigerung, und der infolgedessen –
man beachte das wohl – auch kein Kapital daraus schlagen kann. Es kümmert ihn wenig, daß ihm bei dieser
Haltung eine enorme Einkommensquelle entgeht, um

die sich andere drängen, wenn sie nicht zu den Begünstigten gehören. Für ihn spielt das keine Rolle, auch auf den Publicityzuwachs durch die Schallplatte verzichtet er leichten Herzens – dies berührt ihn nicht. Meines Wissens gibt es überhaupt nur drei von ihm autorisierte Studioaufnahmen: die erste Nachkriegsproduktion der Berliner Philharmoniker aus dem Jahre 1948 mit der »Symphonie classique« von Prokofjew und dem Violinkonzert op. 64 von Mendelssohn (Solist Siegfried Borries), eine Aufnahme der fünften Sinfonie von Tschaikowsky mit dem London Philharmonic Orchestra von 1948 und schließlich die Aufzeichnung von Celibidaches eigener Komposition »Der Taschengarten« mit dem Radio-Sinfonieorchester Stuttgart von 1980. Diese letzte Produktion erschien in begrenzter Auflage; der Reinerlös war bestimmt für das Kinderhilfswerk der Vereinten Nationen (UNICEF). Denn beim »Taschengarten« handelt es sich um eine Komposition für Kinder, die Celibidache nur deshalb aufgenommen hat, um diesen die Möglichkeit zu geben, sie auch wirklich hören zu können, was sonst ja doch nie der Fall sein würde, wie er meinte. Ob dieses Werk allerdings von Kindern verstanden werden kann, ist eine andere Frage. Celibidache hat sich später wiederholt kritisch über die Aufnahme, die einem guten Zweck diente, geäußert. Er wird nicht gern daran erinnert. Alle übrigen Schallplatten von ihm, die hin und wieder im Musikalienhandel angeboten werden, sind Konzertmitschnitte, von denen Raubpressungen hergestellt wurden, gegen die sich der Maestro energisch, aber erfolglos wehrt. Er kann nicht verhindern, daß sie auf den Markt kommen, eifrig gekauft und begeistert angehört werden. Und meistens sind sie schnell vergriffen.

Celibidaches Verweigerung der Schallplatte muß man bedauern, denn es bedarf keiner Frage, daß durch die mechanische Reproduktion viele seiner einzigartigen Interpretationen für diejenigen, die sie nie gehört haben und vielleicht nie hören werden, aufbewahrt werden könnten. Und auch alle, die seine Konzerte besucht haben, wären dann nicht nur auf Gedächtnis und innere Erlebnisfähigkeit angewiesen, obwohl natürlich zwischen einer Schallplatte und einem Konzert ein großer Unterschied besteht. Doch muß man seine Entscheidung respektieren und zu verstehen suchen. Er hat die Gründe dafür oft und dezidiert vorgetragen, und sicher hat er auch hier in vielem recht. Die Entwicklung hat zweifellos negative Aspekte, wenn man sie in größerem Zusammenhang und vor dem Hintergrund der allgemeinen geistigen Situation unserer Zeit betrachtet; dies genau ist Celibidaches Anliegen, abgesehen von grundsätzlichen Erwägungen über die mechanische Reproduzierbarkeit von Musik. Doch lassen wir ihn selbst zu Wort kommen. Die folgenden Abschnitte entstammen einem Interview mit Celibidache, das Joachim Matzner 1973 für den Süddeutschen Rundfunk Stuttgart aufgenommen hat und aus dem in »Gehörgänge« (München 1986) Auszüge veröffentlicht worden sind. Celibidache sagte u.a.:

»Sie haben mich gefragt, warum ich mich von der Schallplatte fernhalte? Weil der musikalische Raum nicht reduzierbar ist. Er ist auch nicht einmal fotografierbar: Was es in dem originären musikalischen Raum gibt, das kann nirgends wieder in derselben Form vorkommen als eben in diesem Raum selbst. Der Raum hat ein hinten und vorn, rechts und links, ein unten und oben. Er ist also polarisiert, von dem betrachtenden Geist aus. Die Platte kann das nicht wiedergeben. Hören Sie die Platte in derselben Akustik, in der sie aufgenommen wurde? Natürlich nicht! So schlucken Sie runter, was der Herr Aufnahmetechniker Soundso Ihnen vorgekaut hat. So wird das Wichtigste getötet, das Lebendige an der Musik, das Einmalige, das nie Wiederkehrende. Das führt zu einer Standardisierung aller Empfindungen, aller Ästhetik ... Sie (die Aufführung) kann doch gar nicht fixiert werden! Auf was ist sie fixiert? Auf ein Stück Materie! Aber sie kann sich nur fixieren im Geist ...

Was auf der Platte zu hören ist, ist alles andere als Musik! Das sind Klänge. Klänge haben nichts mit Musik zu tun. Genauso wenig wie Töne. Töne sind Vehikel, die eine Substanz transportieren, von der wir sehr wenig wissen oder überhaupt nichts. Aber daß die Leute sogar die Vehikel verändern und dann behaupten, das sei noch dieselbe Realität, das liegt nur an der Tatsache, daß die heutige Menschheit tauber und tauber wird ...

Also: ich halte mich nicht fern von der Platte – ich bleibe bei der Musik. Wir müssen die Musik so weit und so tief entwickeln, daß sie ein Gut oder ein Bedarf jedes einzelnen Menschen wird. Musik soll zu Hause gemacht werden, Musik soll in der Kirche gemacht werden, ... in der Schule sein, auf der Wiese, in den Ferien, wenn man verliebt ist und wenn man sterben möchte ...

Die Schallplatte macht etwas kaputt bei den Menschen, die nicht ein strenges und starkes Musikgefühl haben. Ein strenger und starker Musiker kann nicht warm werden bei einer Platte. Das ist auch der Beweis, daß er Ohren hat! ...

Das Langsamerwerden auf der Platte ist etwas ganz anderes als das Langsamerwerden im musikalischen Raum.

Sie hören auf der Platte – weil das Mikrophon nicht die Obertöne des menschlichen Ohrs aufnehmen kann – ganz andere Harmonien, ganz andere Instrumentation, andere Kontrapunkte; denn die Tragfähigkeit eines Kontrapunktes hängt von der Obertonzone ab, die das menschliche Ohr wahrnehmen kann. Im Konzert sagt man: Mein Gott, wie sich das jetzt spannt! Es spannt sich auf der Platte ganz anders...«

Celibidache geht es um das Menschliche in der Kunst, um den Primat des Geistes vor der Materie, um den lebendigen Atem musikalischer Vorgänge, unaufhörlich pulsierend und eingebettet in eine höhere Ordnung als die der mechanischen Reproduktion. Es geht ihm freilich auch um die physikalischen *und* psychischen Bedingtheiten eben dieser Reproduktion – um Bedingtheiten jedenfalls, die nach seiner Auffassung eine adäquate Wiedergabe von Musik auf elektroakustischem Wege von vornherein ausschließen. Und dennoch dürfte er mit seiner Behauptung, auf der Schallplatte sei nichts mehr vom Wesen der ursprünglichen Musik enthalten, nur teilweise recht haben. Denn wir hören auf der Platte ja nicht nur Töne und Klänge, sondern auch Strukturen und Zusammenhänge, sofern wir überhaupt ein Ohr dafür haben. Und wenn die Persönlichkeit des Interpreten stark genug ist, dann wird sie der Musik auch auf der Platte eine – zugegeben eingeschränkte – Chance geben. Künstler wie Furtwängler, Celibidache selber, Benedetti-Michelangeli, Gidon Kremer und Kathleen Ferrier sind gute Beispiele dafür, daß dies durchaus möglich ist. Natürlich ist die mechanische Reproduktion mit einer Konzertaufführung nicht zu vergleichen und kann sie auch nie ersetzen. Darin hat Celibidache recht, und seine konsequente Verweigerungshaltung verdient Respekt und Anerkennung, selbst wenn man ihr nicht vorbehaltslos zustimmen kann. Immerhin hat auch er im Laufe der Jahre wiederholt Zugeständnisse an die Medien gemacht oder machen müssen, hat Rundfunkübertragungen und Fernsehaufzeichnungen zugelassen und mitverantwortet. Als Chefdirigent eines berühmten Sinfonieorchesters, mit dem er keine Schallplatten einspielt – die Musiker haben das in Kauf genommen, um ihn für sich zu gewinnen –, kann er schließlich gar nicht anders handeln; auch er unterliegt Zwängen. Besondere Aufmerksamkeit verdient sein jüngstes Interesse an der VIDEO-CD – angeregt durch seinen Sohn Serge, wie man hört –, das 1989 zur Aufzeichnung der vierten Sinfonie von Anton Bruckner in Wien geführt hat. In den folgenden Jahren wurden weitere Bruckner-Sinfonien in Japan aufgenommen; der Zyklus soll im März 1993 beendet werden Auch gemeinsam mit Daniel Barenboim sind verschiedene Projekte realisiert worden. Insgesamt gibt es gegenwärtig folgende Aufnahmen auf VIDEO-CD: Bruckners vierte, sechste, siebte und achte Sinfonie bei Sony classical und bei Metropolitan die »Symphonie classique« von Prokofjew, die neunte Sinfonie »Aus der neuen Welt« von Dvořák sowie die beiden Klavierkonzerte von Brahms, das erste Klavierkonzert von Tschaikowsky und das Klavierkonzert von Robert Schumann, alle mit Barenboim als Solist. Auf dem deutschen Markt werden die bisher fertiggestellten Aufzeichnungen allerdings erst zögernd angeboten. Celibidache äußerte sich auf der Münchener Pressekonferenz vom 9.4.1992 zu den VIDEO-CD-Plänen auf für ihn bezeichnende Weise: »Das sind Dokumente, Menschen können Freude daran haben. Musik ist es nicht. Ich würde sowas nicht kaufen.«

Natürlich hat seine ablehnende Haltung gegenüber der Oper in der Öffentlichkeit kaum weniger Kritik und Bedauern ausgelöst als seine Verweigerung der Schallplatte. In dem hochbrisanten Interview der Münchener »Abendzeitung« vom Juni 1979 sagte er, er habe erkannt, daß die Oper eine »unsaubere Sache« sei und zitierte Victor de Sabatas Bemerkung, wer gute Ohren habe, könne keine Oper dirigieren. Damit hatte er die Opernfreunde in aller Welt vor den Kopf gestoßen und lautstarken Widerspruch provoziert. Er selber hat während seiner Berliner Zeit an der Staatsoper einige Aufführungen des »Don Giovanni« und der »Meistersinger« geleitet und war dankbar gefeiert worden. Doch ist er später nie mehr ans Opernpult zurückgekehrt. Indessen wäre er nicht der universale Musiker, der er ist, wenn er nicht doch immer wieder in seinen Konzerten Opernmusik dirigieren würde und wenn nicht Wagner, Weber, Verdi und Rossini zu diesen Komponisten gehörten.

Celibidache vertritt das Absolute in der Musik, ihre unbedingte Eigengesetzlichkeit, die durch nichts Außermusikalisches angetastet oder gar in Frage gestellt werden darf. Die Bühne jedoch hat ebenfalls ihre eigenen Gesetze, denen sie unterworfen ist und die mit denen der Musik nicht immer in Einklang zu bringen sind. Wagners Idee des Gesamtkunstwerkes – die übrigens schon Goethe aufgegriffen hatte – wird immer problematisch bleiben; – wovon wir uns in jeder Opernaufführung überzeugen können. Denn in der Oper sind neben der Musik noch andere Faktoren bestimmend – Dichtung, Dramaturgie, Regie, Bühnenbild, Kostümierung –, denen sich die Musik zeitweise unterordnen muß. Celibidache hat sich aus rein musikalischen Gründen gegen die Oper entschieden; er ist sich und der Musik treu geblieben. Wenn er die »Tannhäuser«-Ouvertüre dirigiert und am Schluß hymnisch steigert, dann ist sie für ihn absolute Musik und nicht etwa das Vorspiel zu einer nachfolgenden dramatischen Handlung. Unter solch veränderten Voraussetzungen gewinnt ein anscheinend längst bekanntes Werk völlig neue Aspekte, was ihm durchaus zum Vorteil gereichen kann. Man hört und erlebt die Musik eben anders als in der Oper, intensiver und ohne außermusikalische Assoziationen. Ein Beispiel: »Siegfrieds Tod«, der sogenannte Trauermarsch aus der »Götterdämmerung«, wird in Celibidaches Wiedergabe zur ungeheueren Vision einer untergehenden Welt, einer Katastrophe kosmischen Ausmaßes. So hört man das in keiner Opernaufführung. Übrigens hat Celibidache wiederholt daran gedacht, Opern konzertant aufzuführen. Mozarts »Cosi fan tutte« war im Gespräch, auch Bergs »Wozzeck«, ein Projekt, das auf der 1. Münchener Biennale im Juni 1988 verwirklicht werden sollte. Es scheiterte daran, daß Celibidache für die Titelpartie keinen nach seiner Ansicht geeigneten Sänger finden konnte.

Die Rigorosität und Kompromißlosigkeit seines Anspruchs gehören zu den unverzichtbaren Voraussetzungen eines Künstlertums, das sich selber als Auftrag empfindet. Unter diesem Blickwinkel muß man auch seine manchmal schockierenden oder ironischen Bemerkungen über berühmte Kollegen sehen – Bemerkungen, die ja nicht in Eifersucht und Mißgunst ihren Ursprung haben, sondern in der Gewißheit, das Absolute in der Musik erkannt zu haben und durch diese Erkenntnis den meisten anderen überlegen zu sein, insofern diese oft nur gedankenlos in einer Tradition stehen, über deren innere Beweggründe und Entstehungsgeschichte sie vielleicht gar nichts mehr wissen. Doch all diese Verhaltensweisen Celibidaches – Verweigerung von Schallplatte und Oper, Kollegenschelte u. a. noch – all das ist letzten Endes nur von sekundärer Bedeutung und berührt nicht das Wesentliche des Musikers Celibidache, wie es in seinen Interpretationen zutage tritt. Hier, in den Aufführungen der großen Werke abendländischer Musik, offenbart sich das Einzigartige seiner Musikerpersönlichkeit, das, was ihn von allen andern unterscheidet und bis zum heutigen Tage zu sehr konträren Auffassungen und Bewertungen seiner künstlerischen Arbeit geführt hat. Es scheint fast unmöglich, dieses Einzigartige plausibel und angemessen darzustellen, denn gerade die Musik und das Musizieren entziehen sich weitgehend der Beschreibung oder Erklärung. Trotzdem sei dies im folgenden versucht.

Was also ist das Besondere in der Musikauffassung und Musizierweise Celibidaches, das so oft hervorgehoben und beschworen wird, sei es enthusiastisch zustimmend oder kritisch ablehnend, und das in zahlreichen Hörern und Orchestermusikern den Eindruck erweckt, sie würden das gerade gespielte Werk zum erstenmal hören und erleben – eine Erfahrung, die der Neuentdeckung oder Wiederentdeckung der Musik gleichkommt und somit etwas wahrlich Unerhörtes darstellt. Es ist also die Frage nach den entscheidenden Kriterien des Phänomens Celibidache, über das zwar in der Öffentlichkeit kontrovers diskutiert wird, dessen Ausnahmerang aber gleichwohl auch bei seinen Gegnern unbestritten bleibt.

Wenn sich der Hörer nach einem dieser unvergeßlichen

Konzerte die Eindrücke des soeben Erlebten vergegenwärtigen will, dann werden ihm mit Sicherheit folgende fünf Kriterien bewußt werden: 1. die vergleichsweise langsamen, überaus breiten Tempi, die in vielen Fällen von der traditionellen Musizierweise erheblich abweichen und daher oft auch kritische Einwände hervorrufen, obwohl man Celibidache durchaus nicht auf langsame Tempi festlegen kann, wie ich noch zeigen werde; 2. die äußerst differenzierten Abstufungen einer Dynamik, die vom zartesten, kaum noch wahrnehmbaren Pianissimo über viele Zwischenbereiche bis zum gewaltigsten Fortissimo reicht und die Celibidache riesige Steigerungen ermöglicht, die tatsächlich keinem der anderen Dirigenten zu Gebote stehen, weil bei ihnen die Spannweite zwischen den extremen Polen weit geringer ist; 3. die nahezu kammermusikalische Klarheit und Durchsichtigkeit des Orchesterklangs, dessen genaue und sensible Strukturierung musikalische Vorgänge hörbar macht, die gewöhnlich in den Klangmassen untergehen und die nun dem staunenden Konzertbesucher das Innenleben der Partituren enthüllen; 4. der außerordentliche Reichtum an Klangfarben – was nicht mit Unterschieden in der Lautstärke zu verwechseln ist –, der bei allen Instrumentengruppen beobachtet werden kann, besonders bei den Holz- und Blechbläsern, aber auch bei den Streichern und sogar beim Schlagzeug, das meistens sehr pauschal behandelt wird, während es hier bei Celibidache geradezu delikat und »sprechend« zur Geltung kommt, wobei der Orchesterklang insgesamt – von begründeten Ausnahmen abgesehen – immer warm, rund und voll bleibt; und schließlich 5. die konzentrierte Intensität des Musizierens, die sich freilich konsequenterweise aus dem Zusammenwirken der vorgenannten vier Faktoren ergibt und somit deren Resultat darstellt. Das Zusammenwirken dieser Faktoren schafft also die Bedingungen für das »Entstehen« von Musik im Sinne Celibidaches. Und so »entsteht« Musik dann auch unter bestimmten individuellen Voraussetzungen im Bewußtsein der Hörer, weil sie durch diese sorgfältige Vermittlung verfolgbarer und erlebbarer wird.

Nun spielt das Tempo dabei in der Tat eine entscheidende Rolle, wie man zugeben muß. Und es spielt auch eine große Rolle in der immer wieder neu entfachten Diskussion um den Interpreten Celibidache, bei der seine »Langsamkeit« ein beliebtes und penetrant aufgegriffenes Angriffsziel bietet. Daß Tempo nichts mit Geschwindigkeit zu tun habe, gehört zu seinen oft und temperamentvoll verfochtenen Thesen; und sicher hat er damit recht, auch wenn die meisten seiner Kritiker es nicht wahrhaben wollen. Celibidache war nie ein Freund von überzogenen Tempi und hektischer Raserei, auch damals in Berlin nicht, als er – jung, feurig, vital – durch seine hinreißende Musikalität Orchestermusiker und Publikum in helle Begeisterung versetzte. Schon in jenen Jahren wurden ihm gelegentlich zu langsame Tempi angekreidet, so etwa im Largo der Sinfonie »Aus der neuen Welt« von Dvořák und in der Adagio-Einleitung zum ersten Satz der vierten Sinfonie von Beethoven, auch im Andante cantabile der Fünften von Tschaikowsky. Bereits zu Beginn seiner Laufbahn war Celibidache bestrebt, die oft komplizierten musikalischen Formen und Strukturen deutlich herauszuarbeiten, die großen Spannungsbögen voll auszukosten und die Musik in allen Ereignisabläufen atmen zu lassen. In diesem Zusammenhang erinnere ich mich an einen Nachmittag im »Internationalen Musikinstitut« in Berlin, es muß im Januar oder Februar 1948 gewesen sein. Celibidache erarbeitete mit uns die zweite Sinfonie von Beethoven, für mich als Gasthörer seines Dirigierkurses ein aufregendes Ereignis; und an diesem Nachmittag ging es um das Finale, das bekannte Allegro molto. Er fragte fast beiläufig, wie schnell dieser Satz nach unserer Ansicht gespielt werden müsse, ob einer von uns eine genaue Vorstellung davon habe. Prompt kam die Antwort »So schnell wie möglich«, und mehrere nickten Beifall. »Oho«, rief Celibidache, »was glauben Sie, wie schnell man spielen kann!« Er setzte sich an den Flügel und raste zu unserer Verblüffung die ersten 30 bis 40 Takte des Allegro molto in einem wahren Irrsinnstempo herunter, natürlich auswendig wie immer. Dann sah er uns an und fragte, ob das nun schön oder richtig sei nach unserem Empfinden; ob es überhaupt sinnvoll sei, so schnell zu spielen, und vor allem – ob es musikalisch sei. Es war nicht schwer, seine Fragen zu verneinen und seinen Ausführungen zuzustimmen. Und mir wurde schon bald klar, wie wenig das innere Tempo eines Musikstückes, in dem es gespielt werden müßte, mit der meßbaren Geschwindigkeit zu tun hat, in der es gespielt werden kann. Geschwindigkeit ist keine Hexerei, denn sie kann, Begabung vorausgesetzt, trainiert werden. Das Gespür für das einer bestimmten Musik immanente Tempo aber muß man in sich haben; es muß einem gegeben sein. Zwar kann man es durch vermitteltes oder selber erworbenes Wissen stützen und vertiefen, doch trainieren kann man es nicht.

Nun wäre es allerdings falsch, bei Celibidache immer nur von langsamen Tempi zu sprechen. Vergleicht man etwa seine Wiedergabe der »Symphonie classique« von Prokofjew aus der Berliner Zeit, wie ich sie damals erlebt habe – dokumentiert auf einer Schallplatte, der ersten Nachkriegsproduktion der Berliner Philharmoniker von 1948 – mit seiner Aufführung des gleichen Werkes 1988 mit den Münchner Philharmonikern, also vierzig Jahre später, so wird man kaum Unterschiede in den lebhaften Tempi der Ecksätze feststellen können; auch das Larghetto und die bezaubernde Gavotte blieben nahezu unverändert in den Zeitmaßen. Temperamentvoller, spritziger und geistreicher, aber auch anmutiger, kann man das kleine Werk nicht musizieren. Das Münchener Publikum reagierte auf die zündende Wiedergabe genauso spontan mit Ovationen wie einst die Berliner in den Nachkriegsjahren. Und auch bei der Aufführung der neunten Sinfonie von Schostakowitsch im Februar 1990 in München wurden in der Presse die zügigen Tempi Celibidaches hervorgehoben; er sei sogar schneller gewesen als vom Komponisten vorgeschrieben, wobei man allerdings berücksichtigen muß, daß Celibidache die Exposition des ersten Satzes nicht wiederholt. Auch diese Sinfonie hatte er bereits 1947 in Berlin mit ähnlichem Erfolg dirigiert. Ein weiteres Beispiel für seine flexible und durchdachte Behandlung der Zeitmaße bietet die vieldiskutierte Aufführung der h-moll-Messe von Bach im November 1990 beim Münchener Bachfest, auf die ich in anderem Zusammenhang noch ausführlicher eingehen werde. Ein größerer Unterschied als der zwischen dem sehr langsam genommenen Tempo der ersten Kyrie-Fuge und dem ungewöhnlich raschen Zeitmaß der Laudamus-Arie im Gloria ist kaum vorstellbar. Und schließlich sei an die »Haffner«-Sinfonie von Mozart erinnert, die Celibidache 1991 und 1992 in München mit äußerst lebhaften Tempi dirgierte, ganz der Musik hingegeben.

Ich könnte noch viele Beispiele anführen, um zu beweisen, daß seine oft diskutierten Zeitmaße genau kalkuliert sind, weil er sich bei der Wahl seiner Tempi stets von der Gesamtkonzeption des jeweiligen Werkes – oder auch eines einzelnen Werkabschnittes – leiten läßt, von den musikalischen Strukturen und Ereignisabläufen, aber auch von den Fähigkeiten der Mitwirkenden und nicht zuletzt von den physikalischen Bedingungen der Gesangsstimmen und Instrumente. Es gibt also eine Vielfalt von Faktoren, die koordiniert werden müssen. Und es kann durchaus einmal vorkommen, daß Celibidache in bestimmten Werken oder an bestimmten Stellen eines Werkes schneller ist als andere Dirigenten. Andererseits aber besteht gar kein Zweifel darüber, daß seine Vorliebe für ungewöhnlich breite Zeitmaße – besonders bei seiner Wiedergabe der bekannten Werke von Beethoven, Brahms, Bruckner, Schumann, Tschaikowsky, Wagner u.a. – dem Konzertbesucher ein ganz neues Hörerlebnis vermittelt und ihn zwingt, Stellung zu nehmen, pro oder contra. Was also hat es auf sich mit der »Langsamkeit« Celibidaches? Inwiefern ist sie für ihn offenbar die conditio sine qua non des »Entstehens« von Musik in seinem Sinne? Die folgenden Überlegungen lenken anscheinend vom Thema ab, haben aber doch so viel mit der hier erörterten Problematik zu tun, daß sie mir in diesem Zusammenhang notwendig erscheinen, zumal sie in entscheidenden Aspekten durch Celibidaches Konzerte angeregt oder bestätigt wurden.

Musik entsteht in der Zeit und braucht zu ihrem Entstehen Zeit. Sie ist kein Sein, sondern ein *Werden*. »Etwas kann Musik werden«, sagt Celibidache. Dieses *Werden* – ein in der Zeit sich vollziehender und zeitbedingter Prozeß – gehört zu den Wesensmerkmalen der Musik und unterscheidet sie von allen anderen Künsten. Sie ist nichts Vorhandenes oder gleichsam Vorgefertigtes für uns – vorhanden oder vorgefertigt wie Bild, Statue, Dom, Gedicht, Theaterstück –, dessen wir uns nur zu bedienen brauchen, indem wir es betrachten, lesen, übersetzen, photographieren, aufführen. Die Partitur, durch die der Komponist seine musikalischen Ideen den Ausführenden und Hörern vermittelt, enthält nur abstrakte Symbole, Noten und Vortragsbezeichnungen, ist also ein chiffrierter Text, der entschlüsselt werden muß, damit die durch ihn bezeichnete Musik *werden* kann. Die Musik entsteht im Geist des Komponisten, bevor er den chiffrierten Text niederschreibt oder auch während der Arbeit daran, und sie kann wiederum nur neu entstehen im Geist des Ausführenden, wenn er diesen Text entschlüsselt, und, sofern ihm dies gelingt, durch seine Vermittlung dann im Geist des Hörers. Musik entsteht also für den, der sie nicht selber aus sich hervorbringt, durch Entschlüsselung des Notenbildes in der Aufführung, durch die Beschäftigung des Interpreten mit dem vorgegebenen Material. Und zwar entsteht sie in jeder einzelnen Aufführung von neuem – oder sie entsteht nicht! – und immer wieder auf neue Weise, denn keine Aufführung gleicht der andern. Das heißt aber: Es gibt nicht *die* fünfte Sinfonie von Beethoven, sondern immer nur eine Annäherung an die Konzeption dieser fünften Sinfonie im Geiste des Komponisten, wobei der Grad der Annäherung selbstverständlich sehr variabel ist. Denn die Annäherung kann glücken, aber auch mißglükken, je nach der Einsicht und dem Vermögen des Interpreten. Und dann gibt es allerdings den ganz seltenen Fall, den Idealfall, wo die Wiedergabe mit der Konzeption übereinstimmt, wo Idee und Realisierung identisch sind. Doch wer will das beurteilen? Nur der Komponist könnte es, nur er könnte sagen: Das klingt genau so, wie ich es mir vorgestellt habe; so muß es sein, so und nicht anders. Aber wäre es nicht denkbar, daß auch er sich irrt? Daß er die Idee in seinem Geiste selber nicht begreift, daß er sie verkennt? Die Frage ist nicht unberechtigt – es gibt ja auch Eltern, die ihre Kinder nicht begreifen, sie gar nicht kennen. Der Interpret seinerseits muß über ein geradezu kongeniales und nachtwandlerisches Einfühlungsvermögen verfügen, um die Idee im Geiste des Komponisten mit der Realisierung in der Aufführung zur Deckung zu bringen. Wann aber geschieht das? Wann können wir sagen: Das ist es! Das *ist* die fünfte Sinfonie!?

Es gibt Aufführungen, die hoffnungslos am Wesenskern eines Werkes vorbeigehen. Das hängt damit zusammen, daß jede Aufführung von höchst unterschiedlichen Faktoren bestimmt wird, aber auch von Imponderabilien, über die der Interpret keine Gewalt hat und die er unter Umständen nicht einmal bemerkt. Auch kann er selber das Scheitern der Aufführung verursachen, indem er ihre vielfältigen Bedingtheiten nicht genügend beachtet oder sich leichtsinnig darüber hinwegsetzt. Da gibt es den Ort der Aufführung mit seinen akustischen Besonderheiten, die nicht immer die gleichen sein müssen, da sie durch Witterungseinflüsse, durch die Anzahl der Besucher und

Musiker (Solisten, kleine und große Ensembles, Singstimmen usw.) verändert werden können. Da gibt es ferner die spezifischen Qualitäten, Möglichkeiten und
Grenzen der einzelnen Instrumente sowie der menschlichen Stimme, die physikalischen Voraussetzungen des
Instrumentariums also, die ebenfalls Schwankungen unterworfen sein können. Und es gibt vor allem die mehr
oder weniger komplexen musikalischen Strukturen des
aufzuführenden Werkes und – last but not least – die
physisch-psychische Tagesform aller an der Aufführung
Beteiligten. Der Interpret – und in diesem Zusammenhang ist in erster Linie der Dirigent gemeint – muß also
eine große Anzahl unterschiedlicher Faktoren berücksichtigen und koordinieren, damit es überhaupt zu einer
geglückten Annäherung an die im Geiste des Komponisten entstandene Idee, an *die* fünfte Sinfonie, kommen
kann. Und nur wenn er sich in jedem Augenblick seines
Wirkens dieser enorm schwierigen Aufgabe und Verantwortung bewußt bleibt, kann die von ihm erstrebte Annäherung gelingen.

Celibidaches Kritik an vielen seiner berühmten Kollegen
und auch an anderen ausübenden Musikern (Instrumentalisten und Sängern) beruht auf der Erkenntnis, daß sie
sich dieser phänomenologischen Bedingtheiten der Musikwiedergabe nicht genügend bewußt sind oder sie einfach ignorieren. Und damit dürfte er leider oftmals nur
zu recht haben. Nur wenige Interpreten nehmen die Musik ernster als ihre persönliche, bewußte oder unbewußte
Selbstinszenierung, von der wohl in jedem echten
Künstler ein Kern vorhanden ist, auch in Celibidache.
Doch hat für ihn die adäquate und optimale Realisierung
der Partitur oberste Priorität – adäquat und optimal im

Hinblick auf die differenzierten Bedingtheiten der Musik, die zwar von Werk zu Werk bzw. von Aufführung zu Aufführung wechseln können, gerade dadurch aber in ihrer Vielfalt für ihn jedesmal eine Herausforderung bedeuten. Zu dieser Vielfalt an Bedingungen, die erkannt und beachtet werden müssen, gehören nicht zuletzt jene musikalischen Strukturen, die das Innenleben der Partituren ausmachen und die in der Tat oft so komplex sind, daß der Hörer sie kaum wahrzunehmen vermag, vor allem dann nicht, wenn sie durch Tempo und Klangmasse verwischt oder erdrückt werden. Und hier nun zeigt sich die zentrale Bedeutung des Tempos bei der Musikwiedergabe, da nur ein angemessenes Zeitmaß in der Lage ist, den ganzen Reichtum eines Werkes an Kontrapunktik, Melodieführung, Harmonisierung und Instrumentierung dem Hörer zu erschließen und für ihn erlebbar zu machen. »Wenn diese ganze Vielfalt groß ist, brauche ich mehr Zeit«, sagt Celibidache und deutet damit an, auf welch entscheidende Weise das Tempo eine Funktion der musikalischen Struktur ist.

Das Tempo muß also in genauer Relation zur jeweiligen Musik stehen. Je differenzierter und komplexer die Strukturen sind, je reicher und tiefgründiger die Ausdrucksmöglichkeiten, um so langsamer muß folgerichtig das Tempo werden, wenn der Interpret all das berücksichtigen will, was in der Partitur an Musik enthalten ist. Dies ist eine einfache Hörerfahrung, die ich Celibidache verdanke und über die ich oft nachgedacht habe, und keineswegs nur in seinen Konzerten, sondern auch in denen anderer Musiker.

In den bereits erwähnten »Gehörgängen« ist ein Gespräch Celibidaches mit Matthias Fischer, Dietmar Holland und Bernhard Rzehulka wiedergegeben, das am 21.9.1985 in München geführt wurde und in dem er sich eingehend zu Fragen der Musikwiedergabe und -reproduktion sowie verwandten Themen äußert. Ich beschränke mich hier bei der Anführung seiner Aussagen auf das Wesentliche:

»...Wir verstehen unter Reduktion etwas anderes als Husserl. Husserl meint das ›In-Paranthese setzen‹, während wir ›Reduktion‹ das Zusammenfassen, das Integrieren aller dieser Daten nennen. Ein gebrochenes Schokoladenei besteht aus so und so viel Stücken und das wird zusammengesetzt, das ist meine ›Reduktion‹. Nicht im Sinne einer Verminderung oder verfehlten Ergänzung, sondern wieder die Eins schaffen, die der einzige Gegenstand der geistigen Beschäftigung ist. ... Wir sind eine Eins, und das, was wir tun, in der Konfrontierung mit dem Kosmos, ist, Reduktionen integrieren, Einheiten schaffen, so daß wir mit der anderen Einheit konfrontiert werden. Und wenn wir mit einer Einheit konfrontiert werden, eignen wir sie uns an, damit wir für die nächste Konfrontation, für die nächste Reduktion wieder frei werden. ...
Für jede Vielfalt ist eine Zeiteinheit notwendig, um zu reduzieren. Wir nennen diese Tempo. Tempo also ist die Voraussetzung, die Zeiteinheit, die nicht als physikalische Zeit erscheint. Da spielt einer kurz, in der Mitte breit, Hörner haben diese Klangfarbe, der eine ist leise, der andere ist laut, der eine hat diese Artikulation im Arm, der andere eine andere ... Wenn diese ganze Vielfalt groß ist, brauche ich mehr Zeit. Das Tempo, das im Raum der Aufführung seine Berechtigung hatte – außer-

halb jeder Form von Interpretation, durch Nicht-anders-Können –, ist auf der Platte anders. Da haben Sie eine andere Vielfalt. ...

Was habe ich für einen Grund, breiter zu sein, wenn nicht, die Vielfalt in ihrer ganzen Mannigfaltigkeit zu erfassen ...

Wenn Sie zu einem Orchester kommen und mit diesen Tempi anfangen, da versteht keiner was davon. Aber je länger Sie mit ihnen arbeiten, erkennt es auf einmal einer und sagt: ›Mein Gott, so etwas; ich habe nicht gewußt, daß es so etwas gibt.‹ Soviel von dem Bogen, hier so wenig, hier breiter, da enger, das leiser und das lauter und das so, daß das hypothetische Denken materialisiert wird auf einer viel höheren Ebene, die ebenso real ist wie der direkte Klang ...

Durch Beschränkung kommen Sie nicht auf die Eins. Denn auch ich höre doch im Raum nicht alles, aber das Tempo ist die eintretende Folge von dem, was ich gehört habe. ...

Vier Quinten nach oben, nach dem Quintenzirkel, ergeben die Terz. C-g, g-d, d-a, a-e. Und ich transponiere das e, das ist die Terz. Ein extrovertiertes, von mir nach außen gerichtetes Intervall. Was ist Musik überhaupt, wenn nicht diese zeitlichen Elemente, die in jedem Phänomen liegen, vorliegen, in bezug auf die innere Affektwelt? ... Was ist das Wesen der Affektwelt des Menschen? Assoziationen zur Vergangenheit und zur Zukunft. Alles, was uns bewegt, emotional und gefühlsmäßig, ist unter dieser Perspektive zu verstehen, zu erleben. Alles ist entweder zukunftsbezogen oder vergangenheitsbezogen ...

Jetzt hören Sie die Quint, sie bewegt sich nach außen,

und das ist eine Assoziation mit der Zukunft, Hoffnung, Vorhaben usw. Haben Sie das interpretiert? Und wenn Sie die Vielfalt, die Sie dann in einer Zeiteinheit wiedergeben, verändern, verändert sich die Zeit auch. Warum? Können Sie es anders? Können Sie die gegebene Vielfalt schneller aufnehmen? Was ist da Interpretation? Und bei diesen unglaublich feinen Klängen, fein durch Bogenführung, durch Begabung, durch Instrumentenqualität usw., entsteht diese höhere Vielfalt oder entsteht nicht. Wenn sie entstanden ist, könnten Sie das schneller hören? Nein. Denn Sie müssen nicht nur wahrnehmen, in Bezug zueinander erleben, denn sonst ...

Wenn das Wissen da ist, verschwindet die Interpretation. ... Maßgebend für mich war die Begegnung mit Furtwängler, aber nicht so, wie die Leute sagen: großer Dirigent oder so. Einmal kam ich zu ihm, es ging um einen Übergang in einer Schubert-Symphonie, und habe ihn gefragt: ›Herr Doktor, wie geht das, wie schnell geht das?‹ Also nicht, was für ein Tempo würde die Vielfalt der Gegebenheiten zu einer Eins zusammenbinden, sondern wie schnell, wie geschwind geht das. Und er sagte – und das ist die Offenbarung für mich; danach habe ich nicht mehr gezweifelt, daß es keine Interpretation gibt –: ›Wie schnell? Je nachdem wie es klingt.‹ ...

Bach sagt, wer aus der Komplexität des Materials – chromatische Harmonien, viele Stimmen, die gleichzeitig laufen usw. – nicht erkennt, ob es ein Adagio ist oder ein Allegro, soll es lieber lassen. Was heißt das, ein Adagio erkennen nach dem Tonsatz? Viel Chromatik, viel Geschehen in den Mittelstimmen, das braucht Zeit, also wird es langsamer sein. Wie Haydn; Haydn sagt auch, die Harmonien eines Prestos, eines Finales, sind sehr einfach, Tonika, Dominante, Unterdominante, und dann ist es aus. Es darf nicht zu chromatisch werden, denn wir haben nicht die Zeit, es wahrzunehmen...

In einer Sonate sind zwei Themen, das eine heroisch, das andere lyrisch, und sie bekämpfen sich, und aus dem Kampf entsteht das Recht, in der Zeit zu verweilen. Wenn ich aber schon etwas mitgebracht habe, Ungeduld für lyrische Stellen, da werden Sie den Gegensatz nicht erwischen, der die Phantasie des Komponisten bewegt hat. Dann sind Sie raus ...

Es gibt so etwas wie den geistigen Einschwingungsvorgang, die Passage von Neuem zu Neuem hin, eine Aneignung. Es gibt aber auch den physikalischen Einschwingungsvorgang, die Flöte hat einen ganz langen, die Hörner noch länger, die Oboe sehr kurz, Spiccato-Strich bei den Geigen, ein sehr kurzer Einschwingungsvorgang ... Also, nicht alle Klänge bilden sich für mein Bewußtsein gleich schnell aus. Welche Folge hat das? Z.B. eine Octave c-c und ein e, und vier Hörner wie bei Weber, also c-g-c-e. Das Horn hat einen sehr schweren, langsamen Einschwingungsvorgang. Wenn das erste Horn mit dem zweiten sich kombinieren soll, ist es noch langsamer. Wenn man das zweite mit dem dritten kombiniert, ist es noch langsamer; und dann mit dem vierten noch langsamer; wenn das vierte mit dem zweiten ... noch langsamer. So dauert es bis zu einem Drittel einer Sekunde, bis der Wohlklang der Hörner sich bildet. Mit anderen Worten: ein Satz, ein Choral, gespielt von vier Hörnern, geht in einem ganz anderen Tempo als ein Choral, gespielt von vier Flöten, oder ein Choral, gespielt von vier Oboen ... Ich höre, bis diese Verbindungen – ein Drittel einer Sekunde – entstehen, und dann lasse ich es laufen, nachdem der Wohlklang da ist. Wenn ich gegen diese Eigenschaft der Hörner, einen langsamen Einschwingungsvorgang zu haben, dirigiere, was mache ich? Es ist, als wenn ich trockenes Wasser suchen würde. Das Horn kommt zu seiner Spezifität durch den Menschen, denn es ist vom Menschen erdacht und entdeckt worden...«

In diesem Zusammenhang kam Celibidache auch auf seine Diskrepanz mit Anne-Sophie Mutter während der Proben zum Violinkonzert von Sibelius im Juni 1985 zu sprechen. Er sagte:

»Was ist bei diesem armen Mädchen geschehen? Da steht bei Sibelius nicht ›Adagio molto‹, sondern ›Adagio *di* molto‹, auf Achteln. Wenn Sie aber nicht auf den Wohlklang der Hörner achten und das spielen, als ob es vier Trompeten wären, dann hat man was nicht? Sie haben nicht Sibelius gespielt. Sibelius will Hörner und ›Adagio *di* molto‹. Hellseherisch begabt wie ich bin, habe ich sie gefragt, oder fragen lassen, ob sie wirklich ›Adagio *di* molto‹ spielt. Dreimal, bevor sie herkam. Und es wurde gesagt: ›Ja, nur Adagio di molto‹. Kommt her und spielt alles ›Allegretto‹. Stellen Sie sich vor, dieser schwerfällige, nordische Mensch, mit Vorliebe für dunkle Farben, dieses Blau, Rauchlicht usw. ... Nichts von Musik kann man wissen und doch Karriere machen. Das ist die Welt, in der wir leben.«

Das war hart. Doch wäre es für die junge Geigerin gut und nützlich gewesen, wenn sie die Argumente des mehr als fünfzig Jahre Älteren aufmerksam geprüft und vielleicht sogar, wenigstens versuchsweise, akzeptiert hätte, statt beleidigt und ohne Vorankündigung am Tage der Aufführung abzureisen und dadurch Celibidache zu zwingen, wenige Stunden vor dem Konzert das Programm zu ändern. Lernen kann man von ihm allemal, wenn man will; auch Anne-Sophie Mutter hätte es gekonnt, und sicher zu ihrem Vorteil. In ihrem Alter ist man noch lange nicht fertig – man ist es nie –, und die eigentlichen Probleme kommen erst noch. Möglich, daß sie eines Tages begreift, was sie im Juni 1985 versäumt hat.

Doch nun wieder zurück zu Celibidaches Diskurs mit den drei Autoren in den »Gehörgängen«.

»...Ich spreche mit unbekannten Leuten und ich nehme sie wahr, als ob sie meine Brüder oder meine Kinder wären. Ich gebe mir die größte Mühe, auf ihr Niveau zu kommen und ihnen das Absolute, das, was ich für absolut halte, zu vermitteln. Das Sehen des Absoluten wird nicht mehr von mir abhängig sein, es ist ihre Leistung ... Mehr als gute Musik machen gibt es nicht ... Ich möchte, daß alle diese Leute, so spät sie auch dran sind, weiterlernen. Und jede Probe ist ein Beweis, daß Musik in jedem ist, und daß nicht Celibidache das macht, sondern Celibidache schafft Bedingungen, daß die Reduktionen bei jedem entstehen können, die Vielfalt strukturierbar wird ... Ich bin ebenso arm wie sie. Gelingt es mir nicht in einem Konzert, einige von uns raufzubringen ... Wohin rauf? Zur Wahrheit zu bringen. Sonst hat mein Leben keinen Sinn. Bis jetzt hat es immer Sinn gehabt ...«

Als Ergänzung dazu noch einige Passagen aus dem bereits zitierten Interview von Joachim Matzner mit Celibidache, der u.a. folgendes sagte:

»Hundert Phänomene ergeben wieder ein Phänomen, und auch dieses Phänomen hat eine natürliche Tendenz. Ich mit meinem Willen als Schöpfer, als Komponist –

nicht als Interpret – kann der natürlichen Tendenz widersprechen oder mich ihrer bedienen, und dadurch kann ich Anballungen von Kraft und Spannungen bauen und Entspannungen. Nur, das Dokument, das Testament, die Partitur vom Komponisten ist ein absolut unvollkommenes Stückchen Papier. Ich muß es wissen, oft ohne daß es dem Komponisten selbst bewußt gewesen ist: Wie bewegt sich das, spannt sich das an, löst sich das auf? Wenn Sie Ravel gefragt hätten: Warum haben Sie diese Imitation von der Quarte gemacht? Er hätte Ihnen geantwortet: ›Parsque c'est très bon!‹ – ›Weil es sehr schön ist!‹ Er selber hat es nicht gewußt. Nun müssen Sie es auseinandernehmen und suchen: Hätte er nicht auf der vierten Stufe die Imitation gehabt, so hätte er dieses Fis, das modulierende Fis am Ende gar nicht mehr frisch gehabt; um das frischzuhalten, mußte er auf die Quart gehen …

Wir müssen aber viel mehr wissen, um Ordnung in dieses Material zu bringen. Und das ist nicht eine Sache der Interpretation. Ordnung kann man nicht interpretieren. Der Musiker hat nur eine Prioritätsformel: Er muß in seiner Musikalität, in seinem Korrelationsgeist in der Lage sein, zu sagen, das ist wichtiger als das …

Was ist Musik anderes als ein ständig spannungswerdender Prozeß! Daß das nicht alles ist, das ist auch klar. Man kann phantastisch phänomenologisch denken können, aber ein schlechter Musiker sein. Was ist ein guter Musiker? Der Korrelationsgeist besitzt, der die ganze Artikulation vom Anfang bis zum Ende in der Simultaneität erleben kann. Denn in jedem Augenblick des musikalischen *Werdens* muß ich wissen: Ich bin auf dem Wege zum Höhepunkt; oder noch nicht so weit, vielleicht noch so viel, zu wenig von dem, ja vielleicht bin ich auf dem Höhepunkt, nicht zu schnell, denn dann sind die Töne, die ich gar nicht mehr bespannen kann ... Man kann das nicht erfassen, indem man nur linear denkt ... Die Größe eines Musikers ist die Fähigkeit, alles was linear läuft, in der Simultaneität zu fassen ...

Man will originell sein. Aber es kann nie im Leben ein treibender Grund sein, originell zu sein. Jeder Schöpfer ist durch Definition, nicht indem er das denkt, originell, jeder Schöpfer. In jedem von uns steckt ein Stückchen Gottheit, wenn Sie wollen. In jedem. So kann ich auch Ihnen das Herz erwärmen, indem ich wirklich Musik mache ...«

Aus den hier von mir zitierten Äußerungen Celibidaches tritt das Wesentliche seiner Gedanken und Überzeugungen deutlich hervor. Es wird klar, worum es ihm bei der Musikwiedergabe geht: um genaue und adäquate Vermittlung von Musik unter Berücksichtigung der ihr immanenten Phänomene und Gesetzmäßigkeiten sowie aller von außen hinzutretenden physikalischen und psychischen Bedingtheiten, wobei die Nichtbeachtung dieser Faktoren nicht nur das klangliche Erscheinungsbild der Musik verfälschen würde, sondern zwangsläufig auch ihren Sinngehalt, ihre Aussage. Die bewußte Koordination aller dieser Gegebenheiten kann das Entstehen von Musik im Sinne Celibidaches ermöglichen. Und nur auf diesem Wege glaubt er, gute Musik machen zu können, Musik, die nicht allein die sorgfältige Analyse des vorliegenden komplexen Materials widerspiegelt, sondern die darüber hinaus durch die erreichte Synthese und Konvergenz ihrer so vielfältigen und differierenden Bedingungen den Schöpfungsprozeß im Bewußtsein des

Hörers noch einmal neu entstehen läßt, freilich auf einer anderen Ebene und unter anderen Vorzeichen als im Bewußtsein des Komponisten selber. Der humane Anspruch der Musik, den Celibidache nie geleugnet und nie aufgegeben hat – und zwar jeder Musik, die Ausdruck eines echten schöpferischen Wollens ist –, wird somit erfahren als Ergebnis eines langen und intensiven Aneignungsprozesses seitens des Interpreten. Die Analyse führt zur Synthese, die im Hörer das Gefühl der Beglückung auslösen kann. Und dieses Erlebnis, das ihn im Innersten berührt und sein Herz zu erwärmen vermag, wie Celibidache sagt, entspringt der unmittelbaren Wirkung der Musik auf das menschliche Gemüt, in dem sich ja in der Tat ein »Stückchen Gottheit« verbirgt. »Musik ist Mensch und Mensch ist Musik ...« sagte Celibidache im Gespräch mit Harald Eggebrecht 1983 in Madrid (s. »Die Münchner Philharmoniker von der Gründung bis heute«, München 1985). Und um noch einmal auf die zentrale Bedeutung des Tempos beim Entstehungsprozeß der Musik zurückzukommen, so hat Celibidache diese nach seiner Ansicht entscheidende Frage in den hier wiedergegebenen Zitaten präzise erläutert.

Wie ich glaube, sind es aber nicht nur phänomenologische, physikalische und ästhetische Gesichtspunkte, die Celibidache bei der Wahl seiner Tempi bestimmen, also nicht nur die Komplexität des musikalischen Materials oder die Begrenztheit der instrumentalen und stimmlichen Möglichkeiten des Ausführenden, sondern darüber hinaus jene Grunddisposition der Musik, die als Zeitcharakter in Erscheinung tritt. Musik entsteht in der Zeit und braucht zu ihrer Entwicklung und Bewußtwerdung im Geist des Hörers Zeit, denn sie ist ein *Werden*, ein dynamischer Prozeß, nichts Statisches – so erleben wir es immer wieder. Und dieses *Werden* nun, dieser Entwicklungsprozeß der Musik, zwingt Celibidache zur Behutsamkeit und Reflexion, nicht selten gar zu meditativer Kontemplation. Hier dringt also etwas Fernöstliches in sein Musizieren ein, ein Element der Ruhe, der wunderbaren Entspanntheit, des gelösten und lebenspendenden Atmens, in dem alles und nichts enthalten ist. Und das kann vorübergehend den Eindruck erwecken, als ob Musik in seiner Wiedergabe doch etwas Statisches sei oder zumindest statische Erscheinungsformen in sich berge, was natürlich nicht zutrifft. Wer je Bruckners achte Sinfonie von Celibidache gehört hat – und das gilt auch für andere bedeutende sinfonische Werke –, der weiß, welch ungeheuerer Entwicklungsprozeß sich da abspielt und daß von Statik im gewöhnlichen Sprachgebrauch überhaupt nicht die Rede sein kann. Es sei denn, wir würden das *Werden* als eine Modalität des Seins betrachten, was wiederum fernöstlichen Anschauungen entspräche und sicher auch Celibidaches Behauptung, er verdanke dem Zen-Buddhismus die Einsicht, daß schon im Anfang das Ende liege, daß alles Eins sei; Musik sei nichts als die Materialisierung dieses Prinzips.

Celibidaches Ansichten und Theorien waren begreiflicherweise immer umstritten, und sie werden auch weiterhin umstritten bleiben. So wirft man ihm etwa vor, daß er der technischen Entwicklung auf dem Gebiet der mechanischen Reproduktion während der letzten Jahrzehnte nicht genügend Aufmerksamkeit geschenkt habe, da die modernen Möglichkeiten der elektro-akustischen Wiedergabe z.B. durchaus auch die Obertonreihen aufnehmen bzw. miteinbeziehen könnten. Und daß ande-

288

rerseits das Tempo gewissermaßen eine Funktion der komplexen Vielfalt des musikalischen Geschehens sein soll, wie er behauptet, wird ebenfalls von vielen »Experten« in Frage gestellt.

Es kommt nicht darauf an, ob solche Einwände berechtigt sind oder ob sie nur eine Verkennung von Celibidaches grundsätzlicher Position darstellen. Entscheidend ist, daß er in der konsequenten und kompromißlosen Umsetzung seiner Ideen in die Praxis einen Interpretationsstil entwickelt hat, der bisher ohne Beispiel ist und zu einem ganz neuen Musikverständnis führen kann – vorausgesetzt allerdings, man bleibt nicht an den vertrauten Hörgewohnheiten hängen, sondern läßt sich von den oft überraschenden Intentionen des Maestro überreden, den eigenen Standort in der Musikrezeption zu revidieren. Celibidache nimmt sich viel Zeit für die Musik, mehr jedenfalls als wohl alle seine bekannten Dirigenten-Kollegen, denn er will ihr gerade in unserer gehetzten Gegenwart zu ihrem Recht verhelfen, will sie in ihrer ganzen Vielfalt und Schönheit vor den Hörern entstehen lassen. Daß ihm dies tatsächlich immer wieder gelingt und daß sein Musizieren trotz des betont reflexiven und mitunter gar meditativen Charakters nichts von seiner Spontaneität und mitreißenden Überzeugungskraft verloren hat, daß er sein Publikum zu begeistern, zu erschüttern vermag wie kaum ein anderer, das gehört zu den Geheimnissen des Dirigenten Celibidache. Seine Wirkung auf Hörer und Musiker ist heute vielleicht bedeutender noch als in früheren Jahren; daran können auch Kritik und Widerspruch nichts ändern. Und die Erfahrung, sein Musikverständnis auch anderen Menschen vermitteln zu können, müßte ihn mit tiefer Befriedigung erfüllen.

Nun ist Celibidache ja nicht der einzige ausübende Musiker, der in der Tempofrage dem herrschenden Zeitgeschmack entgegentritt. Auch andere tun das, doch selten so durchdacht und konsequent wie er. Arturo Benedetti-Michelangeli, Daniel Barenboim, Sandor Vegh und noch viele wären hier zu nennen, natürlich auch Glenn Gould, einer der großen Außenseiter unter den Pianisten, der seine Hörer oft durch extreme Tempomodifizierungen verblüffte. Man braucht nur an seine zweite Einspielung der »Goldberg«-Variationen von Bach zu denken. Gould brauchte viel Zeit für dieses unergründliche Werk und erreichte damit eine Wiedergabe von höchster Eindringlichkeit, die weit und breit nicht ihresgleichen hat. Hinsichtlich der Medien und der mechanischen Reproduzierbarkeit von Musik bezeichnet seine Auffassung allerdings den denkbar größten Gegensatz zur Position Celibidaches. Langsame Tempi finden wir auch beim späten Otto Klemperer und dem so ganz anders gearteten Hans Knappertsbusch. Leonard Bernstein hielt ebenfalls nichts von überhetzten Zeitmaßen. Georg Kulenkampff, der große deutsche Geiger, riet seinen Schülern, schwierige und komplizierte Stellen eher langsam zu spielen, damit ihre Problematik dem Hörer überhaupt bewußt werden könne. Zu schnelle Tempi würden da alles verderben. In seinen aus dem Nachlaß herausgegebenen »Geigerischen Betrachtungen« begegnet man wiederholt der Anweisung, nicht zu schnell zu spielen.

Die Relation zwischen Tempo und musikalischer Struktur war und ist also auch anderen ausübenden Musikern bewußt und kommt in ihren Interpretationen mehr oder weniger deutlich zum Ausdruck. Die Mehrheit der bekannten Dirigenten und Instrumentalisten huldigt allerdings nach wie vor dem Postulat der Schnelligkeit. Ja, es gibt sogar einige unter ihnen, die mit zunehmendem Alter immer schneller werden. Zu ihnen gehört Georg Solti, dessen Spätstil durch ausnehmend rasche und atemlose Tempi gekennzeichnet ist. Von ihm kann man heute Interpretationen der Beethoven-Sinfonien im Eilverfahren hören und eine »Pathétique« von Tschaikowsky, bei der zwar die Fetzen fliegen, von der ursprünglichen, beseelten Musikalität des Komponisten aber kaum noch etwas übrig bleibt.

In diesem Zusammenhang sei ein Buch erwähnt, das trotz seiner spektakulären Aussagen von der Öffentlichkeit bisher leider nicht mit gebührender Aufmerksamkeit zur Kenntnis genommen wurde – ich meine Grete Wehmeyers Untersuchungen zur Geschichte und Theorie des Tempos, die sie 1989 unter dem Titel »prestißißimo« (Untertitel »Die Wiederentdeckung der Langsamkeit in der Musik«) veröffentlicht hat. Die Wortbildung »prestißißimo« entstammt übrigens einem Brief Mozarts an seinen Vater vom 17.1.1778, in dem er sich bitter über die viel zu schnellen Tempi des Abbé Vogler beim Vortrag eines der Werke des Komponisten beklagte.
Grete Wehmeyer sieht in der musikalischen Tempobeschleunigung, wie sie offenbar schon zur Zeit Mozarts konstatiert werden konnte, kein isoliertes Phänomen, sondern die bestimmte Erscheinungsform eines viel umfassenderen und allgemeineren Prozesses, der mit der Heraufkunft des Industriezeitalters zu tiefgreifenden Wandlungen und Umschichtungen innerhalb der Gesellschaftsstruktur der europäischen Völker geführt hat. Das Lebensgefühl der Menschen änderte sich allmählich,

ihnen selber kaum bewußt, von Grund auf. Mit der fortschreitenden Technisierung, die unaufhaltsam in alle Lebensbereiche eindrang und sie in zweckentsprechender Weise umgestaltete, mußte sich auch das Zeitbewußtsein verändern und den neuen Gegebenheiten anpassen. Dieses veränderte und prononcierte Zeitbewußtsein unserer modernen Welt drückt sich nicht zuletzt in einer Beschleunigung aller Lebensvorgänge aus, nicht nur der biologischen. Auch das musikalische Tempo ist in diese Entwicklung miteinbezogen, und zwar bereits seit ihren frühesten Anfängen, wobei das sich immer stärker ausbreitende Virtuosentum die Tempobeschleunigung wohl überhaupt erst ermöglicht hat. Die Erfindung des Metronoms durch Johann Nepomuk Maelzel bzw. Diederich Nikolaus Winkel ist als solche durchaus ein Symptom der Tendenz zur immer exakteren Zeitbstimmung. Das Gerät dient der präzisen Festlegung des musikalischen Tempos, schafft aber zusätzlich Probleme, wenn seine Lesart der Auslegung bedarf, wie Grete Wehmeyer – gestützt auf die Forschungen von Willem Retze Talsma – behauptet. Denn daß wir die Notationsweise der Metronomzahlen zur Zeit Beethovens und der Romantiker heute falsch verstehen, ist ihre kühne und folgenreiche, wenngleich umstrittene These. Und die Quintessenz ihrer Untersuchungen lautet ganz schlicht: Rückkehr zu einem langsamen, den musikalischen Schöpfungen der großen Meister angemessenen und zu ihrer Zeit auch weitgehend praktizierten Tempo – sofern der Komponist damals eben noch Einfluß darauf nehmen konnte, was nicht immer der Fall war, wie der Mozart-Brief beweist.

Inwieweit Grete Wehmeyer mit ihren Ausführungen recht hat, braucht uns hier nicht zu interessieren. Wichtig ist allein, daß »Die Wiederentdeckung der Langsamkeit in der Musik«, die in den Konzertaufführungen Celibidaches zum unmittelbar wirkenden Ereignis geworden ist, auch unter einem ganz anderen Gesichtswinkel betrachtet und gefordert werden kann – wichtig für die Musik, um die es letztlich immer geht.

Grete Wehmeyer hat auf Seite 109/110 ihres Buches die Aufführungsdauer einiger zeitgenössischer Beethoveninterpretationen mit denen zur Entstehungszeit der betreffenden Werke verglichen, so weit wir darüber zuverlässige Nachrichten haben. Beethoven benötigte nach unserer Kenntnis für die Uraufführung seiner dritten Sinfonie, der »Eroica«, ziemlich genau 60 Minuten, also eine Stunde. Klemperer und Bernstein (bei seiner Wiener Aufzeichnung) erreichten immerhin 53,20 Minuten, Furtwängler brauchte 52,25 Minuten, Karajan 50,10, Toscanini nur 45 und Michael Gielen gar nur 43 Minuten – er war also rund siebzehn Minuten schneller als Beethoven selber! (Alle Angaben stützen sich auf Schallplattenaufnahmen.) Demgegenüber kam Celibidache mit den ca. 58 Minuten seiner letzten Münchener Wiedergabe von 1987 ganz nah an die Dauer der Uraufführung heran. Es ist übrigens merkwürdig, daß Grete Wehmeyer ihn nicht ein einziges Mal in ihrem Buch erwähnt, obwohl seine Tempi und die ganze Art seines Musizierens ihrer eigenen Auffassung von der Interpretation klassischer und romantischer Werke doch eigentlich entgegenkommen müßten. Da es sich hier wohl nicht um Unkenntnis handeln kann, muß es Gründe geben, die sie veranlaßten, Celibidache in ihren Untersuchungen nicht eigens zu berücksichtigen. Auch die siebte Sinfonie Beethovens wurde bei ihrer Uraufführung von einigen Kritikern als zu lang getadelt, genauso wie die »Eroica«. Da jeder ihrer Sätze fast 15 Minuten dauerte, wie einer der Rezensenten angab, muß der Meister für das gesamte Werk mindestens 50 Minuten gebraucht haben. Nahezu 50 Minuten aber dauerte die Sinfonie auch bei Celibidaches Aufführung der Siebten 1989 in München, während Toscanini das Werk schon vor Jahrzehnten in der Rekordzeit von 35 Minuten bewältigte und damit 15–20 Minuten schneller war als der Komponist! Und noch eines der von Grete Wehmeyer angeführten Beispiele: Die Neunte dauerte bei der Londoner Aufführung im Jahre 1828 eine Stunde und zwanzig Minuten. Michael Gielen hingegen dirigierte sie in Frankfurt und bei einer Fernsehübertragung in exakt 57 Minuten – er war also 23 Minuten schneller, als es uns aus Beethovens Zeit überliefert ist! Und als Vergleich dazu noch einmal die Aufführungsdauer von Celibidaches Wiedergabe der Neunten im März 1989 in München: annähernd eine Stunde und zwanzig Minuten!

Überrascht stellt man fest, daß Celibidache bei seiner Interpretation der Beethoven-Sinfonien ganz offensichtlich fast das gleiche Tempo anschlägt wie der Schöpfer dieser Werke bei ihrer Uraufführung oder wie es bei anderen Aufführungen zu seiner, Beethovens, Zeit üblich war. Dies ist gewiß nicht beabsichtigt, sondern entspricht einfach dem inneren Puls von Celibidaches Musizieren sowie seiner erstaunlichen Einfühlung in die musikalische Welt Beethovens, beweist allerdings nachdrücklich, wie berechtigt seine Tempi in diesem Falle sind, da sie den Intentionen des Komponisten genau zu folgen scheinen.

Die Frage nach den Metronomzahlen kann man bei dieser Sachlage getrost als völlig irrelevant ad acta legen. Zudem hat Beethoven ja nicht mit Maelzels Metronom in der Hand komponiert; und auch die anderen Komponisten, auf die es hier ankommt, haben dies nicht getan. Natürlich hat sich auch Celibidache für die Aufführungsdauer bestimmter Werke unter der Leitung ihres Schöpfers interessiert, wenngleich unsere Kenntnisse hier eng begrenzt sind. Er verweist gern auf die durch Zeitgenossen bestätigte Tatsache, daß Wagners »Siegfried-Idyll« unter Leitung des Komponisten ungefähr 30 Minuten gedauert hat, während heute Bernhard Haitink – den Celibidache 1985 während eines Vortrags im Auditorium maximum der Ludwig-Maximilians-Universität in München zur Erheiterung des Publikums als »Springgazelle« bezeichnete – für die Aufführung des gleichen Werkes nur etwa 12 Minuten benötigt! Und zum Abschluß dieses Themas noch eine interessanter Hinweis: Vor vielen Jahren hörte ich eine Schallplatte, auf der Ravel seinen »Bolero« dirigierte, wesentlich langsamer als in fast allen heutigen Interpretationen; er brauchte beinahe 20 Minuten, wenn ich nicht irre. Ferenc Fricsay dirigierte den »Bolero« Anfang der fünfziger Jahre mit dem Sinfonieorchester des WDR in Köln in wenig mehr als 10 Minuten. Es war die schnellste mir bekannte Aufführung dieses Werkes. Und Celibidache? Bei seiner letzten Wiedergabe des »Bolero« während des »Festlichen Sommers« 1983 in München dauerte die Aufführung ungefähr 17 Minuten, und er hat Ravels Meisterwerk auch früher kaum schneller dirigiert. Also auch hier wieder eine bemerkenswerte Annäherung an das Zeitmaß des Komponisten.

Diese Beinahe-Übereinstimmung ist ganz sicher kein Zufall. Sie ist ein Beweis für Celibidaches phänomenale Einfühlung in den rein musikalischen Verlauf einer Komposition, für sein Musikverständnis, das in einigen nachprüfbaren Fällen mit dem der Komponisten identisch zu sein scheint, wenigstens was die Tempi betrifft. In der Geschichte der musikalischen Rezeption wird das nicht oft vorkommen. Allerdings haben wir auch wenig Möglichkeiten, dies im einzelnen zu überprüfen. Doch dürfte feststehen, daß die meisten ausübenden Musiker unserer Zeit bei ihrer Wiedergabe klassischer und romantischer Werke viel zu schnelle Zeitmaße wählen und dadurch den Charakter der von ihnen interpretierten Musik nicht unwesentlich verändern. Beethoven, um bei diesem Beispiel zu bleiben, hätte einer Aufführung seiner siebten Sinfonie in 35 Minuten – dem Rekordtempo Toscaninis – wohl nur verständnislos gegenübergestanden, nicht der exakten Zeitdauer wegen, sondern weil die Musik in diesem Tempo nicht mehr dem entsprechen kann, was er empfunden und komponiert hat. Ich bin auf den Einwand gefaßt, woher denn der Interpret wissen soll, was Beethoven beim Komponieren seiner siebten Sinfonie empfunden hat. Darauf kann ich nur antworten: Wer es nicht aus der Partitur herauslesen, aus der Musik heraushören kann, wird es nie erfahren. Doch wird man weiterfragen, welche Kriterien denn dem Interpreten an die Hand gegeben sind, um das Wesen eines musikalischen Werkes zu ergründen und die Wiedergabe dementsprechend einzurichten. Und hier glaube ich nun, daß die Musik selber uns diese Kriterien liefert und daß die phänomenologische Betrachtungsweise Celibidaches uns helfen kann, die oft so komplexen

Strukturen sowie die inneren und äußeren Bedingtheiten der Musik zu durchleuchten, ihre konstituierenden Elemente in ihrer ganzen Vielfalt aufzuspüren und als Einheit zu begreifen. Wenn wir das alles berücksichtigen, werden wir uns dem Verständnis der Musik nähern, sofern sie überhaupt zu verstehen ist.

Celibidache selber hat seine Ansicht über das Metronom bzw. die physikalische Zeitmessung in der Musik in dem bereits erwähnten Gespräch mit Harald Eggebrecht 1983 in Madrid folgendermaßen formuliert: »Es ist eine geradezu unmenschliche Idee, Musik müsse nach Metronomangaben verlaufen, unabhängig von der Tragfähigkeit der Instrumente, von dem Ausdrucksvermögen der Menschen, von der Akustik, von der Oktavierung, von der Rolle der Kontrapunktik in der Dialektik dessen, was zu spielen ist! Kann man also ein Tempo von außen, aus der materiellen physikalischen Zeit auf das musikalische Geschehen, das ein menschliches Bewußtsein voraussetzt, aufpfropfen, ohne auf nahezu alles verzichten zu müssen?! Nein, es ist also absurd, mit der physikalischen Zeitmessung an Musik heran zu wollen, nach dem Muster: der hat sechzig Minuten gebraucht, der achtzig Minuten und so fort. Ein völlig amusisches Vorgehen.«

Natürlich, jeder Mensch bringt etwas mit, etwas Eigenes, Individuelles, Unveräußerliches und auch Unverzichtbares, was er in die Musik hineinlegt und dann auch wieder – wie könnte es anders sein? – aus ihr heraushört, von ihr empfängt. Er und die Musik, die ihn erfüllt, sind gewissermaßen eins. Dieses subjektive Element in jeder Art von Musikverständnis, von Kunstverständnis überhaupt, von Menschenverständnis und was immer wir wollen – es ist eine Tatsache, die wir berücksichtigen müssen und die eine neutrale Objektivität gegenüber den Gegenständen oder Ursachen unseres Empfindens und Erlebens von vornherein ausschließt. Jede Art von Musikverständnis ist also notwendig auch Ausdruck individueller Bedingtheiten und Veranlagungen, Ausdruck der Persönlichkeitsstruktur desjenigen, der dieses bestimmte Musikverständnis hat.

Auch Celibidache bringt etwas mit, was er in die Musik hineinlegt und dann auch wieder aus ihr empfängt. Es ist seine vielschichtige Persönlichkeit mit all ihren Widersprüchen und nicht leicht zu ergründenden Ursprüngen, die sich in seinem Musizieren spiegelt, eine Persönlichkeit, die in anscheinend extrem entgegengesetzten Bereichen geistig beheimatet ist: in der gläsern-abstrakten Welt der Mathematik, aber auch in den dunklen Tiefen menschlicher Gefühle und Leidenschaften, in einer jeweils bis zu Grenzwerten gesteigerten Intellektualität und Emotionalität. Die abendländische Philosophie hat ihn ebenso nachhaltig geprägt wie fernöstliche Weisheitslehren und die religiöse Universalität des Buddhismus. Vor allem aber ist es sein Streben nach dem Absoluten, was ihn treibt und immer wieder zwingt, dem Phänomen Musik auf den Grund zu gehen. Daher seine unablässige Auseinandersetzung mit den Bedingtheiten und Voraussetzungen der Musik, mit ihren Materialien, ihren Elementen, ohne die sie nicht wäre, was sie ist oder vielmehr werden könnte. Denn daß Musik nicht *ist*, sondern *werden* muß, daß sie entstehen muß in uns – »Etwas kann Musik *werden* –, das ist seine leitmotivische Erkenntnisformel, die er unbeirrbar und mit allen Konsequenzen vertritt, für die er lebt und arbeitet. Musik entsteht im Menschen und wird vom Menschen ausgeübt. Sie ist eine zutiefst humane Kunst und bedarf des lebendigen Wirkens der in uns ruhenden Kräfte, um in ihrer ganzen Reinheit und Ursprünglichkeit entstehen zu können. Und so begreift man auch Celibidaches heftige Abneigung gegen die Konservierung und Fixierung von Musik auf Tonträgern, da sie als solche, als ein *Werden*, gar nicht konserviert und fixiert werden kann, sondern immer wieder neu entstehen muß.

Dieses Entstehenlassen von Musik im Sinne Celibidaches kann zu wunderbaren und überraschenden Ergebnissen führen, die selbst längst vertraute Werke in einem völlig neuen Licht erscheinen lassen. Das war erst kürzlich wieder zu erfahren, als Celibidache Ende Mai und dann wieder am 27.6.1992 – als Abschluß des Festaktes anläßlich seines achtzigsten Geburtstages – im Münchener Gasteig die fünfte Sinfonie von Beethoven dirigierte. Daß diese wohl bekannteste aller Sinfonien, bis zum Überdruß aufgeführt, reproduziert und durch längst überholte Klischeevorstellungen und romantische Ideengebäude verzerrt und überlagert, so frisch und lebhaft und mit solch elementarer Kraft musiziert werden könnte, war nicht vorauszusehen. Nichts mehr blieb übrig von jener Etikettierung als »Schicksalssinfonie« – »So klopft das Schicksal an die Pforten«, »Durch Nacht zum Licht«, »Man muß dem Schicksal in den Rachen greifen« usw. –, die diesem Werk seit weit mehr als hundert Jahren unseligerweise anhaftet und den Blick auf seine Schönheit und musikalische Wahrheit so leicht verstellt. Celibidache dirigiert ein klassisches Meisterwerk, überschaubar in den äußeren Proportionen, aber auch in den

Binnenstrukturen der einzelnen Sätze. Man hört gleichsam in die Sinfonie hinein, in den ideenreichen Ablauf des musikalischen Geschehens, hört, wie die Themen und Motive verarbeitet und abgewandelt werden, wie eine Instrumentengruppe sie nahtlos von der andern übernimmt und dann an eine dritte weiterreicht. Man begreift mit einem Mal: So hat man das noch nie gehört; das also ist sie, die Fünfte Sinfonie!

Da Celibidache, wie immer, die Exposition im klassischen Sonatensatz nicht wiederholt, wirkt der Kopfsatz noch gedrängter und konzentrierter als in anderen Aufführungen, von einer unheimlichen Kraft vorangetrieben, zügig und energisch im Tempo, in der dynamischen Steigerung bis zum Ende der ausgedehnten Coda, deren Schlußakkord etwas zurückgenommen verklingt. Auch im zweiten Satz, dem Andante con moto, den Celibidache nur wenig langsamer als üblich musiziert, sind Klarheit des Aufbaus und Durchhörbarkeit des Partiturbildes oberstes Gebot. Mit größter Genauigkeit befolgt er Beethovens Anweisungen, bewahrt sich aber gleichzeitig die Freiheit der Spontaneität, um aus unmittelbarem Erleben heraus zu gestalten. Groß und mit schneidender Schärfe kommen die Bläserfanfaren, ohne alles aufgesetzte Pathos. Der musikalische Duktus wird konsequent herausgearbeitet. Im dritten Satz beeindrucken besonders das kontrapunktisch-motivische Spiel des Trios, vor allem aber das geisterhafte Pianissimo der Reprise (Takt 236–323) und der anschließenden, vor Spannung berstenden 50 Takte der Überleitung zum Finale, das nun in strahlendem Blechbläserglanz machtvoll hereinbricht. Celibidache nimmt das Grundzeitmaß dieses Satzes sehr breit, steigert aber dadurch die dynamische Entwicklung mit unerhörter Wucht und läßt das Presto (Takt 362 ff.) sich ganz organisch aus dem vorangegangenen musikalischen Geschehen entwickeln. Nichts erscheint da abrupt oder unmotiviert; der ganze Satz wird zur imposanten Verdichtung des unendlichen C-Dur-Jubels. Artikulation, Phrasierung, Klangbalance sowie die inständig ausgehaltenen Spannungskurven sind in ihrer Evidenz und Ausdruckskraft nicht mehr zu überbieten. Gewaltiger, eindrucksvoller und majestätischer kann man sich dieses Finale nicht vorstellen.

Was hier von Celibidaches Interpretation der Fünften von Beethoven gesagt wurde, gilt im wesentlichen auch von seiner Wiedergabe der anderen Beethovensinfonien, vor allem von der Neunten. Auch hier nimmt er eine rigorose »Entrümpelung« vor und befreit das Werk von allen weltanschaulich-plakativen Überbauten, die ihm bedauerlicherweise auch heute noch oft genug übergestülpt werden.

Für Celibidache geht es auch in der Neunten ausschließlich um die Musik, und alle außermusikalischen Assoziationen haben in seiner Wiedergabe keinen Platz, können gar nicht erst aufkommen. Die sinfonische Einheit des Werkes, die durch den plötzlichen Einbruch der menschlichen Stimmen ins Finale ernsthaft gefährdet erscheint, sucht Celibidache dadurch zu retten, daß er diese Stimme gleichsam instrumental führt und ihr das opernhaft deklamatorische Pathos entzieht. Dabei gelingt es ihm in der Tat, die menschliche Stimme mit den verschiedenen Instrumentengruppen zu einer klanglichen Homogenität zusammenzufügen, soweit das überhaupt möglich ist – ganz wird es sich nie verwirklichen lassen. Der Freuden-Hymnus erklingt anfangs eher verhalten, steigert sich aber dann im Verlauf des Satzes und mündet am Schluß in einen unbeschreiblichen Jubel. Ich habe nie zuvor eine Aufführung der Neunten gehört, in der so wenig geschrien und so schön gesungen wurde wie in dieser Wiedergabe Celibidaches vom März 1989 in München.

Vielleicht ist an dieser Stelle eine kleine Rückbesinnung angebracht. Bei Beethoven sah sich Celibidache von Anfang an einer ganz besonderen Situation gegenüber, einer Herausforderung, die er entschlossen und selbstbewußt annahm. Als er 1945 an die Spitze der Berliner Philharmoniker trat, wußte er natürlich, daß Wilhelm Furtwängler als der bedeutendste Beethoveninterpret unter den großen Dirigenten seiner Zeit gerühmt wurde. Ungeachtet aller aufrichtigen Verehrung für den Älteren hat Celibidache schon in den ersten Jahren seines Berliner Wirkens einen eigenen Stil der Beethoveninterpretation entwickeln und auch behaupten können. Furtwänglers romantisches Künstlertum, das ihn Beethoven, ohne ihm deshalb Gewalt anzutun, durchaus romantisch auffassen und interpretieren ließ – wobei man das Wort nicht zu eng auslegen und vor allem nicht auf eine bestimmte Epoche begrenzen sollte –, hat zu überwältigenden Ergebnissen der Beethoven-Rezeption und -Wiedergabe geführt, die in ihrer Art gewiß ohne Beispiel sind. Auch Celibidache war sich dessen bewußt, doch wollte und konnte er aus Überzeugung daran nicht anknüpfen. Sein Künstlertum ist seinem Wesen entsprechend nicht primär romantisch orientiert, obwohl er mit Vorliebe romantische Musik dirigiert. Bei ihm stand schon in jungen Jahren die Ratio sehr im Vordergrund, in ganz anderem Sinne jedenfalls als bei Furtwängler. Sein ausgeprägtes

Empfinden für Formen und Proportionen, für Klarheit des Aufbaus und architektonische Gestaltungsprinzipien sowie für Klangfarbenreichtum bestimmt auch sein Verhältnis zur Romantik, da er stets ganz durchdacht die Erarbeitung eines neuen Werkes in Angriff nimmt. Er berichtet gern von einer Diskussion mit Furtwängler, an deren Ende dieser zu ihm gesagt habe: »Sie haben recht, aber ich mache es anders!«

In diesem kurzen Satz enthüllt sich der fundamentale Unterschied zwischen den beiden großen Dirigenten. Furtwänglers Musizieren war intuitiv und visionär, auch wenn seinen Interpretationen ein genaues Konzept zugrunde lag, während Celibidaches Musikwiedergabe immer in erster Linie als Ergebnis einer verstandesmäßigen Durcharbeitung der Partitur betrachtet werden muß, einer exakten Analyse und Synthese der musikalischen Strukturen, was nicht heißt, daß nicht auch er die Emphase des Außer-sich-Seins erfahren und vermitteln könnte, von Temperament und Leidenschaft ganz zu schweigen. Beethoven ist für ihn weniger der kühne Revolutionär als vielmehr der Vollender des klassischen Prinzips in der sinfonischen Musik, der mit seinen großen Vorgängern Mozart und Haydn mehr Gemeinsamkeiten aufweist als etwa mit Schubert, Schumann oder Brahms. Daß Beethoven darüber hinaus auch ein Komponist des Übergangs war, daß sich bei ihm neue Entwicklungen und Ausdrucksmöglichkeiten der Musik ankündigten oder bereits vorhanden waren, ist natürlich auch für Celibidache evident.

Nach dieser Unterbrechung wenden wir uns wieder der analytischen Betrachtung von Celibidaches Interpretationen zu. Das *Werden* der Musik, von dem er immer

spricht und das vom Hörer aus gesehen eher ein Neuent-
decken oder Wiederentdecken der Musik darstellt, ist also zweifellos das große und bewegende Erlebnis seiner
Konzerte. Da erfahren wir etwas über die Musik bzw.
über das gerade gespielte Werk, was uns bis dahin nicht
bekannt oder vielmehr nicht bewußt war und was wir
nun tatsächlich wie zum erstenmal erleben. »Ich habe
das Stück bisher nicht gekannt!« rief der Münchener
Komponist Wilhelm Killmayer nach einer Wiedergabe
von Tschaikowskys fünfter Sinfonie durch Celibidache
und die Münchner Philharmoniker aus (s. »Sergiu Celibidache«, S. 49), und brachte damit zum Ausdruck, was
unendlich viele Hörer oft und oft erfahren: wie Musik in
ihrer Reinheit und Ursprünglichkeit entsteht. Dabei ist
Celibidaches Rezept, um das erreichen zu können, anscheinend denkbar einfach: Er achtet »nur« auf die Musik und ihre phänomenologischen Bedingtheiten. Das
gilt für Beethoven so gut wie für Mozart, Haydn, Schubert, Schumann, Brahms, Bruckner – für alle, deren
Werke er dirigiert.

Nun ist aber das Ungewohnte und Überraschende vieler
seiner Interpretationen, dieses Neuwerden der Musik,
nicht immer ohne weiteres für alle Hörer begreiflich und
führt zu lebhaften und kontroversen Auseinandersetzungen unter den Musikfreunden. So war es auch nach
der mit Spannung erwarteten Aufführung der h-moll-
Messe von Bach anläßlich des Münchener Bachfestes im
November 1990. Es war die Frage, wie Celibidache sich
mit diesem Werk, das zu den bedeutendsten sakralen
Schöpfungen der abendländischen Musik gehört, ausein-
andersetzen würde. Ich will hier etwas näher darauf eingehen.

Celibidache wählte für die Realisierung der Partitur eine verhältnismäßig kleine Orchesterbesetzung, ebenfalls einen im Vergleich zur sonst üblichen Praxis stark verringerten Chor, was eine ganz neue Hörerfahrung zur Folge hatte. Die gewohnte Klangmassierung wurde vermieden zugunsten einer wunderbaren Transparenz und Klarheit der oft extremen Vielstimmigkeit. Die komplizierte und kunstvolle Polyphonie des Werkes, die in den meisten Aufführungen nicht genau durchhörbar ist, aber auch seine reichhaltige und tief empfundene Melodik wurden für den Hörer zum unmittelbaren Erlebnis. Allerdings sei hier daran erinnert, daß auch Neville Marriner bereits Mitte der siebziger Jahre eine Aufführung der h-moll-Messe mit vergleichsweise kleinem Ensemble gewagt und damit großen Erfolg gehabt hatte, übrigens auch Nikolaus Harnoncourt in seiner Einspielung von 1968. Hans Heinz Stuckenschmidt setzte sich damals in der »Frankfurter Allgemeinen Zeitung« vom 14.1.1975 mit der Problematik einer solchen Wiedergabe auseinander, vor allem im Hinblick auf das völlig veränderte Klangbild und unter Berücksichtigung der Tatsache, daß dynamische Angaben in der Partitur kaum anzutreffen sind. Er schrieb u.a.: »Sicher ist nur, daß Übertreibungen der Stärkegrade nach oben wie nach unten eher ein Merkmal des romantischen Geistes und demnach des neunzehnten Jahrhunderts sind als eine Gepflogenheit des klassischen und vorklassischen Musizierens.«
Dem dürfte Celibidache zustimmen. Die von ihm gewählte Reduzierung der Anzahl aller Mitwirkenden im Chor und Orchester impliziert ja zwangsläufig eine Zurücknahme der Dynamik insgesamt. Daß dennoch große Steigerungen und sinnfällige Unterschiede in den Stärke-

graden möglich waren, zeugt von seiner musikalischen Einfühlung und seiner klug disponierenden Klangregie. So geriet der Schlußchor des Dona nobis pacem zum machtvollen Ausklang von Bachs »Hoher Messe«, der Celibidaches weite Räume überspannende Steigerungskunst eindrucksvoll erleben ließ, und dies trotz des klangprächtigen Osanna in excelsis, das keiner dynamischen Ausweitung mehr fähig schien. Demgegenüber wirkten die Adagio-Einleitungstakte des Kyrie verhalten, nicht wie in den meisten Aufführungen leidenschaftlich oder gar ekstatisch flehend, sondern eher inständig bittend, und die anschließende erste Chorfuge des Kyrie erklang ganz ruhig, getragen und feierlich, befremdend langsam genommen, fast linear in ihrer Entwicklung und vorübergehend den Eindruck statischer Bewegungslosigkeit suggerierend. Und doch ist in diesem – bei Celibidache – verhaltenen, zurückgenommenen Anfang bereits der ganze weitere Ereignisablauf der h-moll-Messe enthalten oder vorgezeichnet, auch das Dona nobis pacem, mit dem sie endet. Diese musikalische und geistige Einheit – die ursprünglich vom Komponisten nicht einmal bewußt konzipiert war – deutlich zu machen, war ganz gewiß die Absicht Celibidaches, der bekanntlich die Überzeugung vertritt, Musik sei nichts anderes als die Materialisierung jenes geheimnisvollen buddhistischen Prinzips, demgemäß schon im Anfang das Ende liegt, weil letztlich alles Eins ist. Und ebenso wie bei seinen überwältigenden Bruckner-Aufführungen lag diese Überzeugung zweifellos auch seiner Wiedergabe der h-moll-Messe zugrunde, wenngleich bei Bruckner dieses Prinzip, vor allem in den Sinfonien, noch faßbarer in Erscheinung tritt.

Celibidaches Fähigkeit, die Einheit des musikalischen Geschehens innerhalb eines Werkes überzeugend darzustellen, kam auch der »Hohen Messe« zugute. Sie erwuchs unter seinen Händen als imponierendes architektonisches Gebilde, als kontrapunktisches Meisterwerk, melodiengesättigt. Und das war vielleicht das eigentlich Neue und Überraschende dieser Hörerfahrung: die Erkenntnis, daß Bachs Musik, und gerade auch die der h-moll-Messe, überreich ist an wunderbaren Melodien, daß der Thomaskantor somit wirklich »einer unserer größten Melodiker war«, wie Furtwängler es einmal ausdrückte. Dafür ließen sich zahlreiche Beispiele anführen. Und damit sind wir schon bei den Einzelheiten dieser ungewöhnlichen Aufführung.

Celibidache musiziert niemals pauschal, sondern immer sehr differenziert, widmet bei aller Betonung von Einheit und Zusammenhang des Ganzen dem Detail größte Aufmerksamkeit. Kontrastreicher und farbiger ist die musikalische Vielfalt der h-moll-Messe kaum auszuführen. Das gilt auch für die starken Tempomodifizierungen, die schon im Kyrie auffielen, wo die zweite Chorfuge in einem deutlich schnelleren Zeitmaß als die überaus langsam genommene erste erklang, während das zwischen ihnen liegende Christe eleison sehr bewegt und lebhaft vorgetragen wurde. Auch in den übrigen Teilen gab es auffallende Unterschiede bei der Wahl der Zeitmaße. In der Laudamus-Arie des Gloria schlug Celibidache ein derart forsches Tempo an, daß er den ersten Konzertmeister Werner Grobholz bei dessen Zweiunddreißigstelpassagen vor nicht geringe Schwierigkeiten stellte. Das anschließende Gratias agimus kam dann ruhig und breit, was nach der vorangegangenen freudig-erregten Arie von besonderer Wirkung war, allerdings noch ohne den machtvollen Aufschwung des dona nobis pacem, das genau der Notierung des Gratias agimus entspricht, musikalisch also dessen Wiederholung darstellt. Im Credo waren das Et incarnatus est und das Crucifixus – beide von erschütternder Ausdruckskraft – langsam und schwer genommen, nahezu stockend, beklemmend, fahl, während das Et resurrexit dann jubelnd dahinstürmte. Der Gegensatz hätte nicht größer sein können, auch ohne alle Übertreibung der Stärkegrade in der einen oder anderen Richtung. Alles blieb harmonisch abgestimmt in der durchdachten und spürbar erlebten Konzeption des Dirigenten, der sich keinerlei Ekstasen gestattete. Das Instrumentalsolo der Benedictus-Arie hatte er der Flöte übertragen, wie dies in den meisten Aufführungen praktiziert wird, obwohl es Dirigenten gibt, die hier die Violine vorziehen. Im Autograph fehlt die Bezeichnung des Soloinstruments, doch spricht vieles dafür, daß Bach an eine Flöte gedacht haben muß.

Es würde entschieden zu weit führen, wollte ich hier auf alle Einzelheiten dieser unorthodoxen und doch wiederum exemplarischen Bach-Wiedergabe Celibidaches eingehen. Freilich ist der Stil seiner Barockinterpretationen nicht jedermanns Sache, und so meldeten sich denn auch nach der h-moll-Messe die Kritiker zu Wort – vor allem einer von ihnen. »Celibidaches melodiöse h-moll-Messe«, so lautete die zutreffende Überschrift von Joachim Kaisers ausführlicher und kenntnisreicher Rezension in der »Süddeutschen Zeitung« vom 20./21.11.1990. Daß aus der Feder dieses Mannes noch einmal eine »Hymne auf Celibidache« entstehen könne, glaubt ohnehin schon längst niemand mehr – obwohl ich nicht ungerecht sein

will, denn seine Besprechung des »Don Quixote« von
Richard Strauss am 29.4.1991 in der »Süddeutschen Zeitung« hatte schon fast den Charakter einer Hymne. Bei
der h-moll-Messe brachte er neben manchem Positiven
erhebliche Einwände vor, wenn auch mit allem Respekt
vor der Persönlichkeit und dem Alter des Dirigenten.
Celibidache stilisiere Bach zum »Apolliniker«, heißt es
da; es fehle an »Steigerungen, Entfaltungen, Gewalten«;
die h-moll-Messe sei allzu sehr »domestiziert«, »sozusagen der beste vorstellbare Scarlatti«. Und dann zum
Schluß das Resümee: »Alles in allem: Das Ungewöhnliche, Zurückgenommene, melodisch Beschönigte, oft
auch Perfekte wurde Ereignis.«
Auf weitere Einzelheiten der Rezension kann ich hier nicht
eingehen, obwohl sich vieles darauf erwidern und auch
Mißverständnisse zurechtrücken ließen. Joachim Kaiser
hatte sich auch diesmal nicht von seinen Hörgewohnheiten
trennen können. Und zum Schluß-Resümee nur dies: Ungewöhnlich war die Aufführung, ich sagte es schon, ungewöhnlich in jedem Betracht; zurückgenommen wurde
manches, besonders das romantische Pathos, das in Bachs
Musik nichts zu suchen hat und das etwa Karl Richter,
einer seiner bewundernswerten Apologeten, dennoch hin-
einlegen zu müssen glaubte; beschönigt oder gar melodisch
beschönigt wurde nichts, aber es wurden melodische
Schönheiten wiederentdeckt, die verlorenzugehen drohen;
und wenn das Perfekte Ereignis wurde, dann nur insofern,
als es der musikalischen Wahrheit dienlich war; was aber
den »besten vorstellbaren Scarlatti« betrifft, so sei festgehalten, daß selbst bei einer inadäquaten Aufführung aus
Bach niemals auch nur annähernd ein Scarlatti werden
kann. So viel zu Joachim Kaisers Einwänden.

Natürlich hat jeder Kritiker das Recht, seine Meinung zu sagen, klar und unmißverständlich. Er muß es sogar von Berufs wegen. Doch sollte er nie vergessen, daß es eben *seine* Meinung ist, eine unter vielen anderen mögliche. Er sollte sie also nie als ein Absolutum hinstellen, denn immer ist sie relativiert durch seine Persönlichkeit und deren Gesichtskreis. Es gibt gewiß überwältigende künstlerische Leistungen – im Falle Celibidaches etwa sein erstes Konzert mit den Münchner Philharmonikern oder seine erste Aufführung der achten Sinfonie von Bruckner in der Lukas-Kirche –, die einhellige Zustimmung finden und sich der Kritik geradezu versagen. In anderen Fällen kann derselbe Künstler sehr unterschiedlich beurteilt werden, entsprechend der Optik und dem Verständnis dessen, der ihn beurteilt. Hier gibt es alle denkbaren Varianten, aber nichts Absolutes. Umgekehrt muß der Künstler selber seine Ideen und die daraus resultierenden Leistungen als absolut empfinden, sofern sie seiner Persönlichkeit entspringen und sein Eigenstes darstellen. Er muß an sich glauben, von sich überzeugt sein, um schöpferisch oder auch nachschöpferisch tätig sein zu können, und das heißt – er muß sich gegenüber den anderen abgrenzen, muß sie ausgrenzen. Jeder Künstler aus Berufung – jeder schöpferische Mensch überhaupt – kennt in gewissem Sinne nur sich und seine Welt und wird über alles hinwegsehen und hinwegschreiten, was sich ihm entgegenstellt und die Erfüllung seines Auftrages hindern oder gar vereiteln könnte. So gesehen ist er Solipsist nach der philosophischen Terminologie. Große, ursprüngliche Kunst ist immer »monologisch«, wie Gottfried Benn formulierte, und kann nur ausnahmsweise zum Dialog werden, dann nämlich, wenn ihre Rezeption mit ihrer beabsichtigten Aussage übereinstimmt. Selbstverständlich ist der nachschaffende Künstler, der Interpret im weitesten Sinne, dem Schaffenden und dessen Werk verpflichtet; er muß den Sinngehalt des Geschaffenen nach Form und Inhalt aus sich heraus neu entstehen lassen, muß die Idee des Werkes zu realisieren versuchen – ein kühnes Unterfangen, dem viele Möglichkeiten offenstehen einschließlich der des Scheiterns, des Versagens. Und wer könnte im Ernst bestimmen, welcher Weg der richtige sei, der wahre? Wer weiß denn so genau, was Inhalt und Form eines bestimmten Werkes ihrem Wesen nach sind, was sie ausdrücken? Nur der Künstler selber weiß es, glaubt es zu wissen, muß es wissen. Der Kritiker sieht die Realisierung, die Vielfalt des Möglichen in der Deutung, ohne sich auf einen absoluten Maßstab berufen zu können. Wer auch sollte diesen Maßstab setzen? Nur der Künstler könnte der Maßstab sein und für andere werden. Die höchste und einzig legitime Form der Kritik bestünde also darin, ihn an sich selber zu messen, an seinen eigenen Vorstellungen, seinem eigenen Wollen und Vollbringen, nicht aber an subjektiven Ansichten und Gefühlen oder vermeintlich absoluten Maßstäben, die es auch für den Kritiker nicht gibt. Dieser müßte das eigene Ich und die dazugehörende Welt aus seiner Rezension heraushalten können – vor allem auch seine Antipathien –, wenn sie mehr bedeuten soll als nur eine sehr unverbindliche Meinung über etwas, was er vielleicht gar nicht versteht. Natürlich, wenn ein Geiger unsauber spielt, ein Hornist detoniert, ein Pianist daneben greift, dann sind das, wenn es sich nicht um seltene Mißgeschicke handelt, negative Kriterien, die niemand überhören kann. Doch davon ist hier nicht die Rede.

Nach dieser Abschweifung über die Grenzen und Möglichkeiten der Kritik zurück zu unserem Thema. Wenn der nachschaffende Künstler dem Schöpfer und dessen Werk gegenüber unbedingt verpflichtet ist, so bedeutet dies, daß er nicht die Freiheit hat, bei seinen Interpretationen seine eigene »Auffassung« – oder was er dafür hält – über die mehr oder weniger offenkundigen Intentionen des Komponisten zu setzen, daß er immer Diener des Werkes, Diener der Musik, bleiben muß. Celibidache hat während seines ganzen Dirigentenlebens in diesem Sinne gehandelt, und es ist ausgeschlossen, daß er jemals anders handeln wird. Wenn er eine dem Werk angemessene Wiedergabe nicht glaubt realisieren zu können – wie etwa bei der »Missa solemnis« von Beethoven –, verzichtet er lieber auf die Aufführung, statt sich mit Halbheiten und Kompromissen zufriedenzugeben. Auch gehört er nicht zu jenen Dirigenten, die – wie Beecham, Mengelberg, Stokowski und andere – willkürlich in den Notentext eingreifen, ganze Passagen streichen oder verändern, um die Absichten des Komponisten zu »verbessern«, zu »verfeinern« und »Überflüssiges« auszumerzen.

Allerdings – auch Celibidache hat gelegentlich kleinere Korrekturen oder Änderungen in der Partitur vorgenommen, wenn es ihm sinnvoll erschien und die Substanz des Werkes davon nicht berührt wurde. So verstärkt er im Finale der »Pathétique« von Tschaikowsky in den letzten fünfundzwanzig Takten den synkopierten Begleitrhythmus der Kontrabässe durch die dezent eingesetzte Pauke. Auf meine Frage antwortete er mir, dies sei eine Idee von Felix von Weingartner, die er übernommen habe. Der Grund ist klar: Die Kontrabässe allein können den Rhythmus nicht exakt artikulieren; bei allen

Aufführungen und Schallplatteneinspielungen hört man da nur ein dumpfes und verwaschenes Gebrumme. Erst die Pauke markiert den Rhythmus deutlich und unterstreicht zudem das Tragische und Ausweglose dieser letzten fünfundzwanzig Takte im Adagio lamentoso der »Pathétique«. Ein anderes Beispiel aus den »Bildern einer Ausstellung« von Mussorgsky in der genialen Orchesterfassung Ravels. Celibidache läßt hier den letzten Akkord der »Katakomben« nicht fortissimo spielen, wie in der originalen Klavierfassung und auch in Ravels Orchestrierung gefordert, sondern nur noch mezzoforte. Das verändert den Abschluß des unheimlichen Stückes, indem es ein nachdenkliches Ausklingen und Aufatmen herbeiführt – klanglich auf jeden Fall befriedigender als das Fortissimo – und überdies als sinnvolle Überleitung zum anschließenden »Cum mortuis in lingua mortua« erscheint. Und ein drittes Beispiel in diesem Zusammenhang: Im Finale der dritten Sinfonie von Brahms verändert Celibidache an einer bestimmten Stelle der Durchführung leicht die Instrumentierung bei den Bläsern zugunsten einer besseren Durchhörbarkeit der Stimmen. Ich habe während einer Probe mit den Münchner Philharmonikern im Herkulessaal erlebt (Juni 1979), wie er die von ihm vorgeschlagene Änderung mit den Musikern diskutierte und ihnen schließlich die Entscheidung anheim stellte. Nach kurzem Ausprobieren wurde sein Vorschlag einstimmig angenommen.

Diese seltenen Eingriffe Celibidaches in den Notentext – immer überlegt und wohlbegründet – dienen ausschließlich der Verdeutlichung des musikalischen Geschehens und der Intentionen des Komponisten, sind Dienst am Werk. Striche, wie Stokowski sie etwa in der Exposition des ersten Satzes von Tschaikowskys fünfter Sinfonie (und auch an anderen Stellen) für angebracht hielt und wie sie selbst Furtwängler gelegentlich in den Bruckner-Sinfonien vornahm, wird man bei Celibidache nicht finden, auch keine grundlegende Änderung von Instrumentation oder gar Stimmführung. Gibt es von einem Werk verschiedene Fassungen, wie etwa bei Bruckners achter Sinfonie, so entscheidet er sich nach sorgfältiger Prüfung für die nach seiner Ansicht bessere oder sinnvollere Version und bleibt dann konsequent bei dieser Entscheidung. Im Falle der Achten von Bruckner wählte er die zweite Fassung von 1887–1890, also nicht die sogenannte »Originalfassung«, die Robert Haas herausgegeben hatte und die in Wirklichkeit eine Mischform aus beiden Fassungen darstellt – der erste Satz entspricht genau der zweiten Fassung. Auch Furtwängler dirigiert auf seiner Electrola-Einspielung vom März 1949 diese Mischform (mit zusätzlichen Differenzierungen), in der man das Werk heute wohl meistens hört.

Nun gibt es aber für jeden bedeutenden Interpreten Augenblicke, in denen die nachempfindende und gestaltende Phantasie schöpferisch tätig wird, in denen sie Ausdrucksmöglichkeiten entdeckt, von denen man vorher nichts geahnt hatte und die dem Werk ganz neue Dimensionen erschließen. In der Phantasie des Künstlers entsteht dieses Werk gleichsam noch einmal aus sich heraus. In besonderem Maße gilt das für den Dirigenten, der mit einer großen Anzahl von Musikern zusammenarbeitet und der natürlich nicht nur möglichst notengetreu spielen lassen darf, sondern das Ganze mit Leben füllen muß, mit Unmittelbarkeit, mit Menschlichkeit. Freilich resultiert daraus auch die Unmöglichkeit einer soge-

nannten »objektiven« Interpretation. Arthur Nikisch
meinte einmal, der moderne Dirigent sei ein Nachschöp-
fer. Darin eben beruhe die Selbständigkeit und der pro-
duktive Charakter seiner Kunst, und darum spiele die
Individualität des Orchesterleiters heute eine so eminente Rolle. Und dann erzählte er die amüsante Geschichte,
wie er einmal in Leipzig »eine der Brahms-Sinfonien« –
bezeichnenderweise verriet er nicht, welche – in Gegenwart des Komponisten dirigiert habe und der Meister aus
den Überraschungen nicht mehr herausgekommen sei.
Wiederholt habe er gerufen: »Ja, ist denn das möglich?
Habe ich wirklich *das* komponiert?« Zum Schluß aber
sei er dann freudestrahlend zu ihm gekommen mit den
Worten: »Sie haben ja alles ganz anders gemacht; aber
Sie haben recht – *so muß es sein!*«(s. Atlantisbuch der
Dirigenten) André Cluytens berichtete etwas ganz Ähnliches von Ravel, das noch unglaubhafter klingt, wenn
man die Mentalität dieses Komponisten bedenkt. Inwieweit solche Erzählungen auf Tatsachen beruhen, ist eine
andere Frage. Vielleicht hat sich wirklich alles so abge-
spielt, wie uns die Gewährsmänner überliefern. Vielleicht aber war da auch nur der Wunsch der Vater des
Gedankens!? Immerhin wird in solchen Anekdoten ganz
offen und mit großem Selbstbewußtsein demonstriert,
daß der Interpret nicht nur manches anders, sondern
auch vieles besser machen kann, als der Komponist es
sich vorgestellt hatte. Offensichtlich kannte dieser sein
Werk nicht, oder er kannte es nur oberflächlich, nicht
gründlich genug. Und unversehens wird aus Nachschöpfung Neuschöpfung.
Auch in Celibidaches Musizieren gibt es Augenblicke
echter Neuschöpfung, geschieht Unerhörtes, noch nie

Erfahrenes. Der unbefangene Konzertbesucher gewinnt den Eindruck, Zeuge eines beglückenden Ereignisses zu sein – eben der Neuschöpfung eines ihm seit langem vertrauten Werkes, das er so noch nie gehört, noch nie erlebt hat und das er nun zum erstenmal wirklich kennenzulernen glaubt.

Ein treffendes Beispiel dafür bietet die vierte Sinfonie von Bruckner, und hier vor allem die Coda des letzten Satzes, diese vor Spannung berstenden fünfundsechzig Takte, die Celibidache auf unverwechselbare Weise Gestalt werden läßt. Drei Faktoren bestimmen die außerordentliche Wirkung dieser Coda in seiner Deutung: einmal das breite, gelassene Zeitmaß, denn er dirigiert den ganzen Satz bedeutend langsamer als alle anderen Dirigenten, dann die Intensität und meditative Konzentration seines Musizierens und schließlich der geniale Einfall, die tremolierenden Streichertriolen (Viertel) mit spitzem Bogen spielen zu lassen, gleichsam martellato, was zu einer höchst charakteristischen Akzentuierung dieser Begleitfiguren führt, wobei sie geradezu als Kontrapunkt zum harmonisch-melodischen Geschehen in den Bläserstimmen erscheinen. Weil Celibidache diese Akzentuierung konsequent beibehält, ja sie im weiteren Verlauf noch verstärkt, wird sie zur drängenden Antriebskraft eines wahrhaft atemberaubenden Crescendos, in dem sich die Streichertriolen mit den mächtig anwachsenden Bläserharmonien immer enger verbinden, bis dann in der überwältigenden Schlußapotheose, in die auch das Hauptmotiv des 1. Satzes verwoben ist, alle Stimmen zur Einheit verschmelzen. Noch nie hat man das so gehört! Nicht eine Sekunde lang beschleunigt Celibidache das Tempo, getreu der Maxime, die er schon

1948 seinen Schülern im Internationalen Musikinstitut in Berlin erläutert hat: bei großen Steigerungen niemals das Tempo beschleunigen, wenn nicht eigens gefordert, sondern eher zügeln, besonders unmittelbar vor dem Höhepunkt.

Was hätte Bruckner zu dieser Aufführung gesagt? Hätte er ähnlich reagiert wie Brahms und Ravel in den Erzählungen von Nikisch und Cluytens? Doch sind das müßige, rhetorische Fragen. Und dennoch wäre es interessant zu wissen, ob er die Möglichkeit, jene Streichertriolen mit spitzem Bogen ausführen zu lassen, überhaupt in Erwägung gezogen hätte, ob er die Bedeutung des Sekundschritts es-f, der dann ab Takt 480 in eine aufsteigende Figur übergeht, so gesehen hätte wie Celibidache. In der Partitur finden sich keine Angaben zur Ausführung der Streichertriolen. Es liegt also nahe, sie detaché zu spielen, was in den weitaus meisten Fällen auch geschieht.

Bei einigen Dirigenten klingen sie fast legato; bei Karajan sind sie, auf der Schallplatte, kaum zu hören, da treten sie erst ab Takt 480 in der aufsteigenden Bewegung deutlicher hervor, bis dann der viel zu laute Paukenwirbel ab Takt 499 die meisten anderen Instrumente überdröhnt. Celibidache hingegen führt die Steigerung sukzessiv und ohne plötzliche Abstufungen innerhalb der Klangfläche bis zum Schlußakkord, wobei auch nach dem Einsatz der Pauke der gleichsam integrale Klang, in dem alle Instrumentengruppen zur Einheit verschmelzen, ohne ihre Individualität zu verlieren, in jeder Phase gegenwärtig bleibt. Er hat die Bedeutung der Streichertriolen für eine zwingende Wiedergabe der Coda erkannt und sie dementsprechend auch eingesetzt: als konstruktives Bauelement in der bewunderungswürdigen Satztechnik Bruckners und gleichzeitig auch als Kunstgriff, der dem Raum und Zeit durchschreitenden Crescendo die größtmögliche Wirkung sichern soll.

In dem bereits erwähnten Gespräch mit Harald Eggebrecht 1983 in Madrid äußert sich Celibidache zum Thema Neuschöpfung wie folgt: »Musik ohne Klang kann es nicht geben. Aber für die Musik selbst gibt es keine statische Daseinsform, daher auch keine Definitionsmöglichkeit, was Musik sei. Diese Frage läßt sich nicht beantworten. ... Also: unter gewissen Bedingungen kann Klang Musik werden; und dieses *Werden* bleibt immer ein *Werden*. Musik wird und wird und verschwindet schließlich, ohne je zu einer Daseinsform gelangen zu können. Denn wo existiert die fünfte Symphonie von Beethoven? Etwa auf der Platte oder in der Partitur? Die Partitur ist ein Dokument, das Ihnen in der nebulosen Erscheinung des Klanges ein Orientierungsmittel gibt, dem Sie folgen und zum Erlebnis von Musik kommen können. Doch um diesen Zugang zur Musik erreichen zu können, muß man völlig frei sein von Wissen, Tradition, von allem was vergangenheitsbezogen ist. Der schöpferische Akt ist frei von der Sprache der Tradition, von Kenntnissen, Erfahrungen, weil sich all das auf Vergangenes bezieht. Da aber, wo Klang Musik *wird*, ist lebendige Gegenwart. Im Grunde genommen hat eine Aufführung daher mit der Partitur nichts zu tun, denn da entsteht etwas zum ersten Mal, auch wenn Sie das schon dreihundertmal gespielt haben. Geschieht das nicht, dieses erste Mal, dann ist der schöpferische Akt nicht authentisch, nicht wahr, es wird dann nur aus dem Gedächtnis musiziert. Die einzige Sorge beim Musizieren muß also sein, alles zu vergessen: wie geht das Stück? Keine Ahnung. Wollen mal sehen, wie es geht ...«

Was ich eben nun am Beispiel der letzten fünfundsechzig Takte der vierten Sinfonie von Bruckner zu erklären versucht habe – wie aus verantwortungsbewußter Nachschöpfung unversehens Neuschöpfung im Geiste des Komponisten werden kann –, das ließe sich fast auf das gesamte sinfonische Werk des Meisters ausdehnen. Bruckners Musik korrespondiert zweifellos mit den ästhetischen und phänomenologischen Gestaltungsprinzipien Celibidaches. Sie entspricht aber vor allem seinem philosophisch und metaphysisch fundierten Musikverständnis und seinem menschlich-künstlerischen Einfühlungsvermögen in die Gedankenwelt eines Komponisten, der manchmal etwas Kindliches an sich hatte und dennoch so Ungeheuerliches aus sich heraus entstehen lassen konnte. Die weiträumige Anlage der gewaltigen Sinfonien mit ihren riesigen Steigerungen und ekstatischen Ausbrüchen, denen unvermittelt ein Absturz ins anscheinend Bodenlose folgen kann, die mächtigen thematischen Blöcke, die eine genaue Gliederung der einzelnen Sätze erzwingen und die Konstruktion des Ganzen verdeutlichen, die plastische Gestalt und Ausdruckskraft dieser Themen sowie die melodische Schönheit der lyrischen Gedanken, die Himmel und Erde verbinden und sich im Grenzenlosen verlieren, Fortissimo-Gebirge von erdrückender Majestät und Pianissimo-Landschaften von unbeschreiblicher Zartheit und Stille, und über allem das Innige, Feierliche, Geheimnisvolle dieser zutiefst religiösen Musik – das alles bedarf eines Interpreten, der die Souveränität besitzt, diesen musikalischen Kosmos zum Leben zu erwecken, die kaum zu bändigenden Klangmassen übersichtlich zu organisieren sowie die inneren Strukturen und den Bauplan des gesamten

Werkes sinnfällig herauszuarbeiten. Celibidache ist dazu in besonderem Maße berufen. Er verfügt über die geistige Universalität und eminenten dirigentischen Fähigkeiten, aber auch über die notwendige Ruhe und Gelassenheit, über die meditative Kraft, um Bruckners Musik entstehen, um sie Ereignis werden zu lassen. Er ist der leidenschaftlichste Anwalt dieser sinfonischen Mysterien, aus Überzeugung und schwer zu erklärender Wesensverwandtschaft, doch auch ihr unerbittlichster und konsequentester Vollstrecker, wenngleich nach seinem eigenen Gesetz. Und er hat gezeigt, daß nur in dieser essentiellen Verschmelzung von Eros und Ratio im Bewußtsein des Interpreten eine adäquate Wiedergabe der visionären Musik Bruckners möglich ist.

Wolfgang Sandner vergleicht den Maestro in der »Frankfurter Allgemeinen Zeitung« vom 12.11.1985 mit einem Architekten und bezeichnet ihn als »Baumeister Brucknerscher Großkomplexe«. Durch seine unendlich langsamen Tempi steigere er noch die Ausmaße der Sinfonien Bruckners, und er baue aus den gewaltigen Werken des gottesfürchtigen Komponisten mit seinem Orchester »Klangdome«. Das ist schön und zutreffend formuliert. Und tatsächlich erinnern Celibidaches Bruckner-Aufführungen an die großen gotischen Dome, deren Türme in den Himmel ragen. Seine »unendlich« langsamen Tempi aber erweisen sich geradezu als Voraussetzung für eine wirklich überzeugende und angemessene Wiedergabe Brucknerscher Sinfonik. Diese verträgt keine schnellen oder überhetzten Tempi, da sie ihrem Charakter und der vom Komponisten beabsichtigten Aussage direkt widersprechen würden. Und nicht von ungefähr begegnet man in den Partituren Tempovorschriften wie: Allegro moderato; Mäßig bewegt; Bewegt, doch nicht schnell; Feierlich, Misterioso; Sehr feierlich und sehr langsam; Feierlich, nicht schnell usw.; und im Verlauf der Sätze selber heißt es oft: langsam, noch langsamer, breit, breiter werden, ruhig – und ganz selten nur wird ein schnelles Tempo oder eine Beschleunigung innerhalb des musikalischen Verlaufs gefordert.

Die Versuche mancher Dirigenten, die außergewöhnliche Ausdehnung der Brucknerschen Sinfonien durch straffe Zeitmaße zu verringern, sind von vornherein zum Scheitern verurteilt, da sie am Wesen dieser Musik vorbeigehen. Und wenn Celibidache gerade hier, von seltenen Ausnahmen abgesehen, unzweifelhaft langsamer ist als alle anderen Interpreten, dann doch wohl nur, weil der innere Reichtum dieser gewaltigen Werke ihm ein Tempo aufnötigt, in dem er alles ausdrücken kann, was an musikalischer Vielfalt in Bruckners Tonsprache enthalten ist.

Celibidaches Bruckner-Interpretationen könnten in ihrer Gesamtheit als Neuschöpfungen bezeichnet werden.

Es wäre hier noch auf vieles hinzuweisen, selbstverständlich auch in der dritten, fünften, sechsten, siebten und neunten Sinfonie, in der großen f-moll-Messe und dem »Te Deum«. Doch auf die achte Sinfonie soll wenigstens noch kurz eingegangen werden. Sie ist ohne jeden Zweifel – nicht nur wegen ihrer äußeren Dimensionen – Bruckners gewaltigstes und vielleicht auch tiefstes Werk; er selber hat sie ein Mysterium genannt. Und unter Celibidaches Bruckner-Interpretationen nimmt die Achte neben der Vierten eine Sonderstellung ein. Das war schon immer so, wenn man zurückblickt. Die imposante

Architektur dieses Riesenwerkes sowie sein unerschöpflicher Reichtum an musikalischen Wundern hatten es ihm angetan von Anfang an. Wie er die mächtigen Formen aufbaut, klar und übersichtlich gliedert, die musikalische Entwicklung, ihr unaufhörliches Strömen, unter einem einzigen, nie abreißenden Bogen von Spannung und Entspannung zusammenfaßt und Anfang und Ende wirklich als Einheit begreift, dabei das Ganze mit Leben füllt, jedes Detail liebevoll gestaltet und ausmusiziert, so daß nichts nebensächlich oder unbedeutend bleibt – das ist von solcher Eindringlichkeit und Überzeugungskraft, zeugt von einer Souveränität, einer schöpferischen Originalität, wie man sie heute in ähnlicher Ausprägung kaum noch antrifft.

Der musikalische Kosmos Bruckners wird unter Celibidaches Händen lebendige Gegenwart, wozu seine breiten Tempi allerdings die unabdingbare Voraussetzung darstellen. Das Wiedererscheinen des Hauptthemas aus dem ersten Satz im Finale – der dramaturgische Höhepunkt des ganzen Werkes (Takt 618–623 der 2. Fassung) – wird zum elementaren, aufwühlenden Ereignis. Und zum Schluß gelingt ihm etwas wie die Quadratur des Kreises: In der kontrapunktischen Verdichtung der letzten dreizehn Takte der Achten, in denen die Hauptthemen der vier Sätze gleichzeitig erklingen – eine orchestrale Klangekstase ohnegleichen – gehen die einzelnen Motive nicht in den Klangmassen unter, wie dies zumeist der Fall ist, sondern sind in ihrer markanten Individualität deutlich herauszuhören, und man erlebt unmittelbar, was er unter Strukturierung des Klangs versteht. Ganz feierlich und ruhig, groß und emphatisch dirigiert Celibidache die dreiundsechzig Takte dieser Final-Coda, mit denen die gewaltigste Schöpfung der abendländischen Sinfonik endet. Sie ist vielleicht seine vollkommenste Leistung, höchstens noch mit seiner Wiedergabe von Bruckners Vierter und von wenigen anderen bedeutenden musikalischen Schöpfungen vergleichbar.

Auch bei Beethoven erleben wir in Celibidaches Konzerten immer wieder überraschend neue Einblicke in den musikalischen Verlauf eines Werkes, wird die Phantasie des Interpreten schöpferisch. Als Beispiel führe ich hier die »Eroica« an, und zwar den ausdrucksvollen Poco Andante-Teil aus dem Finale (Takt 349–430). In den weitaus meisten Aufführungen der »Eroica« – auch bei Furtwängler, Karajan und Klemperer verhielt es sich so – liegt das Schwergewicht eindeutig auf dem mächtigen ersten Satz mit seiner ereignisreichen Durchführung und der bedeutungsschweren Coda. Neben ihm kann nur noch der Trauermarsch als ebenbürtige Erfindung bestehen, während Scherzo und Finale gegenüber den ersten beiden Sätzen etwas abzufallen scheinen, wenigstens in der Wirkung auf den Hörer. Celibidache nun hebt dieses Ungleichgewicht auf, indem er auch und gerade im letzten Satz Beethovens kompositorisches Genie auf sinnfällige Weise zur Geltung bringt. Das Grundtempo des Finale nimmt er nur wenig langsamer als üblich, verbreitert aber im Poco Andante-Teil das Zeitmaß auf so bedeutungsvolle Weise, daß dadurch die Entwicklung des Hauptthemas zu einem nicht vorauszusehenden Höhepunkt von Brucknerschen Dimensionen führt und auch die unmittelbar anschließende modulationsreiche Phase mit äußerster Intensität und Innenspannung einem zweiten Fortissimoausbruch entgegenstrebt, nach dessen allmählichem Verebben im Pianissimo dann das abrupt und fulminant einsetzende Presto den triumphalen Ausklang der Sinfonie bildet.

In der vierten Sinfonie von Brahms, deren Finale, die gewaltige Chaconne über ein Thema aus dem Schlußchor der 150. Kantate von Bach, Celibidache mit ungeheuerer Energie und, im letzten Teil, ständig anwachsender Dynamik dirigiert, erregt besonders der lyrische Mittelteil (Takt 97–128) Erstaunen und Ergriffenheit. Hier wechselt nämlich das Metrum vom Dreiviertel- zum Dreihalbetakt, was eine deutliche Verlangsamung des Spieltempos bedingt. Celibidache nun nimmt an dieser, vom Komponisten mit espressivo und dolce bezeichneten Stelle das Tempo so sehr zurück, daß einige Kritiker Bedenken anmelden und von einem »Adagio-Stillstand« sprechen. In Wirklichkeit steht in diesen Takten nichts still. Im Gegenteil – das musikalische Geschehen blüht in ungeahnter Weise auf und fördert wahre Wunder zutage. Die unsagbar schöne und traurige Flötencantilene (Takt 97–104) hat man noch nie so ausdrucksvoll und inständig gehört – ein hohes Lob für die Soloflötisten der Münchener Philharmoniker, gegenwärtig Max Hecker und Michael Martin Kofler, die Celibidaches Intentionen mit Hingabe und Meisterschaft verwirklichen. Die Posaunen (Takt 113 ff.) erinnern in ihrem geheimnisvoll-feierlichen Piano an Wagner und Bruckner. Gerade weil der Dirigent diese ganze Periode so langsam und getragen musiziert, verdeutlicht er dadurch den dreiteiligen Aufbau des Satzes: schnell – langsam – schnell und gewährt zugleich dem Hörer einen tieferen Einblick in die formalen Gestaltungsprinzipien dieser außerordentlichen Chaconne, die ja zusätzlich noch unter dem Gesetz des klassischen Sonatensatzes steht, also die Variation mit einem sich über den ganzen Satz erstreckenden Entwicklungsprozeß verbindet. Der Wiedereintritt des Grundtempos in Takt 129 ist gleichsam der Beginn der sehr ausgedehnten Reprise, und das Più Allegro bezeichnet dann den Übergang zur Coda. Bei Celibidache wird dieser Formverlauf überschaubarer als in allen anderen bekannten Interpretationen, wie andererseits auch die motivische und kontrapunktische Arbeit leichter zu verfolgen ist.

Auch in den anderen Sätzen ergeben sich wunderbare musikalische Eindrücke, so in der Coda des Kopfsatzes, die Celibidache mit heftiger Dramatik zu einer wahren Tragödie steigert, die in ihrer Unerbittlichkeit schon den Blick freigibt auf das Massiv der Chaconne. Ein anderes Beispiel bietet im Andante moderato jene beim ersten Anhören vielleicht überraschende, aber ungemein eindrucksvolle Verlangsamung des Tempos bei der thematischen Verbreiterung in den Violinen (Takt 30 ff.), die nach einer inbrünstigen Steigerung dann im Takt 36 wieder in das Grundzeitmaß einmündet.

Tschaikowsky gehört zu Celibidaches Hausgöttern schon seit seinen Berliner Jahren. Er hat die sinfonischen Werke des großen Russen immer wieder dirigiert, wie denn überhaupt die slawische Musik von Anfang an einen breiten Raum in seinen Konzertprogrammen eingenommen hat. Vor allem an der »Pathétique« von Tschaikowsky, an des Meisters sechster Sinfonie in h-moll, läßt sich die Entwicklung von Celibidaches Musikempfinden in einem bald fünfzigjährigen Künstlerleben demonstrieren, vorausgesetzt, man hat sie oft genug und zu verschiedenen Zeiten von ihm gehört. Damals in Berlin war es in erster Linie die ungeheuere Dramatik des Werkes, die ihn anzog, natürlich auch die unverwechselbare Tonsprache und kompositorische Meisterschaft Tschaikowskys. Er dirigierte mit leidenschaftlicher Emphase und überschäumendem Temperament einen katastrophalen Zusammenbruch, der die Hörer wie betäubt zurückließ. Doch bewies Celibidache schon damals ein feines Gespür für das Lyrische in der »Pathétique«, für das Zart-Melancholische und Verhaltene mancher Passagen. Auch damals war sein Musizieren nicht nur emotional und vom Gefühl geleitet. In der Kölner Wiedergabe mit dem Rundfunk-Sinfonie-Orchester des WDR vom November 1957 zeigte sich ein gravierender Unterschied zu frühen Interpretationen:

Nicht mehr das Dramatische steht nun im Vordergrund, sondern das Tragische, Ausweglose, Unabwendbare, wie es auch in der Tempoverbreiterung zum Ausdruck kam. Die »Pathétique« wurde unter Celibidaches Händen allmählich zu einer Sinfonie der Trauer und des Leidens, was in den späteren Aufführungen mit anderen Orchestern – z.B. mit dem Sinfonieorchester des Italienischen Rundfunks in Mailand oder mit dem Radio-Sinfonieorchester Stuttgart – deutlich zu verfolgen ist. Die dunklen dämonischen Kräfte und Mächte dieser Musik beherrschen die gesamte Wiedergabe. Ihnen gegenüber können sich die lichteren Momente nicht durchsetzen, gleiten wie hinter Nebelschleiern vorüber, wodurch das Dunkel-Drohende noch verstärkt wird.

Heute dirigiert Celibidache die »Pathétique« als erschütternde Vision des Tragischen, als eine einzige endlose Klage, langsam aus dem Nichts emporsteigend und ebenso wieder im Nichts versinkend – eine Sinfonie der auskomponierten Trauer und Verzweiflung. Dem entsprechen die ungewohnt breiten Tempi, besonders im ersten Satz, der bei Celibidache riesige Dimensionen annimmt. Das berühmte Andante-Thema – teneramente, molto cantabile, con espansione – kommt *sehr* langsam, zögernd und verhalten, doch ganz schlicht, innig und sehnsüchtig vorgetragen, und vor allem ohne Zerstückelung der einheitlichen melodischen Linie, die durch Tschaikowskys dauernd wechselnde Vortragsbezeichnungen so leicht gefährdet wird. In der Durchführung mit der Tempoangabe Allegro vivo bricht dann urplötzlich und mit elementarer Gewalt (fortissimo) ein Inferno an Leidenschaft und Verzweiflung über den Hörer herein, wie es auch der junge Celibidache nicht glühender und furchtbarer zu entfesseln vermochte, nur daß er jetzt, im Alter, die wilden Ausbrüche mit großer Souveränität dem Höhepunkt entgegensteuert – jener ungeheuerlichen Entladung des Hauptthemas zu Beginn der nur angedeuteten Reprise. Celibidache verbreitert hier das Tempo enorm und verleiht dadurch der Stelle ein noch größeres Gewicht, durchaus im Einklang mit der Partiturvorschrift »largamente, forte possibile« bei den Streichern und »marcato« bei den Posaunen und der Kontrabaßtuba. Aber er behält die Übersicht, verliert sich nie in pathetischen Ekstasen, wie es in seinen jungen Jahren manchmal doch geschehen konnte, sondern gestaltet bewußt, konsequent und mit zwingender Logik seine Version der »Pathétique«, die ausschließlich im Bereich absoluter Musik beheimatet ist, was immer auch ihr geheimes Programm – wenn es überhaupt eines gab – gewesen sein mag.

Das gilt auch für die anderen Sätze, für das »Allegro con grazia«, ein Walzer im Fünfvierteltakt, der ganz in die Schleier von Melancholie und Wehmut gehüllt ist, die vor allem seinen Mittelteil charakterisieren. Und es gilt erst recht für das Allegro molto vivace, ein unheimlich grotesker Marsch, den Celibidache nicht als virtuosen, atemlos dahinhetzenden Geschwindmarsch dirigiert wie Solti und andere, sondern im Tempo etwas gemäßigt, gleichsam als Materialisierung einer unaufhaltsam vorwärtsdrängenden Kraft, die in ihrer unbeirrbaren Zielgerichtetheit nach immer neuen Ansätzen und unter ständigem Anwachsen der Dynamik dem Unabwendbaren entgegenstürmt: dem Tragischen und Ausweglosen des Adagio lamentoso. In diesem Finale, entgegen aller sinfonischen Tradition ein langsamer Satz, verdichten sich noch einmal Trauer, Sehnsucht und Verzweiflung zu einer erschütternden musikalischen Aussage von großer Schlichtheit und Endgültigkeit. Die gebärdenreiche Klage der »Pathétique« wird durch Celibidache zum tief und schmerzlich empfundenen Ereignis. Nach dem dynamisch heftig gesteigerten Stringendo molto entfesselt er auf dem Höhepunkt des Adagios, dem Moderato assai, ein letztes Mal die Gewalten des ersten Satzes. Die vier tremolierenden Achtel der Streicher unmittelbar vor dem Moderato assai (c, h, a, gis in absteigender Folge) gleichen einem Aufschrei, da Celibidache bereits hier das Tempo stark verbreitert, um dann eher langsam, doch mit unvorstellbarer Intensität, die Steigerung bis zur Kulmination zu führen – im Gegensatz zu Furtwängler, der das Stringendo molto auch auf das Moderato assai ausdehnte, das er also ignorierte, was noch heute auf der Electrola-Schallplatte zu überprüfen ist. Er konnte daher auch nicht jene tragische Gewalt der Kulmination erreichen, die Celibidache möglich ist. Am Ende des Satzes verliert sich die Klage, allmählich im Pianissimo versinkend, in der Dunkelheit auswegloser Schwermut, aus der die »Pathétique« leidvoll emporgestiegen war. Selten wohl hat Celibidache die Evidenz des von ihm bejahten Prinzips, demzufolge im Anfang bereits das Ende liegt, so sinnvoll und überzeugend darzustellen vermocht wie in der sechsten Sinfonie in h-moll von Tschaikowsky. Unvergeßlich das minutenlange Schweigen der Hörer nach seiner letzten Münchener Aufführung im November 1992 – nicht anders als im Januar 1946 bei seiner ersten Interpretation der »Pathétique« mit den Berliner Philharmonikern im Titania-Palast.

Eine große, gewaltige, aber auch düstere und niederschmetternde Wiedergabe des vielgespielten, vielgeliebten Werkes, das bei Celibidache so gar nichts mehr mit den gewohnten, nicht selten reißerischen Interpretationen zu tun hat, sondern dem tiefen Ernst seines Kunstwollens entspringt.

Auch seine Wiedergabe der fünften Sinfonie von Tschaikowsky eröffnet völlig neue Perspektiven auf das Werk, das von seinen vermeintlichen oder tatsächlichen Trivialitäten befreit wird und als ein Zeugnis absoluter Musik erscheint. Auch in dieser Sinfonie – ebenso in der Vierten und der Fantasie-Ouvertüre »Romeo und Julia« – ist das Tragische untergründig stets gegenwärtig, wie Celibidache durch seine Wiedergabe zeigt, sind die Siegesfanfaren weniger glaubhaft, vergleicht man sie mit dem Finale von Beethovens Fünfter. Wenn man wie Celibidache die Musik aus sich selber entstehen läßt, gewinnt sie ihren Ernst und ihre natürliche Würde zurück. Sie wird dann wieder, was sie ihrem Wesen und ihrer Bestimmung nach immer sein sollte: Kunst aus dem Geist des Absoluten, dem Geist menschlicher Wahrheitssuche.

Und diese Erkenntnis ist das schönste und beglückendste Ergebnis von Celibidaches Musizieren. Das gilt nicht zuletzt für so beliebte und allseits bekannte Schöpfungen wie die Sinfonie »Aus der neuen Welt« von Dvořák oder die »Scheharazade« von Rimski-Korsakow. Und es gilt auch – wie selbst sein unversöhnlicher Widersacher Joachim Kaiser feststellen mußte – für viele Werke von Richard Strauss. In der »Süddeutschen Zeitung« vom 29.4.1991 vergleicht Kaiser die ungewöhnlich langsame und ergreifende Wiedergabe des »Don Quixote« durch Celibidache (Solo-Cello Natalia Gutman) mit einer historischen Aufnahme Toscaninis und stellt fest, daß Celibidache im Recht sei mit seiner Tempowahl und Toscanini im Unrecht. Er spricht von einer »Sternstunde«, von »souveräner Analyse«, einer »wunderbar noblen Interpretation«, einer »Entdeckung«.

Celibidaches Musizieren erschöpft sich niemals in den Augenblicken höchsten Glanzes. Er sucht immer das Menschliche dahinter, das Eigentliche und Wesentliche, die Wahrheit in der Musik. Darum auch ist sein »Don Juan« nicht nur rauschhaft, sondern menschlich-bewegend und tragisch, sein »Till Eulenspiegel« trotz allen Übermuts und aller Koboldhaftigkeit am Ende so traurig. In einem französischen Interview sagte er einmal: »La musique n'est pas belle. Si elle reste à l'état de ›belle‹, alors vous n'avez rien fait« (zitiert in «Télérama« Nr. 2163 vom 26.6.1991).

Wenn die Musik nur schön ist, dann hat man nichts getan, dann wird man ihr nicht gerecht. Sie ist mehr als schön, ist etwas ganz anderes noch. Das spürt man nicht zuletzt, wenn Celibidache die Werke jener Komponisten dirigiert, die man unter der mehr oder weniger zutreffenden Bezeichnung Impressionisten zusammenfaßt und zu denen vor allem Debussy und Ravel gehören, aber auch Dukas, der Italiener Respighi und der Spanier de Falla. In den Berliner Jahren erwarb er sich schnell den Ruf eines exzellenten und berufenen Interpreten der französischen Impressionisten, für deren Reichtum an Klangfarben und metrischen Finessen er alle Voraussetzungen mitbringt: das phänomenale Gehör, die Exaktheit des subtilen rhythmischen Empfindens und jene gesteigerte Sensibilität, für die der Augenblick, der flüchtige momentane Eindruck, alles enthalten und alles bedeuten kann. Unter seinen Händen blühen die Klangwunder des Impressionismus in betörender Schönheit auf, lassen aber doch zugleich den Hintergrund ahnen, vor dem diese Schönheit letztlich nur eine Illusion ist, etwas, was vorübergeht. Was bleibt, ist der Hintergrund: dunkel, voller Fragen und vom Untergang bedroht.

Daß Celibidache als Interpret impressionistischer Musik Außerordentliches leistet, ist ihm selbst von seinen Kritikern im allgemeinen gern bestätigt worden. Nur wirft man ihm auch hier neuerdings zu langsame Tempi vor, etwa in Debussys «L'aprè midi d'une faune», obwohl das Träumerisch-Unwirkliche und der sinnliche Farbenrausch dieser Partitur durch das meditative Zeitmaß noch erhöht werden. Die atmosphärische Dichte der erregenden Klangvisionen könnte nicht größer, nicht verführerischer sein. Dasselbe ließe sich von »Iberia« sagen, wo Celibidache auf magische Weise Stimmungen und Zustände beschwört, die vorübergleiten oder, anders betrachtet, im Raum stehenbleiben, eine Musik, die einen Entwicklungsablauf im eigentlichen Sinne gar nicht kennt, sondern der Faszination des Augenblicks huldigt, dem »Verweile doch, du bist so schön«. Noch deutlicher wird das vielleicht in den »Trois nocturnes«, und hier besonders im dritten, den »Sirènes«. Der Frauenchor klingt da wie aus einer anderen Welt, aus unendlichen Fernen kommend, ätherisch fast und doch wieder verlockend süß, einschmeichelnd – auf jeden Fall imaginär, phantasmagorisch. In »La mer« kommt zu diesen Bildern und Zuständen, in die sich die Musik aufzulösen scheint, noch etwas hinzu, ein Zug ins Weite und Große, ein sinfonischer Zug, den Celibidache durch die Intensität und formende Kraft seines Musizierens hervorhebt oder – mit anderen Worten – geradezu suggeriert. Es sei hier nur an die unglaubliche Schlußsteigerung des »Très animé« im dritten Satz erinnert – eine wahre Explosion von Klang und Rhythmus.

Natürlich gilt dies auch für Ravels Kompositionen, die in Celibidaches Konzertprogrammen jahrzehntelang noch häufiger anzutreffen waren als diejenigen Debussys. Ravel entspricht seiner Mentalität und seinem Musikverständnis auf ganz besondere Weise. Das Artifizielle dieser Musik, ihre vollkommene Symbiose aus Gefühl und Ratio, die selbst die Ekstasen als kalkuliert erscheinen läßt (»Bolero«, »La Valse«, »Daphnis et Cloé«), inspiriert ihn zu kongenialen Interpretationen. So war es auch bei seiner letzten Aufführung von »Daphnis et Cloé« im Juni 1987 in München – beide Orchestersuiten mit Chor. Klarer, konzentrierter, zugleich aber auch leuchtender und ekstatischer kann man sich diese Musik nicht vorstellen, die Celibidache seit den Berliner Jahren immer wieder mit den von ihm geleiteten Orchestern aufgeführt hat. Und stets von neuem fasziniert seine Beherrschung der Partitur. Der letzte Satz der 2. Suite, die orgiastische »Danse générale«, ist noch heute eine seiner glanzvollsten und elektrisierendsten Dirigierleistungen. Und der »Bolero«? Hier werden Crescendo und Rhythmus zum elementaren Ereignis. Celibidache läßt dieses Ereignis gewissermaßen aus dem Nichts heraus entstehen, aus einem kaum noch wahrnehmbaren Pianissimo, in dem die Trommel ihren Tanz-Rhythmus unendlich leise beginnt – im Anfang war der Rhythmus –, und dann steigert sich das ganz allmählich, schwillt an, wird immer stärker und stärker, wächst ins Ungeheuerliche bis zum finalen Zusammenbruch. Celibidache hält während des ganzen Verlaufs unverrückbar am Metrum fest, gestattet sich keine Tempoveränderung, im Gegensatz etwa zu Maazel und anderen. Allerdings ist bei ihm auch die Spannweite zwischen den extremen dynamischen Polen so groß, die Steigerung so suggestiv, daß er Kunstgriffe wie Temporückungen nicht nötig hat. Auch in »La Valse« gerät der Hörer in den Bann des Rhythmus, ebenso aber in den Bann rauschhaft andrängender Orchesterfarben, über die Celibidache nach Belieben zu verfügen scheint. Am Ende gelingt ihm eine zwingende Darstellung der unausweichlichen Katastrophe. In der »Rhapsodie espagnole« triumphiert der Klangzauberer Celibidache, nicht anders als in »Ma mère l'oye«, wo er mit zart abgetönten Pianissimoschleiern märchenhafte Wirkungen erzielt. Der sublime ästhetische Genuß, den diese Kinderstücke Ravels unter seiner Leitung bereiten, dürfte nicht mehr zu überbieten sein.

In diesem Zusammenhang darf ein Werk nicht fehlen, das in Celibidaches Repertoire eine Sonderstellung einnimmt und mit dem er in fast jeder Aufführung Triumphe feiert – die »Bilder einer Ausstellung« von Mussorgsky in der genialen Orchestrierung Ravels, die weitaus beliebter und bekannter ist als das Original für Klavier. Celibidache hat den Glanz dieser herrlichen Partitur in zahllosen Interpretationen zu höchster Leuchtkraft gesteigert, unverwechselbar in seinem sensiblen und dennoch kraftvollen Musizierstil, in der plastischen Herausarbeitung der unterschiedlichen Bildcharaktere und ihrer manchmal so unmittelbar bewegenden Assoziationen – etwa im »Gnom«, im »Bydlo« oder in »Samuel Goldenberg und Schmuyle« –, aber auch im Farbenrausch der üppigen Klangpalette, die von zauberhaften Pianissimo-Nuancen bis zum dämonisierten Fortissimo reicht. Traumhaft schön die Ballade vom »Versunkenen Schloß«, erschreckend die Düsternis der »Katakomben« und das anschließende geheimnisvolle »Cum mortuis in lingua mortua«. Auch in den »Bildern einer Ausstellung« ist Celibidache im Laufe der Jahre langsamer geworden, tritt das Nachdenkliche und Meditative heute stärker in den Vordergrund als früher, ohne übrigens dem »Ballett der Küken in ihren Eierschalen« auch nur im geringsten etwas von seinem Witz und Charme zu nehmen. Doch Celibidache denkt heute in größeren Zusammenhängen, stellt die Einheit des ganzen Werkes überzeugender dar, was auch in seiner modifizierten Behandlung der »Promenaden« zum Ausdruck kommt. Am Schluß, im »Großen Tor von Kiew«, baut er eine unerhörte Finalsteigerung auf, die alles Vorangegangene übertrifft und zugleich überhöht und die zu einer beispiellosen Prachtentfaltung des Orchesterklanges führt. Er geht dabei sehr klug und dramaturgisch sinnvoll vor, indem er das erste Auftreten des Themas zu Beginn dieses zehnten Bildes in einfachem Forte erklingen läßt, wie von Mussorgsky/Ravel auch vorgeschrieben – Karajan und die meisten anderen sind bereits da viel zu laut und beschneiden somit ihre Steigerungsmöglichkeiten –, um dann erst ganz allmählich bei jeder Wiederholung den Orchesterklang immer stärker zu intensivieren, bis schließlich nach einem letzten Crescendo das extreme Fortissimo bei gleichzeitiger Tempoverbreiterung eine Machtfülle erreicht, die den Raum zu sprengen scheint.

Celibidaches intensive Auseinandersetzung mit dem zeitgenössischen Musikschaffen, theoretisch auch mit der Zwölftontechnik und der seriellen Kompositionsmethode, ist für ihn eine Selbstverständlichkeit, ohne die er sich sein Musiker-Dasein wohl nicht vorstellen könnte. Während seiner Berliner Zeit hat er viele Ur- und Erstaufführungen dirigiert – Furtwängler und Karajan waren da weit konservativer –, in einigen Fällen von Komponisten, die selbst den Experten nicht bekannt waren: nord- und südamerikanische Künstler, die sich im Bewußtsein der europäischen Musikwelt erst noch ihren Platz erringen mußten. Natürlich fehlten nicht die großen Namen der schon »klassischen« Modernen, also Bartók, Britten, Hindemith, Honegger, Milhaud, Prokofjew, Schostakowitsch, Strawinsky und viele andere. Doch setzte er sich auch für die weniger Bekannten ein, für Boris Blacher etwa, Günter Raphael, Rudi Stephan und Heinz Tiessen. Celibidaches musikalische Universalität und intellektuelle Neugier sorgten für eine Programmgestaltung, wie sie abwechslungsreicher und farbiger kaum gedacht werden kann. Daß dies heute in München nicht mehr im gleichen Maße der Fall ist, mögen seine Freunde von damals bedauern. Doch ist diese Entwicklung zweifellos altersbedingt: Celibidache konzentriert sich immer mehr auf das für ihn Wesentliche und Gültige. Immerhin hat er auch in München bis jetzt drei Uraufführungen dirigiert und oftmals zeitgenössische Musik aufs Programm gesetzt, darunter sogar Schönebergs Violinkonzert mit dem jungen, phänomenalen Christian Tetzlaff. Das war insofern überraschend, als er grundsätzlich der Zwölftonmusik eher skeptisch gegenübersteht. Gleichwohl hinderte ihn das nicht, Schönbergs Werke so eingehend zu studieren, daß er bei einer öffentlichen Diskussion 1946 oder 1947 in Berlin, die Hans Heinz Stuckenschmidt leitete, am Klavier ganze Passagen aus dem Bläserquintett op. 26 auswendig wiedergeben konnte, zur größten Verblüffung der Teilnehmer und vor allem der fünf Musiker, die das Quintett gespielt hatten und denen er Ungenauigkeiten in der Wiedergabe nachweisen konnte, was allerdings nicht an ihnen lag, wie er zu erklären versuchte, sondern an den kaum ausführbaren Intentionen des Komponisten.

Celibidache war stets kritisch und wählerisch in seinem entschiedenen Einsatz für moderne Komponisten. Doch die große Anzahl von Ur- und Erstaufführungen während seiner Berliner Jahre sowie die Tatsache, daß er auch heute noch mit den Münchner Philharmonikern manches gewichtige Werk aus der Taufe gehoben hat, sprechen für sich. In der nachspürenden Erinnerung erscheint die Aufführung der »Symphonie liturgique« von Honegger als einer der stärksten Eindrücke von Celibidaches früher Auseinandersetzung mit der modernen Musik. Ich selber habe diese ausdrucksstarke Sinfonie nie wieder so aufwühlend und ergreifend gehört wie damals 1947 in Berlin. Als Karajan sie 1972 in München dirigierte – ebenfalls mit den Berliner Philharmonikern –, war die Wirkung bei

weitem nicht so unmittelbar und erregend. Sein Verhältnis zu dieser Musik war neutraler, distanzierter, während
Celibidache sie als ein direkt Betroffener durchlebte,
zweifellos noch unter der Einwirkung der kaum überstan-
denen Schrecken des Kriegsendes von 1945. Auch die
»Sinfonia da requiem« von Britten bleibt in der Erinnerung lebendig, wenngleich sie weniger expressiv und auf-
rüttelnd ist als Honeggers Werk. Und dann natürlich vor
allem die Sinfonien von Schostakowitsch, die Celibidache
zur deutschen Erstaufführung brachte, insbesondere die
Fünfte und die gewaltige Siebte, die »Leningrader«, ein
Koloß von einer Sinfonie mit einem herrlichen langsamen
Satz, genial entworfen und instrumentiert das Ganze. Die
deutsche Erst-Aufführung am 21. Dezember 1946 war
einer der größten Triumphe Celibidaches überhaupt.
Auch heute noch dirigiert er gelegentlich Schostakowitsch
– so in München das erste Cello-Konzert mit Heinrich
Schiff, das Konzert für Klavier, Trompete und Streichorchester mit Elena Bashkirowa und Uwe Komischke, sowie die Fünfte und Neunte, die Achte war geplant – und
beeindruckt durch den Ernst und die Gedankentiefe
seiner Interpretationen. Zu den von Anfang an von ihm
bevorzugten modernen russischen Komponisten gehören
natürlich auch Strawinsky – seltsamerweise hat er nie, so
viel ich weiß, »Le sacre du printempts« dirigiert – und
Prokofjew, der in seinem heutigen Repertoire der Moderne eine Sonderstellung einnimmt.
Es ist immer wieder beeindruckend, mit welcher Sorgfalt,
Genauigkeit und Engagiertheit Celibidache sich der Einstudierung zeitgenössischer Kompositionen widmet, wie
er auch hier aufs Ganze geht, sich und seinen Musikern
nichts schenkt. Für ihn ist allein die Musik maßgebend.

Hat er sich einmal von ihrer Gültigkeit und Ernsthaftigkeit überzeugen können, so ist ihm der letzte persönliche Einsatz selbstverständlich, und mit gleicher Selbstverständlichkeit verlangt er ihn auch von allen Mitwirkenden. Er steht voll und ganz hinter dem Werk, für das er sich entschieden hat. So war es auch bei den Proben zur Uraufführung der Sinfonie »Die Lichtung« von Peter Michael Hamel im Juni 1988 in München. Celibidache saß vor dem Orchester, die Proben wie immer auswendig leitend – da bilden auch Uraufführungen komplizierter moderner Kompositionen keine Ausnahme –, und es war faszinierend zu erleben, wie sehr er sich mit dieser vielschichtigen und äußerst komplexen Musik identifiziert hatte, wie genau er in den Klangstrukturen Hamels Bescheid wußte, wie phantastisch er das Metier beherrschte. Der Komponist selber saß – vom Zuhörer aus gesehen – links vor dem Podium an einem langen Tisch mit den Blättern der Partitur, und noch während der Proben wurde an der endgültigen Fassung des Werkes gearbeitet. Celibidache machte Vorschläge, die Instrumentierung und Einzelheiten des musikalischen Geschehens betreffend, die vom Komponisten aufgegriffen und realisiert wurden. Hamel selber berichtete in einem der Uraufführung vorausgehenden »Werkstattkonzert«, er habe bereits 1985 den ersten Entwurf seiner Sinfonie Celibidache vorgelegt, und dieser habe nach sorgfältiger Prüfung gemeint: »Es sind wunderschöne Klänge, aber es ist noch keine Musik.« Bei der anschließenden Umarbeitung hat Celibidache dann durch seine Ratschläge und Erkenntnisse mitgewirkt. Hamel meinte dazu: »Es sind jetzt vier Jahre, die ich mit ihm zusammenarbeiten durfte. Noch nie hat sich ein Mensch so mit meiner Musik beschäftigt und auseinandergesetzt. Er kennt meine Symphonie längst besser als ich selber, hat sie auswendig im Kopf, und er hat mich mit seiner ganzen Erfahrung gelehrt, die bestmögliche Qualität und Intensität in dieser Komposition zu erzielen« (s. Jahrbuch der Münchner Philharmoniker, Jg. 1987/88). Nach der Uraufführung Ovationen für den Komponisten, der Celibidache und das Orchester zu Recht in den großen Beifall mit einbezog.

Ähnliches hat Harald Genzmer empfunden, als Celibidache 1986 die Uraufführung von dessen kraftvoll-musikantischer dritten Sinfonie dirigierte. Auch hier ging dem Konzert eine minutiöse Probenarbeit voraus, ohne die der große Erfolg des Werkes nicht möglich gewesen wäre. Der Komponist wurde lebhaft gefeiert und bedankte sich freudestrahlend bei Celibidache und dem Orchester. Als ich ihm nach der Aufführung gratulierte, sagte er zu mir, noch ganz erregt von dem Ereignis: »Was für ein Glück für mich, daß sich dieser Mann meiner Sinfonie angenommen hat! Ich hätte mir ja überhaupt keinen besseren und verantwortungsvolleren Anwalt meiner Musik wünschen können! Es war einfach großartig – der kennt ja jede Note meines Werkes, hat alles im Kopf! Ich bin beglückt und dankbar, das erlebt zu haben!« Beglückt und dankbar dürfte auch Günter Bialas gewesen sein, als Celibidache im ersten Osterkonzert 1986 dessen »Lamento di Orlando« für Orchester, Bariton (Wolfgang Brendel) und gemischten Chor zur Uraufführung brachte, ein ernstes, tief lotendes Werk, das nachhaltigen Eindruck hinterließ und das Celibidache schon fünfzehn Monate später im Juni 1987 erneut dirigierte, zu Ehren des bevorstehenden achtzigsten Geburtstages des Komponisten. Durch diese vielbeachteten Uraufführungen hat der Maestro sein nach wie vor lebendiges Interesse an der zeitgenössischen Musik deutlich genug unter Beweis gestellt.

Bisher war fast ausschließlich vom Musiker Celibidache die Rede, nur selten vom Menschen, und wenn, dann wiederum nur in Beziehung zur Musik oder zu anderen Musikern. Und in der Tat gibt es nur wenige bedeutende Künstler unserer Zeit, deren Privatsphäre so unbekannt ist wie die seine. Er vermeidet es strikt, von persönlichen Dingen zu sprechen, und da er auch den Medien keinerlei Chancen bietet, die Mauer um seine private Existenz zu durchbrechen oder zu übersteigen, wissen sie nichts von ihm zu berichten, nichts jedenfalls, was die »Massen« interessieren könnte. Mensch und Musiker Celibidache sind auf eine Weise identisch, wobei die Musik das Medium ist, in dem sich auch der Mensch Celibidache am reinsten offenbart.

Im Laufe der Jahre erfährt man manches Persönliche, was nur die wissen können, die engeren Kontakt zu ihm haben. So etwa, daß er ein großer Fußballfan ist und sich schrecklich aufregen kann, wenn die von ihm favorisierte Mannschaft verliert. Er ist empört über Schiedsrichterentscheidungen, kritisiert die Mannschaftsaufstellung des Team-Chefs und hätte zum Beispiel viel lieber einen anderen auf dem Posten des Libero oder des Rechtsaußen gesehen. Sein Fußballeifer geht so weit, daß er gelegentlich bei entscheidenden Spielen eine Probe vorzeitig beendet, damit die interessierten Musiker – darunter auch er – die Begegnung im Fernsehen verfolgen können. Celibidache ist überhaupt ein großer Sportfreund und hat früher, als Krankheit und Alter ihn noch nicht daran hinderten, verschiedene Sportarten engagiert ausgeübt, unter anderem Schwimmen und Wasser-Ski.

Man erfährt ferner, daß er ein unglaubliches Sprachgefühl hat und nicht weniger als elf Sprachen beherrscht. Vielleicht hat man sogar selbst einmal erlebt, wie er ausländische Musiker in ihrer Muttersprache anredet oder mühelos zwischen den einzelnen Sprachen wechselt, ohne dabei auch nur eine Sekunde zu zögern – ein Multi-Talent offenbar, dem viele Bereiche offenstehen.

Unter den bildenden Künsten scheint ihn besonders die Architektur anzusprechen, von der er, wie er einmal im Gespräch äußerte, auch heute noch wesentliche Anregungen empfängt. In den sechziger Jahren baute er auf der Insel Lipari eine Künstlerkolonie, die ihn von den ersten Entwürfen bis zu Einzelheiten der Bauausführung und Innenarchitektur intensiv beschäftigt hat. Und immer noch fesseln ihn mathematische und physikalische Probleme, die zugleich das logische Denken schulen. Die Beschäftigung mit philosophischen und religiösen Fragen begleitet ihn auf seinem Lebensweg von Jugend an. Celibidache ist ein ruhelos Suchender und Fragender, der das Absolute vielleicht nur in der Musik findet, da nach seiner Überzeugung Denken und Sprache nicht in der Lage sind, den Urgrund des Seins zu erreichen. (Er ist Anhänger von Sai Baba.) Es bleibt etwas Unerklärliches, Unaussprechliches, Mystisches, was sich nach den Worten Ludwig Wittgensteins nur »zeigt« – wo aber wunderbarer und beglückender als in der Musik?

Was wir über den Menschen Celibidache wissen, über seine private Sphäre, erfahren wir in den meisten Fällen nicht unmittelbar von ihm, sondern von seinen Freunden und Bekannten, die es miterlebt haben. Auch ich habe ja in diesem Buch persönliche Erlebnisse und Eindrücke weitergeben können, die das Bild vom Menschen Celibidache vervollständigen und vertiefen werden für alle, die ihn nicht näher kennen, genauso wie die Berichte von Orchestermusikern und anderen Künstlern, die mit ihm zusammengearbeitet haben. Trotzdem bleiben Bereiche seiner privaten Existenz unberührbar und für andere verschlossen.

Es ist bekannt, daß er seit langem – schon seit den sechziger Jahren – verheiratet ist mit der rumänischen Malerin Joana, doch über den Beginn dieser Verbindung und ihre Bedeutung für sein Leben wissen wir so gut wie nichts. Wie man hört, handelt es sich um eine für beide Teile menschlich und künstlerisch sehr effektive Partnerschaft. Celibidache stellte mich seiner liebenswürdigen und aparten Frau in einer Konzertpause im November 1970 vor – er gastierte damals mit dem Schwedischen Rundfunksinfonieorchester in München, und sie erschien mir ebenso grazil und charmant wie energisch und selbstbewußt. Dieser Ehe entstammt der gemeinsame Sohn Serge, inzwischen auch schon Mitte zwanzig, der nicht wie seine Eltern einen künstlerischen Beruf ergriffen, sondern sich den exakten Wissenschaften und der Technik zugewandt hat. Er soll es auch gewesen sein, der das Interesse seines Vaters an der VIDEO-CD geweckt hat. Wie mir der Celibidache-Schüler und Dirigent Jordi Mora erzählte, haben Vater und Sohn in den Ferien früher oft Fußball miteinander gespielt. Und es ist noch gar nicht so lange her, daß man die beiden nach einem Konzert in der Münchener Philharmonie in einer nahegelegenen Gaststätte beobachten konnte, wie sie in herzlicher Übereinstimmung am Fernsehschirm ein Fußballspiel verfolgten und dabei wie alle Fans bei bestimmten Anlässen außer sich gerieten.

Wenn man einmal aus den Medien etwas über den Menschen Celibidache erfährt, dann oft in negativer Verzerrung oder unter Aspekten, die eine sachliche Beurteilung von vornherein ausschließen. Aus dem Streit zwischen der Solo-Posaunistin der Münchner Philharmoniker – der Amerikanerin Abbie Conant – und dem Maestro ging dieser als »Frauenfeind« hervor. Eine Frauenvereinigung verlangte vom Oberbürgermeister Kronawitter die Entlassung Celibidaches wegen »Frauenfeindlichkeit«! Und auch der Spiegel-Artikel »Aus dem Blech gefallen« (Nr. 44/1991) gibt sich alle Mühe, das Bild vom »Frauenfeind« Celibidache sachlich zu untermauern. »Musikerinnen passen dem Dirigenten nicht ins Weltbild«, heißt es da etwa. Ohne auf Einzelheiten der Auseinandersetzung näher einzugehen – wobei ich gar nicht bestreiten will, daß der Posaunistin möglicherweise wirklich Unrecht geschehen ist –, dürfte es doch gerade im Falle Celibidaches absurd sein, ihn als »Frauenfeind« hinzustellen. Und die Tatsache der gegenwärtig 17 weiblichen Mitglieder der Münchner Philharmoniker, zu denen mit der Bratschistin Annemarie Binder auch eine hochgeschätzte Konzertmeisterin gehört, spricht nicht gerade für diese Unterstellung. Celibidache hat im Laufe seines Musikerdaseins mit vielen bedeutenden Künstlerinnen zusammengewirkt, hat ihnen hohe Anerkennung und Dankbarkeit entgegengebracht. Ich selber habe oft in Proben und bei anderen Gelegenheiten beobachten können, wie galant, aufmerksam und zuvorkommend er sich Frauen gegenüber verhält, unabhängig von Alter, Rasse oder Nationalität. Daß im Orchesteralltag manches natürlich anders aussieht, ist auch klar. Doch darunter leiden die Männer der Münchner Philharmoniker im allgemeinen wohl mehr als die Frauen. Der »Frauenfeind« Celibidache stellt sich jedenfalls bei näherem Hinsehen als eine grobe Verzeichnung seines Charakters heraus.

Als vor einigen Monaten im Februar 1992 der Celibidache-Film von Jan Schmidt-Garre, einem Schüler des Maestro, angekündigt wurde, hofften viele, man werde nun endlich doch einmal etwas Näheres aus dem Privatleben des großen Dirigenten erfahren. Das Erstaunen darüber, wie es überhaupt zu diesem Film kommen konnte und daß der medienscheue Maestro seinem Schüler die Dreherlaubnis erteilt hatte, war allgemein groß. War das nicht im Grunde ein Verstoß gegen seine Prinzipien? Doch als der Film dann in München anlief, wurde erkennbar, wie wenig Veranlassung bestand, von einem Verstoß gegen die Prinzipien zu sprechen. Denn auch dieser Film – eine ganz hervorragende Dokumentationsarbeit des jungen Regisseurs – zeigt wiederum ausschließlich den Musiker Celibidache, in dessen Musizieren, Proben und Gesprächen dann freilich auch der Mensch immer deutlicher an Kontur gewinnt, so daß eindringlich erfahrbar wird, wie sehr in Celibidache Mensch und Musiker eins sind.

Der Film zeigt ihn vor allem beim Unterricht mit seinen Schülern sowie bei der Probenarbeit mit den Münchner Philharmonikern, dem Schleswig-Holstein-Festival-Orchester und kleineren Ensembles. Und dann, im letzten Drittel, kommen plötzlich Aufnahmen aus dem bekannten Film über die Berliner Philharmoniker von 1950 »Das klingende Herz«, der damals Aufsehen erregte:

Celibidache dirigiert in den Trümmern der vollständig
zerstörten Philharmonie in der Bernburgerstraße mit
seinem »alten« Orchester die »Egmont«-Ouvertüre von
Beethoven. Er dirigiert sie mit der glühenden Intensität
und Leidenschaft seines jugendlichen Temperaments.
Diese Rückblende in das Berlin nach dem Zweiten Weltkrieg ist von geradezu visionärem Charakter, auch wenn
es sich letztlich nur um eine Dokumentation innerhalb
der Dokumentation handelt – für den, der jene Jahre
miterlebt hat, eine bewegende Begegnung.
Ganz andere Eindrücke vermitteln die Aufnahmen des
lehrenden und konzentriert mit den Musikern arbeiten-
den Celibidache unserer Tage. Ungeheuer instruktiv eine
Probenszene während der Einstudierung des zweiten
Satzes aus der Neunten von Beethoven mit den Münchner Philharmonikern – wie da durch sorgfältige Analyse
der rhythmischen und motivischen Strukturen die Musik
Gestalt gewinnt, um exakte und deutliche Realisierung
des Partiturbildes gerungen wird. Ähnlich beeindruk-
kend die Aufnahmen aus den Proben zur f-moll-Messe
von Bruckner, die man anfangs auch in einem Konzert-
ausschnitt erlebt, und zum Schluß dann die Arbeit mit
dem Jugendorchester des Schleswig-Holstein-Festivals
an der vierten Sinfonie von Bruckner – die grandiose Coda des Finale und der choralartige Höhepunkt des langsamen Satzes – die einen tief ergriffenen Celibidache
zeigt, der seine Tränen kaum verbergen kann, ergriffen
von der Begeisterungsfähigkeit und spontanen Musikalität der jungen Menschen. Dazwischen immer wieder Bilder des großen Lehrmeisters mit seinen Schülern, mit denen er auch über Gott oder das Göttliche in der Welt,
über den Sinn des Daseins und über den Tod spricht. Und

so ganz nebenbei bekommt man zusätzlich noch eine Ahnung von seiner wunderschönen Pariser Ferienwohnung in der von ihm umgebauten Mühle von Neuville bei Fontainebleau. Man hätte gerne mehr davon gesehen, doch gehören andererseits gerade die Szenen in der Mühle von Neuville, die ihn während des Unterrichts und im Gespräch mit jungen Menschen zeigen, zu den schönsten des ganzen Films. Offenbar finden im Feriendomizil des Unermüdlichen Privatkurse statt.

Vieles stimmt nachdenklich in diesem Film, der alles in allem ein einfühlsames Portrait des Menschen und Musikers Celibidache darstellt und somit doch nicht nur von Musik und vom Dirigieren handelt. Zum Schluß kommt der Maestro noch einmal auf Furtwängler zu sprechen, der für seine musikalische Entwicklung zweifellos von größter Bedeutung war und in dem er gerade während der Berliner Jahre sein großes und nacheifernswertes Leitbild sah, einen Künstler, keinem anderen vergleichbar in der Intensität und Impulsivität seines Musizierens. Und doch fragt man sich heute, wie und ob sich der »späte« Celibidache noch mit Furtwänglers Musikauffassung identifizieren kann, wo er doch selber einen ganz anderen Weg eingeschlagen hat.

Diese Identifizierung, diese innere Wahlverwandtschaft, ist für Celibidache wohl nur erlebbar durch einen Akt der Übertragung, indem er sein eigenes Musikempfinden gleichsam in Furtwängler hineinprojiziert oder, anders ausgedrückt, in ihm, durch ihn bestätigt findet. Der Ältere, den er selbst, was das Lebensalter angeht, inzwischen weit übertroffen hat, wird somit für ihn zu einer Art Rechtfertigung seiner theoretischen Vorstellungen, seiner großen Idee vom *Werden der Musik*. Er fühlt sich ihm nach wie vor geistig eng verbunden. Das ändert nichts daran, daß sich diese beiden »Jahrhundertdirigenten«, wie Klaus Lang sie im Vorwort zu seinem Buch nennt, in vielen wesentlichen Momenten ihres Musizierens voneinander unterscheiden. In einem aber sind sie sich ebenbürtig: in der Hingabe an die Musik und in dem tiefernsten, philosophisch und religiös fundierten Verständnis ihrer ursprünglichen Kraft und Reinheit.

Zum Bilde des Menschen Celibidache gehört auch, daß der Komponist Celibidache bisher noch keines seiner Werke aufgeführt hat, daß er sich also nicht entschließen kann, sie der Öffentlichkeit zu übergeben. Lediglich vom »Taschengarten«, einer Komposition für Kinder, gibt es eine Schallplatteneinspielung Celibidaches mit dem Radio-Sinfonieorchester Stuttgart, die einem guten Zweck dienen sollte, nicht aber dem Ansehen des Komponisten, der diese Aufnahme später sehr negativ beurteilte. Es wäre bedauerlich, wenn der Maestro seine Kompositionen – darunter immerhin vier Sinfonien, eine Messe und ein Klavierkonzert – nicht für eine Aufführung zu seinen Lebzeiten bestimmt hätte. Denn daß es sich hierbei keineswegs nur um gekonnte und routinierte »Kapellenmeister-Musik« handelt, verrät der »Taschengarten«, der zwar Einflüsse von Ravel, Milhaud und anderen erkennen läßt, andererseits aber als durchaus originäre Schöpfung betrachtet werden muß. Und wer könnte ein kompetenterer Anwalt dieser Werke sein als Celibidache selbst?

Celibidache, das erleben wir immer wieder, ist in keinem Fall mit den üblichen Maßstäben zu messen. Das gilt auch für sein Verhalten nach dem Konzert. Nie nimmt er den Beifall allein auf seinem Dirigentenpodest entgegen, sondern tritt zurück unter seine Musiker und läßt sich mit ihnen gemeinsam feiern. Nur wenn sie dann das Podium verlassen haben und das Publikum noch weiterklatscht, kommt er allein heraus, um für die Ovationen zu danken. Er küßt den Damen, vor allem den Solistinnen, auf galante Weise die Hand, umarmt sie auch in besonderen Fällen, manchmal auch einige ihrer männlichen Kollegen, und spendet seinem Orchester demonstrativ Beifall. Er ruft die Musiker einzeln oder in Gruppen auf, um die Ovationen auf sie zu lenken, und verneigt sich schließlich vor ihnen mit einer fernöstlichen Dankesgeste. Das alles geschieht nicht aus Koketterie oder Geltungssucht, sondern aus der klaren Erkenntnis, daß ihm große künstlerische Leistungen nur in enger Zusammenarbeit mit seinen Musikern möglich sind, daß er auf sie angewiesen ist, wie sie auf ihn.

Es hat wohl noch nie ein Konzert gegeben, auf das Celibidache sich nicht gründlich vorbereitet hätte; und es ist undenkbar, daß dies je anders sein könnte. Er ist bekannt für seine intensive und zeitraubende Probenarbeit, die den jeweiligen Orchestern oft zu schaffen gemacht hat oder noch zu schaffen macht, trotz Respektierung seiner für sie maßgebenden Autorität. Doch hat sich auch hier in letzter Zeit einiges geändert. Die Münchner Philharmoniker, die er seit 1979 leitet, sind so eingeschworen auf ihn, so eng verbunden mit ihm, daß es oft nicht mehr so vieler und langer Proben bedarf, um zu dem gewünschten Ergebnis zu kommen. Das pädagogische Genie des Dirigenten hat in München vielleicht seinen größten Erfolg erzielt. Natürlich – auch in einem von Celibidache geleiteten Konzert kann es trotz sorgfältiger Vorbereitung zu Pannen kommen, denn weder er noch seine Musiker sind Automaten, Gott sei Dank. Auch in dieser Hinsicht gleicht kein Konzert dem anderen. Celibidache sagte dazu im Gespräch: »Wenn Sie Ihre Entrüstung mitschleppen, Ihre Enttäuschung, Ihre Wünsche, dann natürlich werden Sie es nicht erleben, dann wird das Thema in Ihnen nicht auslösen, was im Intervall ist, es wird gebremst oder stimuliert sein von dem, was Sie mittragen. Wie oft ist es bei mir so, daß ich nicht die Ruhe habe und die Dynamik eines Themas in bezug auf die entgegengesetzte komplementäre Dynamik des zweiten Themas nicht empfinden kann. Bin so mitgenommen von irgend etwas, was in meinem Leben passiert, und kann's nicht. Dann geht's ganz mechanisch weiter. Ich weiß nur, daß ich sehr oft im Konzert freikomme und sehr oft nicht. Sehen Sie, jede Form von Ego führt zu einer Interpretationsform.«

Kein Konzert gleicht dem anderen. Da gibt es Qualitätsunterschiede, die durch die Tagesform und äußere Einflüsse bedingt sind, über die keiner der Ausführenden Gewalt hat. Auch Celibidache selber ist nicht immer der gleiche; schließlich ist er kein Übermensch. Während einer Aufführung der d-moll Sinfonie von César Franck im September 1991 in München kam es am Ende der Durchführung des ersten Satzes (Takt 331) zu einem Mißverständnis zwischen Dirigent und Orchester. Doch hatte man sich rasch wieder gefangen, und in der nächsten Aufführung des gleichen Werkes verlief alles reibungslos. Dergleichen kann vorkommen; niemand ist unfehlbar, weder der Dirigent noch seine Musiker. Auch sollte man nicht übersehen, daß im Falle Celibidaches auch das Alter seinen Tribut verlangt und die physischen Kräfte nicht unbegrenzt sind, daß also vorübergehende

Erschöpfung unvermeidbar ist und sich selbst durch seinen eisernen Willen nicht verhindern läßt. Seit vielen Jahren leidet er an einer schmerzhaften Krankheit, die seine Bewegungsfähigkeit stark eingeschränkt hat und ihn nun zwingt, im Sitzen zu dirigieren, wozu ihn seine Musiker noch überreden mußten. Um so bewundernswerter ist die Tapferkeit, ist die geistige Kraft, mit der er entschlossen gegen die Krankheit ankämpft und ihr zum Trotz immer wieder Kunstäußerungen höchsten Ranges hervorzubringen vermag – ein Triumph des Geistes über den Körper.

Eine ähnliche Energieleistung hat in vergleichbarer Lage unter den großen Dirigenten Klemperer aufgebracht, sicher auch Karajan in seinen letzten Jahren.

Nicht jedes Konzert Celibidaches ist eine Offenbarung des Außerordentlichen, weil dies einem Menschen nicht möglich ist. Aber jedes trägt doch das unverkennbare Signum seiner Persönlichkeit, ist geprägt durch seine eminente Präsenz, ob nun der einzelne Hörer sich dieser Präsenz gegenüber zustimmend oder ablehnend verhält, ob er in Begeisterung gerät oder kritisch auf Distanz geht. Celibidaches Interpretationen und seine Auffassung der Musik überhaupt zwingen zum Nachdenken, zur Stellungnahme, lassen kein Unbeteiligtsein und keine Unentschiedenheit zu. Die allzu vertrauten Klänge sind auf einmal nicht mehr vertraut, und nicht selten nimmt das musikalische Geschehen einem anderen Verlauf, als man erwartet hatte. Der Hörer ist zur aktiven Teilnahme am Werden der Musik aufgefordert; er sieht gewissermaßen in die Partitur hinein und erlebt die Entwicklung des Werkes auf ganz neue Weise, die höchste Aufmerksamkeit von ihm verlangt. Gewiß will auch Celibidache begeistern und mitreißen, indem er sich dem musikalischen Geschehen hingibt und es in all seinen Dimensionen und Aspekten zu erfassen sucht. Aber er will auch belehren, will den Wesenskern der Musik herausschälen, ihren inneren Bauplan entschlüsseln und analysieren, will das Kunstwerk als solches dem aufmerksam mitgehenden Hörer erschließen und verständlicher machen. Das pädagogische Genie Celibidaches ist noch im Konzertsaal präsent, nicht anders als während der Proben; die Erziehungsarbeit umgreift auch den Hörer, der sich der charismatischen Ausstrahlung dieses Mannes nur schwer entziehen kann. Und genau hier scheiden sich die Geister, oder prosaischer ausgedrückt: beginnt die Polarisierung des Publikums in Für und Wider – auf der einen Seite diejenigen, die sich überzeugen und anregen lassen, die lernen und Neues erfahren wollen, auf der anderen Seite jene, die vor allem genießen und im Gewohnten verharren wollen, weil sie sich darin bestätigt finden. Unter den zeitgenössischen großen Künstlern im Bereich der Musik hat Celibidache wohl die stärkste Polarisierung des Publikums hervorgerufen, was nicht heißen soll, er habe sie beabsichtigt. Vielmehr ist diese Polarisierung Ausdruck seiner extrem vielschichtigen Persönlichkeit und seines hohen Anspruchs. Er wird umstritten bleiben bis zum Tode, ist es heute vielleicht mehr denn je. Immer noch ziehen seine Kritiker unverdrossen gegen ihn zu Felde, auch wenn ihre Waffen ihn nicht erreichen können. Und immer noch umjubeln ihn seine Anhänger als einen Berufenen und Auserwählten, der nicht seinesgleichen hat. Letzteres zumindest ist eine unwiderlegbare Tatsache für jeden, der sich ernsthaft mit Musik beschäftigt.

Andererseits ist es selbstverständlich, daß Celibidaches Interpretationen und sein Musikverständnis auch Gegenargumente provozieren, denn die Vielfalt der Meinungen gehört zu den Kriterien einer pluralistischen Gesellschaft, in der unterschiedliche Auffassungen aufeinanderprallen können und niemand befugt ist, verbindlich für alle zu sprechen. Celibidache selber wirkt da mit seinem Absolutheitsanspruch durchaus unzeitgemäß. Und doch ist es gerade dieser Anspruch, verbunden mit der überzeugenden Macht der Persönlichkeit, der die außerordentliche Wirkung dieses Mannes erklärt, die unvermindert seit nahezu fünf Jahrzehnten anhält. Celibidache-Konzerte waren und sind Ereignisse in des Wortes genauer Bedeutung; sie sind es auch dann, wenn sie den Widerspruch herausfordern. Denn eines fühlen wohl alle, Freunde wie Kritiker: daß hinter diesen in ihrer Art unvergleichbaren Kunstäußerungen ein Mensch steht, der seine ganze Existenz in die Waagschale wirft, all seine Kräfte und Fähigkeiten, um seiner Wahrheit, seinen Ideen und Überzeugungen zu dienen und sie möglichst vielen zu vermitteln. Das Sendungsbewußtsein, das ihn auszeichnet, der große Ernst, mit dem er seiner Aufgabe gerecht zu werden sucht, sowie die unbedingte Treue, mit der er zu seinem künstlerischen Credo steht, dem *Werden der Musik* – das alles sind Eigenschaften, die heute selten geworden sind.

Celibidaches stets präsente Herausforderung wird zum nachdrücklichen Appell an die menschliche Vernunft, den Verführungen der technischen Perfektion standzuhalten, sich nicht durch ihre Rekorde und ihren metallischen Glanz blenden zu lassen, sondern unbeirrt nach dem zu forschen, was allem Menschlichen zugrunde liegt, also auch der Musik, die nur eine besondere Erscheinungsform dieses Menschlichen darstellt. Das Wesen des Menschen aber gründet in seinem Fragen, in seinem Suchen nach der Wahrheit, nach dem Absoluten, sei es in der eigenen Existenz oder in der des Weltganzen. Und diese Offenheit gegenüber den Phänomenen, dieser leidenschaftliche Erkenntnisdrang ist in Celibidaches Musizieren unmittelbar gegenwärtig. Musik nicht vordergründig als magische Beschwörung, sondern als Weg zur Wahrheit – das ist die Quintessenz seiner musikalischen Botschaft, ist ihr letzter, ihr höchster Anspruch.

Nachwort

Dieses Buch wurde ohne Wissen Sergiu Celibidaches geschrieben. Als ich vor einigen Jahren mit ihm über meinen Plan sprach, meinte er nur, wenn ich etwas über ihn schreiben wolle, sollte ich so schreiben, wie es nach meinen Ansichten und Überzeugungen richtig sei. Dann würde es gut. An eine wie immer geartete Mitwirkung seinerseits war nicht zu denken, da er dergleichen strikt ablehnt. Ich mußte daher weitgehend alles Private – Kindheit, Jugend, Familie, Ehe usw. – ausklammern und über den Menschen und Musiker Celibidache so berichten, wie ich selber ihn seit 1945 erlebt und beobachtet habe, natürlich unter Einbeziehung aller mir verfügbaren Dokumente und Informationen. Zusätzliches Material lieferte die in den Medien meist kontrovers geführte Diskussion über ihn.

Die „Lebensdaten" im Anhang wurden gegenüber den bisher publizierten Zusammenstellungen erweitert und vervollständigt, nachweisbare Fehler berichtigt. Das „Repertoire" beansprucht keine Vollständigkeit, die bei der Vielzahl der Orchester, mit denen Celibidache zusammengearbeitet hat, auch kaum zu erreichen ist. Es wird nie gelingen, sämtliche Konzertprogramme ausfindig zu machen. Auch ist es nicht möglich, alle Ur- und Erstaufführungen zweifelsfrei zu ermitteln, weshalb die im „Repertoire" enthaltenen Hinweise ebenfalls unvollständig sind.

Mein Dank gilt allen, die dieses Buch in der vorliegenden Form ermöglicht haben, in erster Linie dem Verlag Franz Schneekluth in München, jedem einzelnen Mitarbeiter, vor allem Ingeborg Castell, die das Manuskript aufmerksam durchgesehen und mir durch Kritik und wertvolle Hinweise zur Klarheit über die endgültige Fassung verholfen hat. Besonderer Dank gebührt auch Beate Schneider, die in aufopfernder Arbeit den weitaus größten Teil des Typoskripts erstellt hat. Danken möchte ich ferner meiner Tochter Marita – anfangs ebenfalls am Typoskript beteiligt – und meinem Vetter Hans-Günther Heising für kritische Lektüre meiner Entwürfe und viele gute Anregungen, sowie dem Herausgeber der „Gehörgänge", Dr. Matthias Fischer, für seine kenntnisreichen Anmerkungen zu meiner Arbeit und seine Ratschläge zu ihrer Veröffentlichung. Außerdem danke ich dem Süddeutschen Rundfunk Stuttgart, dem Westdeutschen Rundfunk Köln und dem Schwedischen Rundfunk Stockholm – hier besonders Dorette Leygraf für ihre spontane und eifrige Mitarbeit –, die mir bereitwillig Informationsmaterial zur Verfügung gestellt haben. Last not least gilt mein Dank allen Orchestermusikern, die durch bereits publizierte Beiträge oder durch Berichte und Gespräche mein Buch bereichert haben, aber auch meiner lieben Frau und meinen Freunden, deren Zuspruch vor und während der Arbeit mich ermutigt hat.

Gauting, im Februar 1993

Lebensdaten Celibidaches

11.7.1912–1935
Celibidache wird in Roman in Rumänien geboren. (Datum nach dem Gregorianischen Kalender. Nach dem damals in Rumänien noch gültigen Julianischen Kalender am 28.6.1912.) Schon der Vierjährige improvisiert am Klavier. Neun Jahre Klavier- und allgemeiner Musikunterricht. Nach dem Abitur Mathematik- und Philosophiestudium in Jassy. Beginn des Musikstudiums, das in Bukarest fortgesetzt wird. Pianist in einer Bukarester Tanzschule.

1935/36
Studium in Paris. Arbeit mit einer Jazzkapelle.

1936–1945
Studium in Berlin an der Musikhochschule und der Friedrich-Wilhelms-Universität. Zu seinen Lehrern gehören: Heinz Tiessen (Komposition), Walter Gmeindl (Dirigieren), Hugo Distler (Kontrapunkt), Kurt Thomas und Fritz Stein (Theorie), Eduard Spranger und Nicolai Hartmann (Philosophie), Arnold Schering und Georg Schünemann (Musikwissenschaft). Konzeption einer Doktorarbeit mit dem Titel: »Formbildende Elemente in der Kompositionstechnik Josquin des Prés«. Konzertreisen als Klavier-Begleiter eines Ausdruckstänzers. Eigene Ausbildung als Tänzer. Konzerte mit Laienensembles und -chören. Aufführung der sechs Brandenburgischen Konzerte von Bach mit Studenten an der Berliner Musikhochschule (ca. Herbst 1944). Entwurf und Ausführung eigener Kompositionen.

August 1945
Sieger des von der russischen Besatzungsmacht veranstalteten Dirigentenwettbewerbs des Berliner Rundfunk-Sinfonieorchesters.

23.8.1945
Tod Leo Borchards, des ersten Nachkriegsdirigenten der Berliner Philharmoniker.

29.8.1945
Erstes Konzert Celebidaches mit den Berliner Philharmonikern, das zu einem Sensationserfolg wird.

1.12.1945
Ernennung zum Lizenzträger der Berliner Philharmoniker für alle vier Besatzungszonen.

1946
Beginn der Lehrtätigkeit am Internationalen Musikinstitut Berlin.

Februar 1946
Wahl zum Ständigen (= Chef-)Dirigenten durch die Mitglieder des Orchesters bis zur Rückkehr Furtwänglers. Von 1946–1949 leitet Celebidache fast alle Konzertreisen der Berliner Philharmoniker.

21.12.1946
Deutsche Erstaufführung der 7. Sinfonie (Leningrader) von Schostakowitsch durch Celebidache und die Berliner Philharmoniker.

1.5.1947
Entnazifizierung Furtwänglers, an deren sorgfältiger Vorbereitung Celebidache maßgeblich beteiligt war.

25.5.1947
Erstes Nachkriegskonzert Furtwänglers mit den Berliner Philharmonikern, deren Chefdirigent aber Celebidache bleibt, im Einvernehmen mit Furtwängler.

8.4.1948
Erstes Konzert Celebidaches mit dem London Philharmonic Orchestra.

November 1948
Gemeinsame Konzertreise Furtwänglers und Celebidaches mit den Berliner Philharmonikern nach England.

1949
Große Erfolge Celebidaches in England, Wien, Italien und Frankreich.

1950/51
Umjubelte Konzerte in Mittel- und Südamerika.

Mai 1951
Celebidache muß sich in Mexiko-City einer schwierigen Halsoperation unterziehen.

1951/52
Konzerte in Italien, Mittel- und Südamerika.

1952
Furtwängler übernimmt wieder die Leitung der Berliner Philharmoniker.

Mai 1952
Celibidache triumphiert in Buenos Aires.

19.12.1952
Letztes Zusammentreffen mit Furtwängler in Turin.

1953
Berliner Kunstpreis für Musik.

Oktober 1953
Erstes Konzert mit dem Orchester der Mailänder Scala.

28.11.1954
Großes Verdienstkreuz des Verdienstordens der Bundesrepublik Deutschland »für die Verdienste beim Wiederaufbau des Berliner Philharmonischen Orchesters nach dem Krieg«.

29.11.1954
Letztes Konzert mit den Berliner Philharmonikern – bis zum 31.3.1992.

30.11.1954
Tod Wilhelm Furtwänglers.

13.12.1954
Wahl Herbert von Karajans zum Nachfolger Furtwänglers. Celibidache verläßt Berlin und die Berliner Philharmoniker, die er in 414(!) Konzerten dirigiert hatte.

1955
Preis des Verbandes Deutscher Kritiker.

Ab 1955
Intensive Konzerttätigkeit in Italien. Das Orchester der Mailänder Scala dirigiert Celibidache von 1953–1967 in den jeweils ersten Konzerten einer Spielzeit. Engere Zusammenarbeit mit dem Orchester der Academia di Santa Cecilia in Rom seit 1955. Gasttätigkeit bei den Rundfunksinfonieorchestern von Rom, Mailand, Turin, Neapel, Bologna und Florenz. Gastkonzerte in Israel und England.

7.10.1957
Celibidache dirigiert, zum erstenmal seit drei Jahren wieder in Berlin, das Radio-Sinfonieorchester Berlin in einem Festkonzert zu Ehren des 70. Geburtstages seines Kompositionslehrers Heinz Tiessen.

1957/58
Konzerte mit dem Sinfonieorchester des WDR in Köln sowie auf Konzertreisen durch die Bundesrepublik und Italien (1958).

1958/59
Erste Konzerte mit dem Radio-Sinfonieorchester Stuttgart.

1960–1963
Enge Zusammenarbeit mit der Königlichen Kapelle Kopenhagen, mit der er 1961 eine große Tournee durch die Bundesrepublik und nach West-Berlin unternimmt.

21./28.10.1962
Erste Konzerte mit dem Sinfonieorchester des Schwedischen Rundfunks.

Oktober 1963
Ende der Zusammenarbeit mit der Königlichen Kapelle Kopenhagen.

1963–1971
Ständiger Gast-Dirigent und künstlerischer Leiter des Sinfonieorchesters des Schwedischen Rundfunks. Konzerte in Stockholm und anderen schwedischen Städten. 1967 Konzertreisen nach Dänemark und durch die BRD, weitere Tourneen: 1968 Schweiz und Spanien, 1969 BRD und West-Berlin sowie Finnland und Österreich, 1970 BRD, Niederlande, Österreich und Rumänien.

Januar 1966
Konzerte mit der Berliner Staatskapelle in Ost-Berlin, Dresden und Leipzig.

1967
Konzert mit dem Radio-Sinfonieorchester Stuttgart zum Abschluß der 10. »Woche für leichte Musik«, die vom Süddeutschen Rundfunk veranstaltet wurde. Anschließend Fernsehproduktion beim Süddeutschen Rundfunk innerhalb der Reihe »Bei der Arbeit beobachtet«.

1969/70
Konzerte mit den Bamberger Sinfonikern in Bamberg und anderen deutschen Städten.

1970
Ernennung zum Ritter des Vasa-Ordens in Stockholm sowie Verleihung des Leonie-Sonning-Musikpreises von Dänemark in Kopenhagen.

21.3.1971
Letztes Konzert mit dem Sinfonieorchester des Schwedischen Rundfunks.

Juni 1971
Celibidache dirigiert das Jubiläumskonzert des Radio-Sinfonieorchesters Stuttgart aus Anlaß von dessen 25jährigem Bestehen.

1972
Dirigierkurse in Bologna und Siena.

1972–1977
Ständiger Gast-Dirigent und künstlerischer Leiter des Radio-Sinfonieorchesters Stuttgart, mit dem Celibidache jährlich auch Konzerte in anderen Städten der BRD gibt, ferner im Ausland: 1976 in Jugoslawien, Spanien, Frankreich und Österreich, 1977 in Frankreich. Er bleibt auch nach 1977 dem Orchester freundschaftlich verbunden und dirigiert es von 1978–1982 jährlich in Stuttgart und auf Reisen in der BRD.

Dezember 1973 bis 1975
Ständiger Gastdirigent des Orchestre National de l'ORTF in Paris, wo Celibidache mit seiner Ehefrau Joane und seinem Sohn Serge lebt.

1977/78
Dirigierkurse in Trier.

1978
Dirigierkurse in Bukarest mit dem dortigen Philharmonischen Orchester. Beginn der Lehrtätigkeit am Musikwissenschaftlichen Institut der Universität Mainz in Form von Blockveranstaltungen zweimal jährlich bis 1992– Vorlesungen über »Musikalische Phänomenologie«. Konzerte mit dem NHK-Sinfonieorchester Tokio, dem London Symphony Orchestra sowie dem Rheinlandpfälzischen Staatsorchester.

14.2.1979
Erstes Konzert mit den Münchner Philharmonikern. Sensationserfolg.

Juni 1979
Ernennung zum Generalmusikdirektor der Stadt München und da-

mit zum Chefdirigenten der Münchner Philharmoniker. Mitglied der Bayerischen Akademie der Schönen Künste.

15.10.1979
Erste Aufführung der 8. Sinfonie von Bruckner mit den Münchner Philharmonikern.

17.10.1979
Erstes Auslandsgastspiel mit den Münchner Philharmonikern in Bratislava – auf dem Programm steht die 8. Sinfonie von Bruckner.

1980–1982
Dirigierkurse in München mit den Münchner Philharmonikern, jährlich im Mai/Juni.

Juni 1981
Vertrauenskrise zwischen Celibidache und dem Orchester, die schnell beigelegt werden kann.

Oktober 1981
Erste Deutschlandtournee mit den Münchner Philharmonikern.

7./8.10.1981
Konzerte mit den Münchner Philharmonikern bei den Berliner Festwochen.

Januar 1982
Deutschland-Tournee.

März 1982
Konzertreise nach Frankreich, Italien und Spanien.

9.6.1982
Letztes Konzert mit dem Radio-Sinfonieorchester Stuttgart.

September 1983
Konzerte bei den Berliner Festwochen mit den Münchner Philharmonikern.

27.2.1984
Konzert mit dem Studentenorchester des Curtis-Instituts/Philadelphia, das Celibidache in einem dreiwöchigen Orchesterkurs vorbereitet hatte, in der New Yorker Carnegie Hall.

Juni 1984–Januar 1985
Schwere Erkrankung Celibidaches, die zu einer tiefgreifenden Vertrauenskrise zwischen ihm und der Stadtverwaltung München führt.

Celibidache glaubt, auf seine Münchener Position verzichten zu müssen.

November 1984
Celibidache, dem es bedeutend besser geht, dirigiert das London Symphony Orchestra.

19.11.1984
Vorläufig letztes Gespräch zwischen Celibidache und dem Münchener OB Georg Kronawitter, dessen Vermittlungsversuche anscheinend gescheitert sind. Celibidache verläßt München und verabschiedet sich von seinem Orchester.

17.1.1985
Durch Vermittlung von Heinz Friedrich, dem Präsidenten der Bayerischen Akademie der Schönen Künste, und dank dem entschiedenen Engagement der bekanntesten Münchener Komponisten, zahlreicher Musiker, Hochschulprofessoren und Journalisten kommt es zur Versöhnung zwischen Celibidache und der Stadt München.

23.2.1985
Triumphale Rückkehr ans Pult der Münchner Philharmoniker.

Herbst 1985
Celibidache arbeitet mit dem Studentenorchester der Musikhochschule München.

27.9.1985
Neue Geschäftsordnung der Münchner Philharmoniker.

Anfang Oktober 1985
Tournee mit den Münchner Philharmonikern durch die ehemalige DDR und nach Bratislava.

17.10.–1.11.1985
Lorin Maazel leitet anstelle von Celibidache die Tournee durch die USA und Kanada. Man hatte sie ihm angeboten, als Celibidache nach dem letzten Gespräch mit OB Kronawitter (19.11.1984) München verlassen hatte.

10.11.1985
Feierliche Eröffnung der neuen Philharmonie im Gasteig. Das Festkonzert leitet Celibidache.

November 1985
Celibidache unterschreibt erstmals einen Vertrag mit der Stadt München.

Februar 1986
Gastspiel mit den Münchner Philharmonikern in Warschau.

September 1986
Konzerte mit den Münchner Philharmonikern bei den Berliner Festwochen.

7.–24.10.1986
Celibidache und die Münchner Philharmoniker auf Tournee durch Japan.

Januar 1987
Konzerte in Frankfurt, Stuttgart und Mannheim.

Februar 1987
Konzert in Salzburg, Tournee nach Spanien und Italien. Überreichung des Nettuno d'oro in Bologna an Celibidache.

29./30.5.1987
Konzerte beim »Maggio Musicale« in Florenz.

Sommer 1987/88
Celibidache leitet zweimal beim Schleswig-Holstein Musikfestival eine Internationale Jugendorchester-Akademie und geht anschließend mit dem Orchester auf Tournee.

21.7.1987
Überreichung der Goldenen Ehrenmünze der Landeshauptstadt München aus Anlaß von Celibidaches 75. Geburtstag durch OB Georg Kronawitter.

Herbst 1987
Italien-Tournee mit den Münchner Philharmonikern. Goldene Ehrennadel von Mailand für Celibidache. Erstes Auftreten beim Internationalen Brucknerfest in Linz. In der Stiftskirche von St. Florian wird die 8. Sinfonie aufgeführt. Gastspiele in Leipzig, Ost- und Westberlin sowie Tournee durch die Schweiz.

27.–29.1.1988
Konzerte in Paris.

25.6.1988
Aufführung von Bruckners 8. Sinfonie im Passionsspielhaus von Erl.

29./30.6.1988
Konzerte beim Festival d'Ete in Rouen.

Herbst 1988
Konzerte bei den Berliner Festwochen, Deutschland-Tournee, Konzerte in St. Florian beim Brucknerfest, Reise nach Moskau (vier Konzerte) anläßlich des Staatsbesuches des Bundeskanzlers in der UdSSR.

13.–21.11.1988
Israel-Tournee.

13.1.1989
Konzert in Salzburg.

5./6.2.1989
Aufführung der 4. Sinfonie von Bruckner in Wien mit den Münchner Philharmonikern.

4.–28.4.1989
Celibidache führt sein Orchester auf der großen Tournee durch die USA und Kanada.

24.5.1989
Konzert der Münchner Philharmoniker unter Celibidache beim Staatsakt zum 40jährigen Bestehen der BRD in Bonn.

September 1989
Konzerte in St. Florian beim Brucknerfest.

Oktober 1989
Deutschland-Tournee sowie Gastkonzerte in Paris und Madrid (je vier).

Februar 1990
Konzertreise nach Rumänien in Verbindung mit einer Hilfsgüteraktion.

Mai 1990
Tournee nach Prag, Leipzig, Ostberlin, Dresden, Wien.

September 1990
Konzerte in St. Florian beim Brucknerfest.

4.–24.10.1990
Japan-Tournee mit den Münchner Philharmonikern.

1991
Celibidache wird Honorarprofessor der Staatlichen Musikhochschule in München.

März 1991
Ernennung zum Professor ehrenhalber der Stadt Berlin. Ehrenmitglied des Berliner Rundfunk-Sinfonieorchesters.

April 1991
Konzerte mit den Münchner Philharmonikern in Frankfurt, Hamburg und Köln.

Juni 1991
Aufführung der 8. Sinfonie von Bruckner in Amsterdam und Metz. Konzerte in Rom anläßlich des Staatsbesuches des deutschen Bundespräsidenten in Italien.

September 1991
Konzerte in St. Florian beim Brucknerfest.

Oktober 1991
Konzertreise nach Rouen, Paris, Madrid und Kiew (hier wiederum mit Hilfsgüter-Aktion).

November 1991
Überreichung des Großen Bayerischen Verdienstordens durch den Ministerpräsidenten Max Streibl.

Januar/Februar 1992
Erkrankung Celibidaches, der mehrere Konzerte absagen muß.

31.3./1.4.1992
Celibidache dirigiert auf Einladung des Bundespräsidenten Richard von Weizsäcker zum erstenmal seit mehr als 37 Jahren wieder die Berliner Philharmoniker und erzielt mit der 7. Sinfonie von Bruckner einen überwältigenden Triumph.

April/Mai 1992
Südamerika-Tournee mit den Münchner Philharmonikern.

23./24.5.1992
Konzerte auf der Weltausstellung in Sevilla.

27.6.1992
Festkonzert zu Ehren des 80. Geburtstages von Celibidache, der selber Beethovens 5. Sinfonie dirigiert. Überreichung der Ernennungsurkunde zum Ehrenbürger der Stadt München durch OB Georg Kronawitter.

28.6.1992
Überreichung des Großen Verdienstkreuzes mit Stern des Verdienst-
ordens der Bundesrepublik Deutschland durch den bayerischen
Kultusminister Hans Zehetmair im Auftrage des Bundespräsidenten
Richard von Weizsäcker.

29./30.6.1992
Zwei Konzerte in Köln mit den Münchner Philharmonikern. Celibidache wird anläßlich seines 80. Geburtstages erneut enthusiastisch
gefeiert.

16./17.9.1992
Konzerte in Berlin mit den Münchner Philharmonikern.

1.–19.10.1992
Ostasien-Tournee mit den Münchner Philharmonikern unter Mit-
wirkung von Arturo Benedetti-Michelangeli bei den Konzerten in
Tokio.

1993
Mit Beginn des Jahres 1993 hält Celibidache seine Vorlesungen über
die »Phänomenologie der Musik« – bisher an der Universität Mainz –
an der Hochschule für Musik in München.

Repertoire

Alfvén, Hugo
Tanz des Hirtenmädchens aus dem Ballett »Bergkönig«
Bach, Johann Christian
Sinfonie ?
Bach, Johann Sebastian
Messe h-moll BWV 232
Konzert für 2 Violinen d-moll BWV 1043
Brandenburgisches Konzert Nr. 2 F-Dur BWV 1047
Brandenburgisches Konzert Nr. 3 G-Dur BWV 1048
Brandenburgisches Konzert Nr. 6 B-Dur BWV 1051
Suite h-moll BWV 1067
Bäck, Sven-Erik
Intrada für Orchester (Uraufführung)
Barber, Samuel
Adagio für Streicher op. 11
Capricorn, Konzert für Flöte, Oboe und Trompete (Dt. Erstauf-
führung)
Bartók, Béla
Konzert für Orchester
Rumänische Volkstänze
Beethoven, Ludwig van
Sinfonie Nr. 1 C-Dur op. 21
Sinfonie Nr. 2 D-Dur op. 36
Sinfonie Nr. 3 Es-Dur op. 55 (Eroica)
Sinfonie Nr. 4 B-Dur op. 60
Sinfonie Nr. 5 c-moll op. 67
Sinfonie Nr. 6 F-Dur op. 68 (Pastorale)
Sinfonie Nr. 7 A-Dur op. 92
Sinfonie Nr. 8 F-Dur op. 93
Sinfonie Nr. 9 d-moll op. 125
Klavierkonzert Nr. 3 c-moll op. 37
Klavierkonzert Nr. 4 G-Dur op. 58
Klavierkonzert Nr. 5 Es-Dur op. 73
Violinkonzert D-Dur op. 61

Ouvertüre zu »Coriolan« op. 62
Ouvertüre zu »Egmont« op. 84
Ouvertüre zu »Fidelio« in Es-Dur
Ouvertüre »Leonore« Nr. 3 in C-Dur op. 72a
Ouvertüre »Die Weihe des Hauses«
Ouvertüre zu »Die Geschöpfe des Prometheus«
»An die Hoffnung«
Bentzon, Niels Viggo
Sinfonische Variationen (Dt. Erstaufführung)
Berg, Alban
Violinkonzert (1935) (Berliner Erstaufführung)
Berger, Theodor
Rondo ostinato
Malinconia
Berlioz, Hector
Symphonie phantastique op. 14
Ouvertüre zu »Benvenuto Cellini«
Ouvertüre »Römischer Karneval«
Ouvertüre zu »Der Korsar«
Ungarischer Marsch aus »Fausts Verdammung«
Drei Sätze aus »Fausts Verdammung«
Berwald, Franz Adolf
Symphonie singulière
Bialas, Günter
Meyerbeer-Paraphrasen (1971)
Lamento di Orlando (1984) (Uraufführung)
Bizet, Georges
Sinfonie Nr. 1 C-Dur
L'Arlésienne-Suite Nr. 2
Blacher, Boris
Concertante Musik op. 10
Orchestervariationen über ein Thema von Paganini op. 26
Blomdahl, Karl-Birger
Kammerkonzert
Sinfonie Nr. 3 »Facetten« (Dt. Erstaufführung)
Pastoral-Suite
Klavierkonzert
Boccherini, Luigi
Menuett für Streichorchester
Borodin, Alexander
Sinfonie Nr. 2 h-moll
Ouvertüre zu »Fürst Igor«

Polowetzer Tänze aus »Fürst Igor«

Brahms, Johannes
Sinfonie Nr. 1 c-moll op. 68
Sinfonie Nr. 2 D-Dur op. 73
Sinfonie Nr. 3 F-Dur op. 90
Sinfonie Nr. 4 e-moll op. 98
Klavierkonzert Nr. 1 d-moll op. 15
Klavierkonzert Nr. 2 B-Dur op. 83
Violinkonzert D-Dur op. 77
Konzert für Violine und Violoncello a-moll op. 102
Haydn-Variationen op. 56a
Akademische Festouvertüre op. 80
Tragische Ouvertüre op. 81
Ein deutsches Requiem op. 45
Verschiedene ungarische Tänze

Britten, Benjamin
Variationen über ein Thema von Bridge op. 10
Sinfonia da Requiem op. 20 (Dt. Erstaufführung)

Bruch, Max
Violinkonzert Nr. 1 g-moll op. 26

Bruckner, Anton
Sinfonie Nr. 3 d-moll
Sinfonie Nr. 4 Es-Dur
Sinfonie Nr. 5 B-Dur
Sinfonie Nr. 6 A-Dur
Sinfonie Nr. 7 E-Dur
Sinfonie Nr. 8 c-moll
Sinfonie Nr. 9 d-moll
Messe Nr. 3 f-moll
Te Deum

Busoni, Ferruccio
Violinkonzert op. 35a
Lustspiel-Ouvertüre op. 38
»Idomeneo«-Konzertsuite nach Mozart
Berceuse élégiaque

Casella, Alfredo
Sinfonia für Orchester op. 63

Celibidache, Sergiu
Der Taschengarten (Schallplattenproduktion!)

Chausson, Ernest
Poème für Violine und Orchester op. 25

Chávez, Carlos

Symphonia di Antigona
Symphonia India (Dt. Erstaufführung)
Cherubini, Luigi
Ouvertüre zu »Anacreon«
Sinfonie D-Dur
Chopin, Frédéric
Klavierkonzert Nr. 2 f-moll
Chrennikow, Tichon
Suite »Viel Lärm um Nichts«
Copland, Aaron
»Appalachian Spring« (1944) (Dt. Erstaufführung)
Corelli, Arcangelo
Weihnachtskonzert g-moll op. 6,8
Debussy, Claude
Prélude à »L'Après-midi d'un faune«
Ibéria-Suite
La mer
Jeux
Trois nocturnes
La damoiselle élue
Petite suite
Delibes, Léo
Ballettmusik »Coppélia«
Diamond, David
Rounds für Streichorchester
Dukas, Paul
Der Zauberlehrling
Dutilleux, Henry
Métaboles
Dvořák, Anton
Sinfonie Nr. 7 d-moll op. 70
Sinfonie Nr. 9 e-moll op. 95 (Aus der Neuen Welt)
Cellokonzert h-moll op. 104
Ouvertüre »An die Natur«
Verschiedene slawische Tänze
Egk, Werner
Ouvertüre zu einer verschollenen Romanze
Französische Suite nach Rameau
Elgar, Sir Edward
Konzertouvertüre »Cockaigne«
Introduction und Allegro für Streichquartett und Streichorchester
op. 47

Sinfonie »Die Lichtung« (1988) (Uraufführung)

Harris, Roy
Sinfonie Nr. 3 (Dt. Erstaufführung)

Haydn, Joseph
Sinfonie Nr. 1 D-Dur
Sinfonie Nr. 2 C-Dur
Sinfonie Nr. 13 D-Dur
Sinfonie Nr. 28 A-Dur
Sinfonie Nr. 45 fis-moll (Abschieds-Sinfonie)
Sinfonie Nr. 73 D-Dur (La Chasse)
Sinfonie Nr. 85 B-Dur (La Reine)
Sinfonie Nr. 88 G-Dur
Sinfonie Nr. 92 G-Dur (Oxford-Sinfonie)
Sinfonie Nr. 94 G-Dur (mit dem Paukenschlag)
Sinfonie Nr. 99 Es-Dur
Sinfonie Nr. 100 G-Dur (Militär-Sinfonie)
Sinfonie Nr. 101 D-Dur (Die Uhr)
Sinfonie Nr. 102 B-Dur
Sinfonie Nr. 103 Es-Dur (mit dem Paukenwirbel)
Sinfonie Nr. 104 D-Dur (Londoner)
Trompetenkonzert Es-Dur
Oboenkonzert C-Dur
Cellokonzert D-Dur
Serenade aus dem Streichquartett op. 325

Heger, Robert
Chaconne und Fuge über eine Zwölftonreihe (Uraufführung)

Henze, Hans Werner
»Undine« (Uraufführung)
Jeux de Triton aus »Undine«

Hindemith, Paul
Philharmonisches Konzert (1932)
Sinfonie »Mathis der Maler« (1934)
Cellokonzert (1940)
Sinfonische Metamorphosen über Themen von Carl Maria v. Weber (1943)
Klavierkonzert (1945) (Dt. Erstaufführung)
Marsch aus »Nobilissima Visione«

Höffer, Paul
Klavierkonzert op. 45 (Uraufführung)
Kammerkonzert op. 49 (Dt. Erstaufführung)

Holst, Gustav
St. Pauls'-Suite für Streichorchester

Honneger, Arthur
Symphonie liturgique (Dt. Erstaufführung)
Pacific 231
Humperdinck, Engelbert
Vorspiel zu »Hänsel und Gretel«
Kabalewski, Dimitri
Komödianten-Suite (1946)
Khatchaturian, Aram
Drei Sätze aus »Gajaneh«
Koch, Erland von
Polka svedese (Uraufführung)
Kodály, Zoltán
Tänze aus »Galanta«
Lalò, Edouard
Symphonie espagnole d-moll op. 21 für Violine und Orchester
Cellokonzert d-moll
Lanner, Joseph
Hofballtänze op. 161
Léhar, Franz
»Gold und Silber«
Liadow, Anatol
Kikimora
Lidholm, Ingfas
Musik für Streicher
Ritornell für Orchester (1955)
Liszt, Franz
Les Préludes
Ungarische Rhapsodie Nr. 1 f-moll
Ungarische Rhapsodie Nr. 2 cis-moll
Lothar, Mark
Verwandlungen eines Barockthemas op. 57
Mahler, Gustav
Kindertotenlieder
Martin, Frank
Sechs »Jedermann«-Monologe für Bariton und Orchester
Mendelssohn-Bartholdy, Felix
Sinfonie Nr. 3 a-moll op. 56 (Schottische)
Sinfonie Nr. 4 A-Dur op. 90 (Italienische)
1. Klavierkonzert g-moll op. 25
2. Klavierkonzert d-moll op. 40
Violinkonzert e-moll op. 64
Ouvertüre zum »Sommernachtstraum«

Musik zum »Sommernachtstraum«
Ouvertüre »Die Hebriden«

Milhaud, Darius
Suite »Saudades do Brazil«
Suite française
Suite provençale
Ouvertüre, Notturno und Finale aus der Sinfonischen Suite Nr. 2
Konzert für Marimba, Vibraphon und Orchester

Mozart, Wolfgang Amadeus
Sinfonie Nr. 29 A-Dur KV 201
Sinfonie Nr. 34 C-Dur KV 338
Sinfonie Nr. 35 D-Dur KV 385 (Haffner-Sinfonie)
Sinfonie Nr. 36 C-Dur KV 425 (Linzer)
Sinfonie Nr. 38 D-Dur KV 504 (Prager)
Sinfonie Nr. 39 Es-Dur KV 543
Sinfonie Nr. 40 g-moll KV 550
Sinfonie Nr. 41 C-Dur KV 551 (Jupiter-Sinfonie)
Klavierkonzert Nr. 15 B-Dur KV 450
Klavierkonzert Nr. 20 d-moll KV 466
Klavierkonzert Nr. 21 C-Dur KV 467
Klavierkonzert Nr. 23 A-Dur KV 488
Klavierkonzert Nr. 24 c-moll KV 491
Klavierkonzert Nr. 26 D-Dur KV 537 (Krönungskonzert)
Klavierkonzert Nr. 27 B-Dur KV 595
Violinkonzert Nr. 1 B-Dur KV 207
Violinkonzert Nr. 5 A-Dur KV 219
Sinfonia concertante für Violine und Viola Es-Dur KV 364
Sinfonia concertante für Oboe, Klarinette, Horn und Fagott Es-Dur KV 297b
Hornkonzert Nr. 3 Es-Dur KV 447
Konzertrondo für Waldhorn KV 371
Concertantes Quartett KV-Anhang 1,9
Konzert für Flöte und Harfe C-Dur KV 299
Divertimento Nr. 2 D-Dur KV 131
Haffner-Serenade D-Dur KV 250
Eine kleine Nachtmusik KV 525
Sechs ländlerische Tänze KV 606
Große Messe c-moll KV 427
Requiem d-moll KV 626
Ouvertüre zu »Die Zauberflöte«
Ouvertüre zu »Titus«
Cavatine aus »Figaros Hochzeit«

Rezitativ und Arie aus »Figaros Hochzeit«
Rezitativ und Arie aus »Don Giovanni«
Arie aus »Cosi fan tutte«
Arie »Mia bella fiamma, addio«
Scena con Rondo KV 490
Recitativo ed Aria KV 369

Muradeli, Wano
Georgischer sinfonischer Tanz

Mussorgski, Modest
Eine Nacht auf dem kahlen Berge
Bilder einer Ausstellung in der Orchestrierung von Maurice Ravel

Nabokov, Nikolai
Parade (Dt. Erstaufführung)

Nicolai, Otto
Ouvertüre zu »Die lustigen Weiber von Windsor«

Offenbach, Jacques
Ouvertüre zu »Orpheus in der Unterwelt«

Orff, Carl
»O Fortuna« aus »Carmina burana«

Osiek, Hans
Concertino für Klavier und Orchester (Uraufführung)

Panufnik, Andrzej
Notturno

Pergolesi, Giovanni Battista
Stabat mater

Pfitzner, Hans
Sinfonie cis-moll op. 35b
Vorspiel zu »Palaestrina«, 2. Akt

Piston, Walter
Sinfonie Nr. 2

Poulenc, Francis
Stabat mater

Prokofjew, Sergej
Sinfonie Nr. 1 D-Dur op. 25 (Symphonie classique)
Sinfonie Nr. 5 B-Dur op. 100
»Romeo und Julia« 2. Suite op. 64b (Dt. Erstaufführung)
(Celibidache dirigiert seit vielen Jahren nur noch eine eigene Zu-
sammenstellung aus allen 3 Suiten)
Skythische Suite op. 20
Klavierkonzert Nr. 3 C-Dur op. 26

Rachmaninoff, Serge
Klavierkonzert Nr. 2 c-moll op. 18

Klavierkonzert Nr. 3 d-moll op. 30

Raphael, Günter
»Jabonah«-Suite
Sinfonie Nr. 4 op. 62

Ravel, Maurice
Rhapsodie espagnole (1907)
Ma mère l'oye (1911)
Daphnis et Chloé, 1. und 2. Suite (1911/1913)
(Celibidache dirigiert seit Jahren beide Suiten zusammen mit Chor)
Tänze aus den »Valses nobles et sentimentales« (1912)
Alborada del gracioso (1918)
Le Tombeau de Couperin (1919)
La Valse (1920)
Bolero (1928)
Klavierkonzert G-Dur (1929/31)
Klavierkonzert D-Dur für die linke Hand (1929/30)

Rawsthrone, Alan
Klavierkonzert Nr. 2 (Dt. Erstaufführung)

Reger, Max
»Die Toteninsel«, Böcklin-Suite op. 128, Nr. 3
Variationen und Fuge über ein Thema von Mozart op. 132
Requiem für Alt, Chor und Orchester op. 144b

Respighi, Ottorino
Antiche arie e danze
Feste romane
I pini di Roma

Revueltas, Silvestre
Sensemaya, sinfonisches Gedicht für Orchester

Reznicek, Emil Nicolaus von
Ouvertüre zu »Donna Diana«
Chamisso-Variationen

Rimsky-Korsakow, Nikolai
Capriccio espagnole op. 34
Schéhérazade op. 35

Rosenberg, Hilding
Marionetten-Ouvertüre

Rossini, Gioacchino
Ouvertüre zu »Der Barbier von Sevilla«
Ouvertüre zu »Die seidene Leiter«
Ouvertüre zu »Wilhelm Tell«
Ouvertüre zu »Die diebische Elster«
Ouvertüre zu »Semiramis«

Sinfonie Nr. 2 C-Dur op. 61
Sinfonie Nr. 3 Es-Dur op. 97 (Rheinische)
Sinfonie Nr. 4 d-moll op. 120
Klavierkonzert a-moll op. 54
Cellokonzert a-moll op. 129
Violinkonzert d-moll op. posth.
Konzertstück für 4 Hörner und Orchester F-Dur op. 86
Schwarz-Schilling, Reinhard
Introduktion und Fuge für Streichorchester (Dt. Erstaufführung)
Sibelius, Jean
Sinfonie Nr. 2 D-Dur op. 43
Sinfonie Nr. 5 Es-Dur op. 82
Violinkonzert d-moll op. 47
En Saga op. 9
Valse triste op. 44
Smetana, Friedrich
Die Moldau
Stephan, Rudi
Musik für Orchester
Strauß, Johann Vater und Sohn
Ouvertüre zu »Die Fledermaus«
Einzugsmarsch aus »Der Zigeuner-Baron«
Dorfschwalben aus Österreich
G'schichten aus dem Wiener Wald
Kaiserwalzer
Leichtes Blut
An der schönen blauen Donau
Wiener Blut
Rosen aus dem Süden
Annen-Polka
Unter Donner und Blitz – Polka
Auf der Jagd – Polka
Pizzicato-Polka
Tritsch-Tratsch-Polka
Radetzky-Marsch
Egyptischer Marsch
Strauss, Richard
Don Juan op. 20
Tod und Verklärung op. 24
Till Eulenspiegels lustige Streiche op. 28
Also sprach Zarathustra op. 30
Don Quixote op. 35

Ein Heldenleben op. 40
Feierlicher Einzug der Ritter der Johanniter
Freundliche Vision und Ständchen
Drei Gesänge mit Orchester
Vier letzte Lieder für Sopran und Orchester

Strawinsky, Igor
Petite Suite Nr. 1
Petite Suite Nr. 2
Feuerwerk op. 4
Der Feuervogel
Petruschka (einzelne Tänze daraus)
Pulcinella-Suite
Divertimento aus dem »Kuß der Fee«
Violinkonzert in D
Klavierkonzert mit Begleitung eines Blasorchesters
Konzert in D für Streichorchester (1946)
Psalmen-Sinfonie
Zirkuspolka für einen jungen Elephanten

Suppé, Franz von
Ouvertüre zu »Dichter und Bauer«

Telemann, Georg Philipp
Tafelmusik

Thärichen, Werner
Konzert für Flöte und Streichorchester (Uraufführung)

Tiessen, Heinz
Vorspiel zu einem Revolutionsdrama
Visionen für Violine und Orchester (Uraufführung der Neufassung)
Szenen aus der »Salambo«-Musik
»Hamlet«-Suite
Sinfonie »Stirb und werde«

Tschaikowsky, Pjotr Iljitsch
Sinfonie Nr. 2 c-moll op. 17 (Kleinrussische)
Sinfonie Nr. 4 f-moll op. 36
Sinfonie Nr. 5 e-moll op. 64
Sinfonie Nr. 6 h-moll op. 74 (Pathétique)
Klavierkonzert Nr. 1 b-moll op. 23
Violinkonzert D-Dur op. 35
»Romeo und Julia«, Fantasie-Ouvertüre
»Francesca da Rimini« op. 32
Capriccio Italien op. 45
Walzer aus der Streicherserenade op. 48

Nußknacker-Suite op. 71a
Stücke aus dem Ballett »Dornröschen« op. 66
Briefszene aus »Eugen Onegin«
Andante cantabile (?)

Vaughan Williams, Ralph
Sinfonie Nr. 4 e-moll

Verdi, Giuseppe
Ballettmusik aus »Aida«
Ouvertüre zu »Die Macht des Schicksals«
Arien aus »Don Carlos«
Drei Sopran-Arien aus »Macbeth«, »Ein Maskenball« und »Die Macht des Schicksals«

Vivaldi, Antonio
Concerto grosso d-moll
Concerto grosso D-Dur

Wagner, Richard
Ouvertüre zu »Der fliegende Holländer«
Ouvertüre zu »Tannhäuser«
Vorspiel zu »Die Meistersinger von Nürnberg«
Einleitung zum 3. Akt der »Meistersinger« und Festwiese
Vorspiel und Liebestod aus »Tristan und Isolde«
Trauermusik aus »Götterdämmerung« (Siegfrieds Tod)
Schlußszene der Brünnhilde aus »Götterdämmerung«
Karfreitagszauber aus »Parsifal«
Siegfried-Idyll
Wesendonck-Lieder
Träume für Violine und Orchester
Weber, Carl Maria von
Ouvertüre zu «Der Freischütz«
Ouvertüre zu »Oberon«
Ouvertüre zu »Euryanthe«
Ouvertüre zu »Peter Schmoll«
Aufforderung zum Tanz
Konzert für Fagott und Orchester op. 75
Wellesz, Egon
Sinfonie C-Dur op. 62 (Uraufführung)
Wolf, Hugo
Fünf Lieder mit Orchesterbegleitung

Quellenverzeichnis

Barenboim, Daniel: Musik – mein Leben. Hrsg. von Michael Lewin. Reinbek bei Hamburg: Rowohlt 1992

Celibidache, Sergiu: Verstehende sind schwer zu finden. Lebensfragen in buddhistischer Sicht. s. FAZ vom 28.7.1962

Das Atlantisbuch der Dirigenten. Eine Enzyklopädie. Hrsg. von Stefan Jaeger. Zürich: Atlantis Musikbuch-Verl. 1985

Die Münchner Philharmoniker von der Gründung bis heute. Hrsg. von Regina Schmoll gen. Eisenwerth. München: Wolf und Sohn 1985

Eggebrecht, Harald: Nur der Freie kann Musik machen. s. Sergiu Celibidache, fotografiert von Konrad R. Müller, S. 85–116

Es gibt keine Alternative zur Musik: Sergiu Celibidache im Gespräch mit Harald Eggebrecht. s. Die Münchner Philharmoniker, S. 313–324

Fischer, Matthias, Dietmar Holland und Bernhard Rzehulka: Gehörgänge. Zur Ästhetik der musikalischen Aufführung und ihrer technischen Reproduktion. München: Kirchheim 1986

Haffner, Herbert: Sinfonieorchester der Welt. Wilhelmshaven: Noetzel-Verl. 1988

Jahrbuch der Münchner Philharmoniker. Hrsg. von der Direktion der Münchner Philharmoniker. Jg. 1985/86 –

Jungheinrich, Hans-Klaus: Die großen Dirigenten. Hermes Handlexikon. Düsseldorf: Econ 1986

Kulenkampf, Georg: Geigerische Betrachtungen. Bearb. u. hrsg. von Gerhard Meyer-Sichting. Regensburg: Bosse 1952

Lang, Klaus: »Lieber Herr Celibidache…« Wilhelm Furtwängler und sein Statthalter. Zürich, St. Gallen: M & T Verl. 1988

Matzner, Joachim: Furtwängler. Analyse, Dokument, Protokoll. Hrsg. von Stefan Jaeger. Zürich: Atlantis Musikbuch-Verl. 1986

Menuhin, Yehudi: Unvollendete Reise. Lebenserinnerungen. München, Zürich: Piper 1976

Muck, Peter: Hundert Jahre Berliner Philharmonisches Orchester. Darstellungen und Dokumente. Bd. 1–3. Tutzing: Schneider 1982

Musik verschwindet. Interview mit Sergiu Celibidache. s. Fischer, Matthias … Gehörgänge, S. 115–130

Oehlmann, Werner: Das Berliner Philharmonische Orchester. Kassel, Basel, Tours, London: Bärenreiter 1974

Philharmonische Blätter. Hrsg. von der Direktion der Münchner Philharmoniker. Jg. 195/86 –

Prieberg, Fred K.: Kraftprobe. Wilhelm Furtwängler im Dritten Reich. Wiesbaden: Brockhaus 1986

Schreiber, Wolfgang: Andere Wege zur Musik. s. Sergiu Celibidache, fotografiert von Konrad R. Müller, S. 7–60

Schreiber, Wolfgang: Sergiu Celibidache. Nähe zur Musik – Treue zu sich selbst. s. Die Münchner Philharmoniker ... S. 137–142

Sergiu Celibidache, fotografiert von Konrad R. Müller. Texte von Harald Eggebrecht und Wolfgang Schreiber. Bergisch Gladbach: Lübbe 1992

Sergiu Celibidache im Gespräch mit Johann Matzner. s. Fischer, Matthias ... Gehörgänge, S. 131–138

Sinfonien in Herrenhäusern und Scheunen. Das Schleswig-Holstein Musik Festival. Hamburg: Rasch und Röhring 1988

Sombart, Nicolaus: Jugend in Berlin. München, Wien: Hanser 1984

Thärichen, Werner: Paukenschläge. Zürich, Berlin: M & T Verl. 1987

Wehmeyer, Grete: prestißißimo. Die Wiederentdeckung der Langsamkeit in der Musik. Hamburg: Kellner 1989

Personenregister

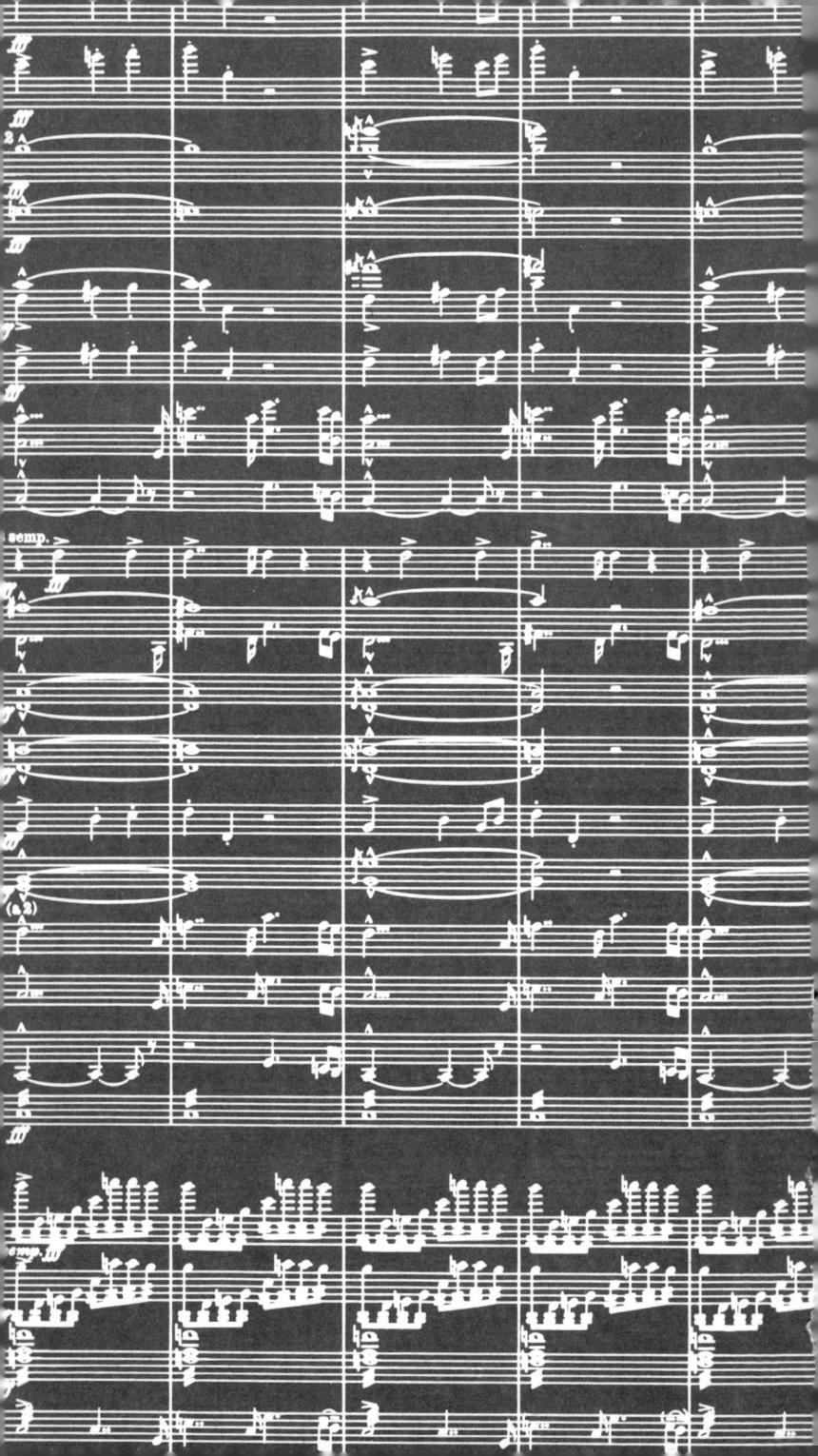